西法肄言

——漫话西方法律史

徐爱国 著

北京大学出版社
PEKING UNIVERSITY PRESS

图书在版编目(CIP)数据

西法肆言：漫话西方法律史/徐爱国著. —北京：北京大学出版社，2009.9
ISBN 978-7-301-15656-8

Ⅰ.西… Ⅱ.徐… Ⅲ.法制史—西文国家 Ⅳ.D909.1

中国版本图书馆 CIP 数据核字（2009）第 139133 号

书　　　名：西法肆言——漫话西方法律史
著作责任者：徐爱国　著
责　任　编　辑：白丽丽
封　面　设　计：林胜利
标　准　书　号：ISBN 978-7-301-15656-8/D·2389
出　版　发　行：北京大学出版社
地　　　址：北京市海淀区成府路 205 号　100871
网　　　址：http://www.pup.cn
电　子　邮　箱：zpup@pup.pku.edu.cn
电　　　话：邮购部 62752015　发行部 62750672　编辑部 62752027
　　　　　　出版部 62754962
印　刷　者：北京宏伟双华印刷有限公司
经　销　者：新华书店
　　　　　　730 毫米×1020 毫米　16 开本　15.5 印张　234 千字
　　　　　　2009 年 9 月第 1 版　2009 年 9 月第 1 次印刷
定　　　价：30.00 元

未经许可，不得以任何方式复制或抄袭本书之部分或全部内容。
版权所有，侵权必究
举报电话：010-62752024　　电子邮箱：fd@pup.pku.edu.cn

序

那年圣诞日，给法学院学生讲授西方法律思想史的最后一课。我身穿羊毛里红缎面的坎肩，坎肩上绣有大大的"福""寿"字样，头戴一顶红体白边的圣诞老人帽。我对学生说，本学期所讲的西方法律思想史，如同我今天的扮相，中式一半，西式一半，换言之，以一个中国人的理解讲解西方法律的理论。本书的特点也不外乎如此，一个中国人写一本关于外国法的书，多少有点不伦不类，一则我们不能够回到历史，亲历西方法律史的变迁；二则我们不能够周游各国，考据西方法律的原始文献。好在有老祖宗的鼓励：知其不可为而为之。一直认为，中国法律现代化的实践，应该追溯到西方法律史；不探索西方法律的精神，我们无从理解现行法。

本书的资料源于北大远程教育"外国法制史"和"西方法律思想史"授课时所搜集的文献材料，后哲学系开设"西学教室"，在给学员讲授"罗马法、大陆法和英美法"系列时，拮其精华以成本书的概要。现应出版社之约，"以简约的文字，紧凑的篇幅，图文并茂地介绍外国法"，于是有了这部《西法肆言——漫话西方法律史》。历史资料的考据是烦琐的，历史观点的表达是神伤的，艰难之时，心如死灰形同枯槁不在少数。明辉与孙卓同学搜集了漂亮的图片，这里特表示感谢。

本书的写作和出版，得到了"司法部国家法治与法学理论研究项目（08SFB2010）"的扶持，特表示感谢。

徐爱国
北京大学法学院
2009年7月20日

目　录

第一章　西方法与西方法律理论 …………………………… 001
　　开篇的话 ……………………………………………………… 003
　　一、以外国法为参照 ………………………………………… 003
　　二、西方现代法律的精神内核 ……………………………… 007
　　三、法系、法律理念与西方法律传统 ……………………… 018

**第二章　法律的灵与肉——古希腊的法律思想和古罗马的
　　　　　法律制度** ……………………………………………… 039
　　一、城邦与法 ………………………………………………… 041
　　二、贝壳放逐法 ……………………………………………… 043
　　三、古希腊"三圣" …………………………………………… 046
　　四、《十二铜表法》 …………………………………………… 051
　　五、罗马法学家 ……………………………………………… 054
　　六、市民法与万民法 ………………………………………… 057
　　七、从身份到契约 …………………………………………… 060
　　八、物权与物之本性 ………………………………………… 062
　　九、"父债子还"与"以被继承人遗产为限" ……………… 064
　　十、"负担履行义务的法锁" ………………………………… 067
　　十一、侵权与犯罪 …………………………………………… 069

十二、小结 071

第三章　法律的天上与人间——基督教的法律遗产 075

　　一、教会与教会法 077
　　二、《圣经》是一部律法书 079
　　三、法律的神学世界观 090
　　四、"双剑论" 094
　　五、法律制度中的基督教教义 098
　　六、新教伦理与资本主义 108
　　七、小结 111

第四章　立法者/法典/逻辑/政治变革——大陆法系传统 117

　　一、罗马法与日耳曼法 119
　　二、日耳曼之蛮族之法 122
　　三、国王与法律 133
　　四、罗马法复兴与法律现代化 138
　　五、大陆法系传统 141
　　六、革命与宪政 142
　　七、拿破仑与《法国民法典》 148
　　八、德国的兴起与"法治国"的形成 153
　　九、萨维尼与《德国民法典》 155
　　十、刑事古典学派与刑事实证学派 162

第五章　法官/判例/经验/历史传统——英美法系传统 175

　　一、英国法的缘起 177
　　二、柯克与布莱克斯通 184
　　三、遵循先例与陪审团 189
　　四、美国法律的由来 192
　　五、美国法与英国法"血浓于水"的关联性 196
　　六、美国法与英国法的断裂 198
　　七、宪政：分权、法治和人权 202

八、占有权、占有时效与不法侵害 209
九、合同的相对性与约因 212
十、过错责任与严格责任 218
十一、对抗制与理性人标准 222

结语 227

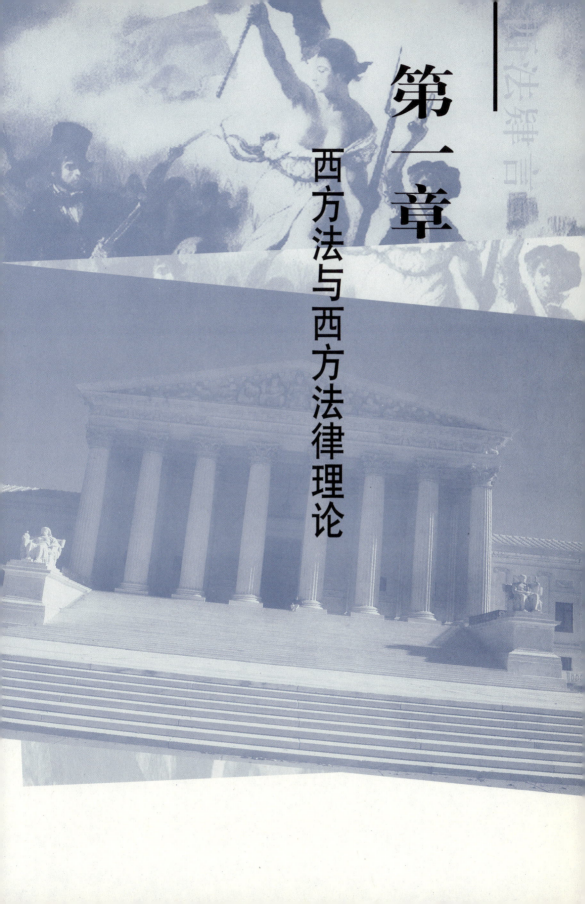

第一章

西方法与西方法律理论

> *Veri iuris germanaeque iustitiae...*
> *umbra et imaginibus utimur.*
>
> 关于真正的法律和纯正的正义，
> 我们只有影子和模糊的印象。

开篇的话

本书的开篇探讨这样一些问题：第一，中国人学习外国法，对中国的法制建设究竟有什么样的意义？第二，西方现代法律制度建立的时候，它的理论基础是什么？它的主要的法律制度是什么？第三，西方法律制度已延续了几千年，不同法系，历史传统也不同，但从总体上来讲，西方法律传统有什么特点？

一、以外国法为参照

当提起法律这个概念的时候，我们立刻会想到法律是一种制度，是一种秩序，是一系列的法典，是法官的个性创造。每个人对法律现象都有自己的看法，而人类共同的看法，也就构成了法律的最基本的内核。

我们提到法律的时候，就会很自然地想到一个主权国家的一整套法律制度。谈到中国法，我们指的是中华人民共和国的法律，是包括宪法、基本法律和一般法律在内的一整套法律体系。它是由正式的立法机关所制定的，通过专门的法律机关所执行的一套法律制度，以及由这种法律制度所建立起来的一种法律秩序。一个人首先要了解的，应该是这个国家本身的法律。但是，如果我们的法律不健全，我们就有必要借鉴外国法。

上海有一个19岁的女孩子去商店购物,被怀疑盗窃后被商店搜了身。女孩状告商店,案由是精神损害赔偿。一审法院支持女孩,判定的精神损害赔偿为25万元。被告不服提起上诉,二审法院改判为1万元。这个案子判了之后,在新闻界引起反响,争论很大。一个25万元的判决和一个1万元的判决,对于中国人来说其中的差距还是很大的。针对这个问题,各方的说法各不一样。消费者说,25万不高,因为精神损害赔偿是一个没有极限的概念,因为有些损害是无法用金钱来衡量的。保守一些的法律人则认为一审判定的25万似乎太高了一点,不合乎中国的国情,精神损害赔偿应该与中国人的经济水平相匹配。

争论源于我们国家法律的欠缺。我国关于顾客在商店里被搜身,精神受到创伤,法律的规定是很有限的。从《民法通则》的情况来看,关于民事侵权的条款只有十几条。所涉最高人民法院的解释也就几十条。关于精神损害的问题,《民法通则》是没有规定的;涉及精神损害赔偿数额的问题,几乎就没有正式的法律规定。由于法律制度本身的欠缺和实际上大量侵权行为的案例,就导致了损害赔偿数额的巨大差异,同时也导致了不同的看法。如果我们参照国外的一些立法例或者法官的审判实践,那么这个案子实际上是明确的,不会产生这样大的分歧。

我们来看一个美国的判例。一位先生在商店里买东西,他先买了一双袜子和一些洗澡巾,买完之后他又看中了一双男式手套,把手套拿下来之后顺手塞进大衣口袋里,然后穿过了几个货架。他自己说,当他到一个机器旁边取购物袋的时候,保安走过来对他说:"请你跟我来一下。"这个顾客随着保安到了商店的出口处。出口处有一个检查的机器,如果商品没有付款,通过机器时就发出警报声。这个顾客随着保安通过机器,机器发出响声,于是这个顾客被怀疑是小偷。保安把顾客带到经理室,经理对他说:"我看见你拿了那双手套,看见你把它塞进大衣口袋。我一直跟着你,当你准备出商店的时候,我叫保安把你截住了。"顾客反对说:"我还没有完结我的购物行为,我并不是要出去。"经理说:"我看见你并不是去拿购物袋,而是走向出口。"其他的证人也说,当这个顾客被叫住的时候,不是在拿塑料袋的地方,而是在商店的出口处。保安勒住顾客的脖子,把他逼到墙边,然后搜他的身,拿到他的钱包,最后把那副手套也掏出来了。嫌疑犯被送到刑事法庭,审判的时候陪审团判定不足以构成犯罪,就认定他无罪。顾客当然不服气，反过来把商店给告了，说商店侵权。①

　　这和中国发生的案子有很多相似之处。中国法很简单，被告要么是人身伤害，要么侵犯了人格权，原告名誉和精神因此受到了损害，而在美国法中，则有四种很明确的侵权形式。第一种指控就是殴击或殴打，这是一种直接的身体上的伤害。比如说商店里的人勒住顾客的脖子，把他逼到墙边，搜他的身，这都是直接的身体的伤害。第二种指控叫威胁，就是使受害者处于一种随时将要被打的恐惧之中，比如说一个人拿着枪对准另外一个人，实际上枪里一颗子弹都没有，但是被枪指着的人感到非常害怕。第三种指控叫非法拘禁，原告被限制了人身自由。第四种指控是精神损害，也就是说，上述三种行为导致了原告精神的创伤。法院经过审理之后，否定了原告所有的指控，他的诉讼请求都没有得到满足。商店搜身案件，实际上涉及顾客人身权与商店财产权的冲突与平衡。法官认为，如果商店有一种合理的根据相信原告是一个小偷的话，商店就有权利实行一种带有暴力性质的拘留权。唯一的界限是这种权利不要超过必要的限度。因此，商店的非法拘禁不成立。进一步，商家要维持一种合法的拘留或逮捕，他必定要动用一定的力量，否则就无法维持该拘留或者逮捕。因为这个缘故，商店的武力和威胁有了合理性，不构成殴打和威胁。由此，既然商店的行为都有合理的依据，也就无从产生精神损害的难题。

　　发生在中国的那个案子，最后判定顾客胜诉，法院给出的理由也有它的道理，毕竟，案件发生的时候，我们正在宣传消费者权益保护。问题只是在于我们国家关于此类案件的规定太简单和太抽象了，不足以充分解释案件所涉及的实际问题。此案之后，精神损害赔偿的问题就更多了。精神赔偿满天飞了，人们把它当作了一种灵丹妙药。只要有人受了自己无法释怀的委屈，他都可以提出精神赔偿的诉讼请求，并且提出来的数额越来越大。同样，精神损害赔偿要素，我们国家并没有具体的规定。如果碰到这样的问题，我们是不是有必要看看外国法的规定呢？我觉得是有必要的。从美国的情况来看，关于精神损害赔偿的规定，并不是那么无边无际的，它有具体的构成要件，有大量具体的案例涉及精神损害赔偿的问题。美国法律协会所编辑的"法律重述"有侵权行为法的专门一部，精神损害赔偿的要件有三个方面：第一个方面，它要求行为人的行为必须是极端的和粗暴的；第二个方面，这种伤害是故意的；第三个方面，实际发生的精神损害是非常严重的。有时候还加上一条，被告行为与原告的损害存在着因果关系。至于具体的先例则更多。英国最早的案件是，两个女同事之间开玩笑，甲女士骗乙女士说，我刚才接到医院的一个电话，说你丈夫出车祸，已经被送进了医院。乙女士听到消息后就休克了，被送进医院。法院判决乙女士可以从甲女士那里获得精神损害赔偿。通过近几十年的发展，精神损害有了一些具体类型的案件：性骚扰；债权人对于债务人的野蛮的逼债；房东长期不修厕所或者长期不供暖气，住户长期忍受这种痛苦；不人道地处理尸体；公共行业对顾客的侮辱。如果我们的法律能够做到更细致一些，有更明确的规范可以遵循，那么法律结果的可预期性就更大一些。这对诉讼双方来说，都是一种解脱。如果我国没有现存的规定，为什么不能参照外国的法律呢？

　　从历史上看，法律移植的成功例证是日本的法律变迁。日本的法制史基本上经过了三个阶段：第一个是所谓的大化革新，第二个是所谓的明治维新，第三个是第二次世界大战以后移植美国法。大化革新的时候，日本由奴隶制向封建制过渡，它移植了中国的法律，基本上把隋唐的法律全部移到日本去了。日本著名法学家穗积陈重在其所著《日本新民法》中曾经指出，"日本法律属于中华法系已有一千六百年，虽自大化革新后经历许多巨大变化，然日本法制之基础仍属于中国之道德哲学与崇拜祖先的习惯及封建制度"②。随着时代的变迁，中国的封建法律制度已经不合乎世界的发展潮流了。从日本的情况来看，再学习中国的法律就跟不上形势了，所以它就变，继续改，世界上哪个国家的法律最先进，它就移植那个国家的法律。到了明治维新的时候，日本试图学法国的，但学法国学得不像，因为法国的民法典处在1804年前后，那是19世纪早期的西方的法律。明治维新的时候已经是19世纪后期了，也就是1889年，这个时候世界上最先进的法律是德国的法律。当日本采用法国的法律不成功之后，就转向研究德国法，聘请了很多德国的法学家为日本来制定法律。在第二次世界大战以前，日本学的是西欧的东西，实际上是德国的东西。所以日本的法律制度在很大程度上属于大陆法系或者罗马法系，这是学习德国的结果。当德国变成法西斯纳粹的时候，日本也变成了军国主义，最后都失败了。第二次世界大战后，日本被美国接管，同时也涉及法律进一步发展的问题。美国是第二次世界大战后世界上最强大的国家,所以日本在法律制度乃至社会制度、经济制度各方面都学美国。日本国家很小,实力却很强,原因很多,其中一个原因就是学习世界上最先进的东西。

二、西方现代法律的精神内核

现代国家一般是从资产阶级革命之后算起,现代法律制度起源于17—18世纪西方的资产阶级革命和资本主义制度的建立。现代化的理论基础是这个时代的思想启蒙运动,其中就包含了政治与法律的理论。一大批代表资产阶级的思想家们所提出的资本主义的理论,构成了西方现代法律制度的理论基础,其中有牛顿、伏尔泰、洛克、斯宾诺沙、霍布斯、孟德斯鸠、卢梭、休谟和康德等。

他们对于人类社会的理想,对于人类法律制度的设定,都带有基础性质。虽然他们的理论有这样或者那样的缺点,我们曾经也严厉地批判过,但不可否认的是,这种理论构成了西方现代法律制度的精神内核。

1. 人的本性与自然之法

社会是由人构成的,那么人性就决定了那些制约人的这种法律规范的性质。有什么样的人性就有什么样的法律。从这个出发点,他们就开始理论的设计。人类社会划分为两个阶段:一个阶段是现代社会,就是他们生活的那个时代,他们称之为文明的社会;另外一个阶段是野蛮社会。他们认为在文明社会之前,人类社会生活在野蛮时代。在文明时代,有国家,有政府,有法律,有科学,有艺术,有商业;而

托马斯·霍布斯

在野蛮时期，没有国家，没有政府，没有法律，没有商业，也没有文明，人们完全处于一种无政府的状态，这被称为自然状态。在这种自然状态下，人们依照本性来行为。首先，人与人之间是互相猜忌的。为了寻求一种安全感，人们就会发生人与人之间的猜忌。其次，人与人之间是互相竞争的。人有物质利益的追求，当人们都共同追求同样利益的时候，人们之间的竞争就开始了，因此人与人之间永远处于一种敌对的关系之中。最后，人是有荣誉感的，要追求自己的荣誉。由于这种人性本身的特点，既追求利益，也追求安全，也追求名誉，所以人和人之间就永远处于无休止的战争状态。这是霍布斯的看法。③ 这是人性坏的一方面，人性当然也有好的一方面。比如说，人天生具有一种同情心和怜悯心，所以人和人之间也存在一种脉脉含情的关系。这就是卢梭的看法，他因此认为自然状态在某种程度上也是人类的黄金时代。④

一方面，人类社会是一种战争状态，人和人之间处于永无休止的互相争斗之中；另一方面，人类没有政府、没有法律。人们可以做他愿意做的事情，不被强迫做他不愿意做的事情，所以自然状态又是人类的黄金时代，人们有普遍的自由和权利。

2. 自然权利

当别人侵犯我的时候，我可以采取任何报复手段来惩罚侵犯我的人，这种权利被启蒙学者们称为一种自然状态下的权利，也就是所谓的自然权利。我们以前把这种权利叫做"天赋人权"，后来有的学者说这个用词不准确，因为"天"的概念只在中国才有，西方没有"天"的概念，只有自然的概念。一个人作为一个生理上的人，是一个生物，或是一个存在物，因此，他也就有他的生存和发展的权利。这种权利是他成为人就具有的权利，不依赖于外在的任何权威。这种理论，后来的人们称之为人权的理论：一个人因为其作为一个人的存在而享有他的尊严和价值。在所有这些权利之中，有些权利是基本的权利：其一，生命权。一个人的生命是神圣不可侵犯和不可剥夺的。其二，自由权。人不同于动物，他能够思考问题，能够为自己的将来设定一个理想或一个目的，然后朝着这个理想努力，不断地去追求。人是一个很高价值的存在物，是一个具有理性的存在物，他有权利按照自己的意愿去做自己愿意做的事情，他不受任何外在的束缚，应该受到他人的尊重。其三，财产权。人们有通过自己的劳动来获取物质财富的权利，有维持和享受自己生活的权利。⑤其四，追求幸福的权利。

这些基本的人权，统称为自然权利，这套学说称为天赋人权说。自然状态和自然权利，是这个时代的思想家们所认为人类早期的状态：人类的早期可能是美好的，是人类的黄金时代；可能是坏的，是一种战争状态。但不

托马斯·杰斐逊

管是好的还是坏的，人类的野蛮时代毕竟是暂时的和有待发展的，因为它没有工业的发达、没有商业的繁荣，人们的生活是短暂的、是龌龊的、是卑鄙的，人类必须要向前发展，发展到一种文明社会，也就是从一个没有国家、没有法律、没有政府的社会变成一个有国家、有法律、有政府的社会。

3．社会契约

从野蛮时代进入到文明时代，其中的方式是社会契约。在他们看来，自然状态下的每一个人通过社会契约的方式成立了国家，建立了政府，然后颁布了法律。这套理论称为社会契约论。通过这种社会契约，每一个人把自己在自然状态下的权利全部地或者部分地让渡出来，交给一个社会形成一种公共的权力。个人的和私人的权利变成一种公共的权力，也就是国家权力。他们的理想是：个人的私人权利转变成了一种公共的权力，公共权力反过来保护每一个人的权利。社会契约乃是国家和法律建立的一种方式。⑥

4．人民主权

从自然状态到自然权利再到自然法最后到社会契约，17—18世纪

的思想家们提供了一种完善的、系统的国家理论和法律理论。我们今天熟知的平等的理论、民主的理论、自由的理论、法治的理论和代议制的理论，都是这个时期资产阶级思想家们的发明。国家就是一种社会的契约，社会契约论下的国家，可以是代议制，也可以是直接民主制，两种形式都是人民主权的表现。这个国家的最高权力交给人民的代表，称为代议制；交给人民全体，称为直接民主制。⑦依此前提，国家只是一只"看家狗"：政府与国家的角色是一只狗，狗的主人就是国家的人民。用林肯的话说，政府来源于人民，服务于人民，最后回到人民当中去。人民当家作主，这就是人民主权。国家的最高权力属于人民，这就意味着国家大事由人民说了算，它并非自上而下，而是自下而上。统治者的权力和国家的权力来自人民的授权，这是西方现代社会的一个根深蒂固的观念。当一个政府不再为人民谋福利的时候，这个政府就不应该再存在下去。人民有权利起来推翻现有的不为人民谋福利的政府，而建立一个新的为人民服务的政府。这被称为暴力革命的理论，洛克和卢梭都有类似的提法，也为19世纪的马克思所吸收。

5．自由与平等

自由从它的本源的意义上来讲是一种不受束缚、不受任何外在约束的状态。孟德斯鸠说，自由本身包括两个方面：一种自由是哲学上的自由，一种自由是政治上的自由。哲学上的自由就是一种意志的自由，可以自由自在地思考问题就意味着意志的自由，或者至少相信自己的意志是自由的。政治的自由是指这个国家的人民具有安全感，或者至少相信自己是安全的。⑧在孟德斯鸠看来，后一种自由更为重要。英国的思想家们则从国家与个人的关系上探讨自由的问题，当个人的权利与国家的利益发生冲突的时候，国家利益要让位于个人的利益。这种自由的理论，又被称为个人主义下的自由主义。

平等强调人和人之间的平等关系。造物主在造人的时候用了同样的原料，赋予同样的本性，因此所有的人在社会当中处于同等的地位。人和人之间虽然存在一些天生的不平等，比如身体的好坏，有的人生而强壮，有的人生而残疾，这是一种生理上的不平等；有的人天生聪明，有的人天生愚笨，这是一种智力上的不平等。但是，无论是

《自由引导人们》

生理上的不平等，还是智力上的不平等，都不至于使人与人之间的不平等达到奴隶与主人之间奴役和压迫的程度。这就意味着，人和人之间大体上是平等的。并且，在一定的情况下，强者不可能永远是强者，弱者也有比强者强的时候。霍布斯说得好：人和人之间是有差别的，有天生的强壮者，有天生的孱弱者。胖子与瘦子之间，胖子总是欺负瘦子。但是，瘦子也有比胖子强壮的时候，比如说，胖子睡觉而瘦子没有睡觉的时候，瘦子比胖子还要强壮。因此，人和人之间总体上是平等的。当然，这套理论我们可以追溯到古希腊罗马，罗马的思想家西塞罗就说，人和人之间是平等的，因为人都平等地具有理性。人与动物的不同，在于人都具有理性；因为人具有理性，所以人能够思考问题；人能够思考问题，实际上是一个上等的存在物，他能够分享上帝的快乐，从这种意义上讲，人与神是相通的。人因为具有共同的理性，所以人和人之间是平等的。如果说人和人之间不平等，有实质性差异的话，那么就不可能有"人"这个概念。既然有"人"这个一般的概念，并且这个概念还在延续，那么就说明人和人之间应该是平等的。

对平等的经典表达，当然首推法国的卢梭。[①] 他认为，在人类社会早期的自然状态下，人和人之间完全是一种平等的关系，他们之间没有任何的差别，甚至没有丝毫观念上的差别，他们普遍地享有自然的权利。只是后来发生了变化，人类社会由一个平等的社会变成了一个不平等的社会。

卢梭用一个非常通俗的例子来说明，不平等起源于一个"骗子"。一群人原本在一起共同地生活，他们共同地劳动、共同地分享劳动的成果，突然有那么一天，他们之间出现了一个骗子。他从这群人中间跳出来，拿着一根棍子，在地上画了一个圈，然后对其他人说：请你们看清楚了，我圈的这个土地为我个人所有。其他所有人却都相信了这个骗子，以为他圈的地方确实是他自己的。卢梭说，这个骗子实际上就是人类文明真正的奠基者。这个说法很浪漫，不过从财产法方面来分析，也说得过去。圈地划为私有，这是一种先占。先占就把公共的土地变成私人的土地，私有制由此产生。私有制出现之后，人和人之间的平等感觉就消失了，社会上就出现了富人与穷人的区分。富人总是欺压穷人，这就是人类不平等的第一个阶段，也就是经济上的不平等。

经济上的不平等并没有完结，不平等还要向前发展。富人不可能仅仅追求一种经济上的优越感，他还想使这种经济上的不平等永远保持下去。富人就开始想办法，继续骗穷人。他就对穷人说，这种经济上的不平等是天生的，我天生比你强，比你聪明，所以我获得的财产就比你多，这是天经地义的，这是没有办法可以改变的。为了使这种天定的东西永久化，我们应该建立起一种秩序，建立起一个国家和一套法律来固定人类的本性。其结果是通过国家、政府和法律把经济上的不平等永久化、固定化，强者永远是强者，弱者永远是弱者。随着国家、政府和法律的出现，人类的不平等就进入了第二个阶段，也就是政治上的不平等。社会上就有了统治者和被统治者，或者说，有了强者和弱者。经济上的不平等变成了政治上的不平等。

卢梭认为，政治上的不平等仍然没有完结，不平等还要进一步向前发展，发展的结果是最后出现了暴君。当暴君出现的时候，这种不平等发展到了顶点。主人与奴隶的区分，这是不平等的第三个阶段。发展到第三个阶段，不平等的发展同样没有完结，因为暴力支持暴君，暴力也摧毁暴君，人民最后通过暴力革命的形式推翻暴君的统治，建立一种新的社会秩序，使人们重新回到原有的平等状态。

按照卢梭的设计，人类社会平等的发展次序，是由一种原始的平等，到一种文明社会的不平等，最后通过暴力革命重新回到平等的不平等三阶段。人类不平等的过程经过了经济上的不平等、政治上的不平等和暴君下不平等的顶点三个阶段。卢梭的这套不平等的理论，后来被马克思所继承。恩格斯评论说，卢梭在论述人类不平等的问题上面所采取的思路实际上与马克思在《资本论》当中论述资本的问题的思路是一样的，整个人类从平等到不平等最后回到平等的过程，其中贯穿了一种平等的辩证法，也就是所谓的否定之否定的规律。

资本主义制度的进步在于它消除了一种政治上的不平等。每个人都有选举权与被选举权，每个人都有法律上的平等权，每个人都有参与国家事务的权利，这种平等实际上是一种政治上的平等。后来，马克思进一步发展，要使平等发展到一个更高的阶段，那就是要让人们达到经济上的平等。资本主义的缺陷是只强调政治上的公权平等，而不在乎实际上的占有财产上的不平等关系。马克思提出的共产主义的理想就在于，除了政治上的平等之外，还要达到一种经济上的平等，所以要废除私有制，建立公有制的社会。

6．分权

分权也是现代西方人根深蒂固的理想和信念。分权的理论，一个方面来源于西方的实践，另外一个方面来源于理论家的贡献。分权的实践来源于英国国王与贵族的政治斗争。英国资产阶级革命之前，国王和贵族具有很大的权力，人民没有多少权利。早些时候，国王与贵族分赃，有了大宪章，国王的权力被削弱了；晚些时候，新兴的资产阶级通过权利请愿运动，从贵族、国王那里获得了政治的权利，最后

约翰·洛克

建立了君主立宪制的宪政制度。英国有君主，但他的权力受到了限制，随着时代的发展，君主的权力越来越小，到现在基本上成为一个虚权的君主。权力转到了议会或首相的手里，一方面国王与贵族具有权力，另一方面代表人民的议会也具有权力。权力之间存在着平衡，这是英国的政治法律实践。

分权的理论设计，则来源于理论家的设计，首先是洛克。[10] 他把政治权力分为两种，一个是所谓的立法权，一个是所谓的执行权。立法权是制定法律的权力，执行权是执行法律的权力。立法权由议会掌握，议员由人民选举产生；立法之后由一个君主或一个行政机构去执行法律。所以，立法权应该高于行政权。

三权分立理论的真正提出者是法国的孟德斯鸠。他的分权学说一方面来自英国的君主立宪制，另外一个方面来自洛克的理论。他所谓的三权分立的理论，就是现在所说的立法权、行政权和司法权的分离和制衡。孟德斯鸠的出发点在于保障人民的自由。他认为，人的本性是自由的，自由是人的天性的一部分。但是，任何政治的权力都有一种自我膨胀的性质，任何一种权力只有在达到它的极限的时候，才停止进一步的膨胀。所以，为了保护人民的自

孟德斯鸠

由，就必须把权力区分开来，由不同的机关去掌握不同的权力。权力与权力之间应该是一种制衡的关系，权力与权力只有在相互制衡的结果就是保护人民的政治自由，由此提出了著名的"以权力制约权力"的理论。

按照孟德斯鸠的设计⑪，权力分为三类，一是立法权，一是行政权，一是司法权。立法权比较明确，由议会去掌握，是制定、修改和解释法律的权力。议会由人民的代表所构成，我国称之为人民代表大会，西方称之为议会或国会。人民选出自己的代表，通过自己的代表来制定和解释法律。行政权是执行法律的权力。议会制定出法律之后，就要由行政机关来执行，我们国家称之为国务院，美国是总统，英国是首相。立法机关并不是常设机关，立法之后，议员暂时解散。这就必须要有一个常设的永久性的机关来执行法律，这就是执行法律的政府行政部门。司法权是解决纠纷、裁决争讼的权力，也就是法院掌管的司法权力。司法是通过一种公共权力来解决私人与私人之间的法律纠纷。在孟德斯鸠那里，每种权力的性质、构成和运作方式都是不一样的，权力之间相互制约。

在那个时代，立法权被认为是最高的，因为人民是国家的主人。法律由人民来制定，制定法律的权力掌握在议会手里，所以议会是最高的。19世纪的英国法学家戴西说，议会除了不能使一个男人变成女人，或者使一个女人变成男人之外，什么都可以做到。⑫ 议会是至上的，行政权和司法权实际上是立法权之下的权力。拿法律术语来说，这称为"议会至上"。与之相联系，这个时代还有另外一个根深蒂固的观念：一个法官仅仅是在执行法律，而不是创立法律。他只能忠于立法机关所创立的法律，而不能按照自己的意愿随意解释法律和适用法律。拿法律术语来说，这个时代反对"法官造法"，反对法官的"自由裁量权"。不过，这种议会至上的观念，到了20世纪的时候，开始发生变化。议会的权力在减少，行政机关的权力在扩张，法官也不再是消极地处理纠纷，而可以积极地促进经济和社会的繁荣。

18世纪的分权理论贯彻得彻底的地方，应该在美国。从英国情况来看，立法权、行政权和司法权的划分也不是很显著。"英王所在的议会"本身就包含了立法权和行政权，贵族院作为一个议会，同时享有最高的司法审判权。内阁是一种行政机关，但是它的成员又来源于议会中的多数党。美国在建国的时候，建立了严格意义上的分权制度。宪法的前三条实际上就是在划定三种不同的权力：行政权力由总统来掌握，立法权由众议院和参议院掌握，司法权由法院掌握。其中，司法权具有很大的权力，这不同于其他的国家。当马歇尔大法官创立了司法审查权后，美国的法院取得了与立法机关和行政机关足以抗衡的地位。

7．法治

法治意味着法律的统治，政治的权力运作应该遵循法律的规则与正当的程序。

从前，我们喜欢引用我们导师的一句话，那就是无产阶级的政权不受法律的约束。这是在说，一个政权的性质决定了法律的性质，由政权衍生国家的法律，因此政权不受法律的约束。在法律与政权的关系上，政权是至高无上的，它代表了一个主权，是一个国家的最高权力。政权是法律的来源，也就是说，政权建立法律，而不是由法律产生政权。但是，17—18世纪启蒙学者的看法却正好相反。他们认为，法律并不是由政权产生的，政权应该是由法律产生的，政权应该建立在法律的基础之上。比如说，一个议会的产生，或者一个行政首脑的产生，必须有一个法律的根据和一个法

法国人权宣言

律的程序。人民代表通过正常的法律程序和实际的票数才能够制定出法律。然后，行政机关根据这样的法律来执行它，司法机关根据法律来适用它。因而，任何一种政府的行为，任何一种权力的运作，甚至一种政权本身，都必须以法律为基础，所以，政府和国家应该在法律之下行为，法律是至高无上的。法律至上就意味着法治。19世纪的戴雪在总结英国宪法的时候，曾经对英国的法治有这样的定义：第一，没有专断的权力，法治与专制相对抗。第二，法律面前都是平等的，没有超出法律之外的特权。当然，法律平等是司法上的平等，而非立法上的平等。第三，法治源于英国人的民族传统。

  综上，从自然状态、自然权利、自然法到社会契约，一直到民主、自由、平等、分权、法治和代议制，都是西方17—18世纪思想家们的贡献。这些经典的观念仍然在延续，今天仍然是西方法律思想的主流。只是在一些细节问题上和一些特定范围上，今天的法律理论和法律实践有所变化，但大体上我们还是适用了这样一种理论和理论下的制度，我们把这种理论称为现代法律制度的理论基础。从主要的资本主义国家的实践情况来看，他们都贯彻了这样的理论。英国光荣革命之后所建立起的君主立宪制度，从性质上来讲，已经不同于中世纪，而是一个现代的国家。虽然有君主，但从本质上来讲，它还是一个民主的国家。上面提到的英国人戴西，在论述英国法的时候，总结出英国宪法的三大特点，第一个特点就是议会至上；第二个特点是法治原则；第三个特点涉及英国宪法的惯例。⑬美国独立战争的时候，杰斐逊起草了独立宣言。独立宣言的主要内容来源于洛克和卢梭的理论。在独立宣言的序言部分，就出现了那些到目前为止都能够打动人心的话：人生而自由平等，他具有生命、自由和追求幸福的权利。美国独立战争之后确立的美利坚合众国宪法，以及后来补充的宪法修正案，都充分体现了民主、分权和公民的权利。法国资产阶级革命被认为是最彻底的资产阶级革命，频繁的革命都要有自己的宪法，十几年当中颁布了五六部宪法，其中的理论基础也是17—18世纪的理论。雅各宾派的首领罗伯斯庇尔自称是卢梭的学生，曾经想专门拜访卢梭。他的理论基本上来源于卢梭，特别是他的民主理论和暴力革命的理论。

  17—18世纪的理论更多涉及公法的问题，不过，这个时期也有私法的理论。就法国而言，拿破仑称帝后主持通过和颁布了系统完整的法律制度，其中著名的拿破仑民法典就提出了现代私法的基本原则：私有财产神圣不可侵犯的原则，契约自由的原则和基于过错的侵权行为责任原则。

三、法系、法律理念与西方法律传统

1．法律传统与法系

法律是一个主权国家内部的一种有机的规范体系，或者一种秩序。世界上有众多的国家，每一个国家都有它自己独立的和完整的法律体系。如果我们对世界上所有国家的法律制度按照历史传统进行分类，那么就有了"法系"的概念。

法系划分的根据是法律的传统，这个传统与法律的历史发展有关，与法律制度本身的特点有关，也与法律的渊源和法律的形式、立法者与法官的地位和角色、法律适用的推理模式等等相关。

从总体上来说，世界上法系的划分，一直存在着分歧。有学者说法系有三个，有的学者说有四个，有学者说有五个。法系五分说认为，世界上的法系包括有英美法系、大陆法系、社会主义法系、远东中华法系和伊斯兰法系。法系三分说认为，法系分为英美法系、大陆法系和社会主义法系。每种说法都可以说有它自己的根据，但从影响力和现存状况来看，最典型意义的法系一般为两种，一是以英美为代表的所谓英美法系，或者称之为普通法法系，一是以法德为典型的所谓大陆法系，或者称之为罗马法系或日耳曼—罗马法系。至于其他几种法系，要么影响比较小，要么没有延续下来，要么与世界上现代法律的体系相去较远。首先，在苏联解体之前，以苏联为代表的许多社会主义国家的法律，西方人称之为社会主义法系。社会主义法系有它自身的特点。从性质上来看，前苏联法律的性质是社会主义的，但从法律的技术和渊源上看，前苏联的法律仍然带有大陆法系的特点。苏联解体之后，很少有人再提社会主义法系一词。其次，远东中华法系主要是指源于中国古代传统的法律制度，包括中国古代法律和受中国古代法律影响比较大的其他国家的法律制度，比如说日本、朝鲜和越南等东亚和东南亚的一些国家的早期法律。不过，中华法系的历史遗迹成分大些，现行法律制度的成分少些。特别是当东方国家也开始现代化过程的时候，法律的"中国传统"已经从法律的层面消失，隐藏在法律制度运行的某些不为人察觉之处。最后，伊斯兰法系指现代社会中少有的伊斯兰政治与宗教混合的法律制度，这种法律制度在现代伊斯兰世界还是有一定的影响。

大陆法系之"大陆"，是从英国的角度来看英国以外的欧洲大陆地区。大陆法系的形成与法国法的传播密切相关。拿破仑创立了一整套的法律制度，随着拿破仑的军事扩张，就把这种法律制度直接带到了他的殖民地。到了20世纪的时候，德国的法律采用了新的法律理念，也就是从法国法的个人主义发展到了德国的社群主义，法律进入了一个新阶段。从国别上看，法国、比利时、意大利、西班牙、葡萄牙、德国、奥地利和瑞士都是比较典型的大陆法系国家。此外，还包括其他一些受大陆法系影响的国家或者地区，比如荷兰、苏格兰以及北欧的一些国家。十月革命以前的俄国，西班牙、葡萄牙、荷兰、法国在美洲的前殖民地以及亚洲和非洲也有一些地方可以纳入大陆法系范围。台湾地区的法律，我们通常也认为带有一些大陆法系的特点。

从历史发展方面来看，大陆法系有其一般发展脉络。大陆法系来源于古罗马法。古罗马法被认为是古代社会最完备的法律制度。罗马成为一个氏族公社的时候，就有它自己的习惯法；随着罗马共和国的成立，出现了罗马的成文法，史称《十二表法》；当罗马不断扩张，势力不断加强的时候，形成了罗马帝国。东罗马帝国形成了完整的罗马法律制度，我们通称查士丁尼国法大全。这个国法大全，对后代的影响很大：直接影响了大陆法系，间接地影响了英国法。罗马帝国末期，北方日耳曼人入侵，在欧洲大陆建立起日耳曼人的国家。罗马帝国消亡后，作为具有法律效力的罗马法也消亡了，但罗马法的精神仍然存在，有时候作为西欧的习惯法或者称普通法而存在。在西方中世纪的晚期，随着西欧文明新的发展，人们重新发现了罗马法，开始重新研究罗马法，14世纪的意大利波仑亚，出现了所谓罗马法的复兴。随后，罗马法的研究向北蔓延到法国，最后的成果是拿破仑法典。拿破仑所制定的一系列法国法律，其实质性的来源或法律的技巧都是来源于罗马法。到了19世纪末、20世纪初的时候，德国法开始兴起，德国法又被视为20世纪最典型的大陆法系传统法律。1804年前后的拿破

法国民法典

仑法典代表了19世纪世界上最先进的法律，而德国19世纪末期和20世纪初期的法律代表了20世纪早期人类最优秀的法律制度。

大陆法系的法律分类一般区分为公法和私法，这是大陆法系法律所特有的划分。公法指的是涉及公共权力的法律，调整公民与政府之间、政府与政府之间的法律制度。私法涉及个人权利的问题，调整个人与个人之间的法律关系。具体而言，公法传统上包括宪法、刑法、诉讼法和行政法这样一些法律部门，私法传统上意指"大民法"部门，细分的话可以有物权法、债法和婚姻家庭法，新的发展有知识产权、破产、保险、公司、票据、海商等商法。对于公法和私法的划分，有如下几点是值得认真推敲的。其一，我们传统的法律理论不承认公法私法的划分。在社会主义条件下，我们实行的是社会主义的公有制，法律上不存在公和私的区分。我们只承认部门法的划分，按照法律所调整的不同的社会关系，对法律进行分类。其二，当法律发展到20世纪之后，公法和私法的区分越来越模糊，私法公法化的趋势至为明显。也就是说，公共权力介入到私法领域的现象日趋严重。商法就其发生时的情况来看，是商人之间的自治创造或者习惯，而当代社会，国家权力规制商业行为越来越普遍，如今的商法很难说是私法了。诸如劳动法和环境法这样的社会法，则是国家利用公共权力来调整私人间的事务。但从历史传统上讲，公法和私法的划分仍然可以说是大陆法系最主要的法律分类形式。

从历史上看，我国的法律受大陆法系的影响还是很明显的。中国古代的法律和现代的法律差别是很大的。清末之前，我们的法律传统称为中华法系，以"诸法合体，重刑轻民，德主刑辅"为主要特点；到清末的时候，法律改革形成了大陆法系的基本模式，采用了日本的法律形式，日本的法律又来源于德国法，属于大陆法系传统。到中华民国时期，中国有了大陆法系模式的六法全书。1949年之后，我们学习了苏联的法律，苏联的法律大体上来源于欧洲大陆的法律传统。如果我们从性质上看，中国古代法律是封建的法律形态；清末到民国，近代的法律带有半封建半殖民的法律性质或者资本主义性质；1949年后，我们的法律是社会主义性质。但是从法律的外在表现形态和法律技巧上看，我们的法律很大程度上还是属于大陆法系传统。

大陆法系注重成文法典，注重立法机关的成文法制定活动，注重法律之中的形式合理性，注重法律适用中的逻辑推理。以法律渊源为例，法律渊源是指可以直接引用作为法律依据的东西，比如成文法、法典、判例、习惯、法学家的解释。大陆法系最基本的渊源就是制定法或者成文法典。法官的判例，法学家的解释，习惯和学理，只是偶尔在特定的环境当中部分地发生一些作用。

英美法系与大陆法系相对，有时候称为普通法系。每一种名称，其含义不完全一样。英美法系更多的是指地域上的概念，主要是指英国、美国和它们的殖民地的法律；普通法系则是从它的来源上来界定，普通法是法官们从具体判案过程中形成的一套法律原则和规则。从历史上来看，英国也有其土著的居民，其法律状况不明；后来罗马人占领了英格兰，罗马法影响了英国；北欧日耳曼民族的一支盎格鲁—撒克逊族到了不列颠岛，英国有了日耳曼人的原始习惯和法律；当诺曼人占领英格兰后，英国的法律语言一度适用诺曼法语或者拉丁语。平民语言也就是英语被当作法律的语言并为法庭使用的时候，已经到了15世纪。当然，英国法的现代形式，起源于12世纪。英国国王派出自己的法官到各地去判案子，逐渐形成了所谓普通法。当死板的普通法不足以应付社会发展的时候，英国又出现了所谓衡平法。普通法与衡平法的争斗旷日持久，直到1873年，两种法律的区分和争斗才告结束。⑭从历史上看，普通法与衡平法各有得势的时候，一般地讲，英国人更倾向认为普通法是英国法治主义的标志，因为它来自英

美国独立宣言

国民族法律自身的缓慢发展，而衡平法则是普通法的一种补充，大法官以国王的权力、以"公正"的名义干涉着私人的法律事务。当英国不断殖民的时候，就把英国的这套法律制度带到了它的殖民地。它最大的成果就是美国法。

独立战争后建立的美利坚合众国，在具体采用法律制度的问题上出现了争论。有的建国者要继续保留英国法的传统，有的建国者要彻底与英国划清界限，学习法国法，不保留英国法的传统。在美国确立法律体系的时候，亲英派和抗英派出现了矛盾冲突，最后的结果是亲英派获胜。新成立的美利坚合众国基本上还是采用了传统的英国法的形式，保留了普通法系的传统。⑮虽然美国法也有变化，吸收了一些大陆法系的特点，比如说制定成文宪法，但还是保留了普通法的传统，最后形成了英美法系。

英美法与我们国家还是有联系的。香港1997年以前是英国的租借地，在香港地区所施行的法律并不是中国内地的法律，而是英国法。香港发生的案件，如果当事人不服，最后可以上诉到英国的枢密院，也就是英国处理英联邦国家和地区法律问题的最终审判机关。1997年以后，实行一国两制，在法律制度问题上，香港仍然保留有普通法的传统，其中陪审团、抗辩制、遵循先例都来源于普通法系传统。

比较而言，大陆法系传统更多以立法为中心，法官只是法律的适用者，他不能够超越立法机关的法律。在判案的时候，先有一个有法律效力的法律规范（法律普遍地承认当事人的一般权利），然后法官把这个规范应用到具体的案件中去。当事人是否实际上享有法律上的权利，要看双方当事人的具体情况。判决的形成遵循一个逻辑上的三段论，法律规定是大前提，法律事实是小前提，判决是三段论的结论。英美法系却并不是这样，立法机关的成文法只是判案的一个指导，成文法要成为判决的依据，必须通过法官的司法活动才得以实现。法官倚重的不是成文法典的形式，而是上级法院或本院先前类似的判例。大陆法系传统是政治家的法律，立法可以把政治的考量通过法律表现出来，而英美法系传统则是习惯的法律和民众的法律，遵循先例就是遵循传统，而且它还有陪审团，法律事实的判定、犯罪的实质构成，乃至赔偿数额判定，陪审团都有一定的权威。大陆法系的法律思维模式是："依照《XX法》XX条XX款，特判决如下……"；英美法系的法律思维是："在历史上的那一年，在本州的高等法院有这样一个类似的案件，在那个案件中法官适用的规则是XXX，遵循的法律理由是XXX。那个案件的事实与本案件的事实是相似的，那个案件的法律规则和法律理由可以适用到本案，因此，本案件可以得出这样的结论……"

判例在英美法系中具有决定性的作用，这导致了英美法以法官为中心的特点。法官可以创造法律，而不仅仅是机械地适用法律。他可以在适用法律的过程当中，发现或者确立新的法律原则和法律规则，这些新规则对于以后的判决又具有直接的指导意义。在这一点上，英美法虽然也承认人民主权下的立法规范的权威，但是更倾向于"法官造法"。立法永远有法律的空隙，在法律空隙的地方，就要有法官的自由裁量权予以填补。在法律分类上，英美法系也不同于大陆法系，如上所述，大陆法系法律的基本分类是公法和私法，而英美法系不是简单地划分为公法和私法，也不简单地划分为法律部门，而是把同类的法律归为具体的分类，比如宪法、犯罪法、财产法、合同法、侵权行为法、家庭法等等。从这点上看，思维模式上的差距导致两大法系法律分类的不同。大陆法系国家的思维传统是理性主义的，强调演绎、抽象和一般，而英美法系国家的思维传统是经验主义的，强调归纳、具体和特殊。因此，大陆法系法律的最高理想是"形式理性"，也就是德国潘德克顿学派所推崇的逻辑严密"法律无缝之网",而英美法系法律的至上名言是"法律的生命在于经验,而非逻辑"。⑯

2. 法律的概念

西方人对于法律的理解或者说对于"法律"一词的含义,一直存在着不同的看法。英国法学家哈特说,"法律是什么"是一个经久不绝的、一直存在争论的问题。到现在为止,这个问题还没有解决。究竟什么是法律?不同的人、不同的学派、不同的思考方法都有不同的答案。

(1) 分析法学

作为一个铺垫,我们先看看中国人的理解。我们上法学概论课的时候,法律是什么是一个首先要碰到的问题。第一句话,法律是统治阶级意志的体现;第二句话,统治阶级意志由一定的社会经济条件所决定;第三句话,国家强制力保证法律规范的实施。细分一下,有这样几个元素,第一,法律是一种强制性的行为规范,第二,法律体现统治阶级的意志,第三,这种意志取决于物质生活条件。我们对于法律的理解有三个层次。这种法律的概念来源于苏联的维辛斯基,也就是斯大林时代的总检察长。维辛斯基又来源于当时苏联的理论界,苏联的理论界又来源于马克思的《共产党宣言》和《德意志意识形态》。《共产党宣言》里有这样一句话:你们的法律不过是你们奉为统治阶级的意志。在《德意志意识形态》里,他说,一个国家的法律制度都是由你们这个阶级的物质条件所决定的。

与我们目前所认知的法律概念最接近的,是分析实证主义法学的说法。法律是一种命令,是来自主权者的命令。一个政治上的主权者希望他的臣民去服从他的意志,如果他的臣民不服从他的命令的话,国家就采用一种强力来保证法律的执行。这个意义上的法律可以简化成三个要素:主权者、命令和制裁。三个要素就构成了一个法律的概念,这就是所谓的法律的命令说。这种学说来源于19世纪英国的一位法学家的名著《确立法理学的范围》,作者的名字叫约翰·奥斯丁⑰。他把法律与道德区分开来,他说严格意义上的法律仅仅局限于一个国家的实在法,也就是体现主权者意志的法律规范。道德和正义之类的问题,不同的人有不同的价值判断,因此不能够被科学地研究。一个快饿死的穷人，偷了富人家的一把米，他的盗窃行为是应该得到谴责，还是应该得到同情呢？穷人的答案是值得同情，因为一个人为了生存作出了不恰当的行为，这是人类本性的反应，不能够被视为非法和非正义；富人的答案是应该受到谴责，应该受到法律的制裁；因为盗窃既是对富人财产权的侵害，同时也是对法律秩序的一种漠视，盗窃就是非正义。既然存在相互冲突的看法，且各有说服力，那么科学的法理学应该把道德问题排除在法学研究之外。

奥斯丁的法律命令说，在英国流行了近一百年，成为了英国

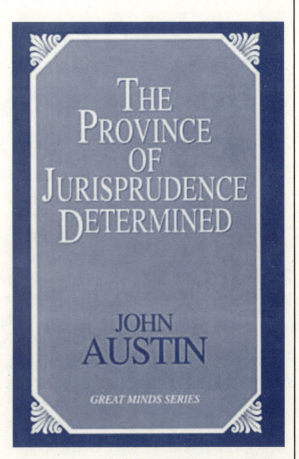

奥斯丁《确立法理学的范围》

法理学的主导理论。但它同时也存在很多问题，20世纪中叶的哈特就举了一个例子来反对法律命令说。比如，有强盗持枪抢劫银行，他对着银行的职员说，"你把钱给我交出来，否则我就一枪打死你"。按照奥斯丁的法律命令说，这个强盗对于银行职员的这个命令就是一种法律。因为这样一种"持枪抢劫的情形"包含了法律命令说所有的要素：其一，主权者实际上是指一个"优势者"。持枪的歹徒和一个银行的职员的地位是不一样的，一个有枪，一个手无寸铁，所以强盗对于银行职员来说是一个优势者。其二，命令。强盗对银行职员说"你把钱交出来"，实际上就是一个命令：你应

该做什么事情。其三，制裁。"如果你不把钱交出来，我就一枪打死你。""持枪抢劫的情形"类似于一个法律的命令说，由此揭示出法律命令说理论的缺陷。

取代法律命令说的是凯尔森的法律规范说和哈特的法律规则说。所谓法律的规范说是指法律由规范所构成，它来源于20世纪规范法学的代表汉斯·凯尔森。⑱他认为，法律是具有强制力的法律规范，一个国家的法律体系由不同等级效力的法律规范所构成。法律规范既包括具体的和个别的法律判决，也包括一般的法律规范，也包括议会所制定出来的宪法。宪法之上还有一个最基本的和原始的假定，称为基本的规范。不同效力等级且具有强制力的法律规范所建立起来的一套社会秩序就是一种法律的体系。所谓法律的规则说，则认为法律是由规则所构成，是哈特在批判奥斯丁法律命令说之后提出来的新分析法学观点。⑲他说，在一个原始的、简单的和小型的社会当中，存在着一种主要的规则或者称第一性规则，它设定了人们的义务。随着社会不断的发展和复杂化，这种设定义务的规则不够用了，社会就引入新的规则，其中包括有承认规则、改变规则和审判规则。两类规则的结合导向一整套完整的和有序的法律秩序。法律的核心在于一个政治权威制定的行为规范，道德因素和社会因素都不是法律所要考量的问题。

奥斯丁

(2) 自然法学

法律的第二种理解是所谓自然法学对法律的认识。这种理论贯穿整个西方法律思想史。简单地说，法律即正义。法律、正义和秩序是联系在一起的，法律就意味着秩序和正义。

许多法学著作的封面都有这种插图：一个美丽的女神一手拿着一架天平，一手拿着一把宝剑。这是一种象征性的符号，体现了法律的两个特点：其一，法律意味着暴力。法律之剑是一种武力，是一种威胁。法律必须以武力来保证其实施。其二，法律意味着公平。天平意味着一种公平和正义。有时候,女神的眼睛是蒙着的,这意味着法律不区分贫富和贵贱,所有的人在法律面前都是平等的。

把公平和正义归结为法律的本质,这是自然法学的创造。自然法的理论源远流长,从古希腊罗马就开始了,一直延续到现在。这种理论认为,一个社会中的人其实处于两种法律的管理之下,一是他所在国家的具体的法律制度,二是人类的理性之法。在自然法学看来,带有强制性的法律规范仅仅是法律的一部分,人们还服从另外一种法律,这种法律是人类本性所决定的,它被称之为自然法。

正义之神

古罗马的西塞罗举过一个例子,一个暴君强奸了一个少女。暴君没有规定强奸罪,这就意味着,按照具体的法律制度,这个暴君不会受到法律的惩罚。但是,西塞罗认为,不能因为没有这种具体的法律制度,我们就让这个暴君逍遥法外。[20] 因为我们还有另外一种法律,那就是体现了人性的一种法律,它被称为自然法。虽然一个国家的具体法律制度起不到威慑作用,但人类本性之法律还是会起作用的,强奸是违背人类本性的行为,所以暴君也应该受到惩罚。

自然法类似于我们经常探讨的法与理、法与情的问题。一个行为在法律上是合法的,但从道德层面上它却不合理;反之,一个行为在道德上是合理的,但依照法律规定它又是不合法的。这就是所谓法律与道德之间的冲突。在自然法学看来，法律应该不违背人的本性，法律应该合乎道德的要求，道德之理和法律之法都是法律的内在规定。在这一点上，分析法学与自然法学直接对抗，分析法学认为，唯有实在法才是真正的法；而自然法学派则认为，除了国家的实在法之外，人类之理也是一种法律，它是维系社会的一个很重要的根据。拿康德的术语来说，前者是"实际之法"，后者是"应当之法"，应当之法是实际之法的存在根据。或者，拿黑格尔的话来说，"存在的必定是合理的，合理的必定存在"。前半句讲的是"实在"之法，后半句讲的是"应然"之法。[21]

自然法认为，自然法高于实在法。不合法而合理的东西，我们可以使它变成合法的，合法而不合理的，我们可以使它变成不合法的。自然法理论其实是一种革命的理论。这也就是说，一个具体的法律制度必须合乎人类最基本的原则，合乎正义、价值和理性。这种正义、价值和理性，具体的内容可以是：其一，自然规律。天地万物都有它自身的规律，有它自身的法则，动物有动物的法，大自然有大自然的法，人有人本身的法，它超越任何具体的法律制度。其二，宗教箴规。在一个基督教徒看来，神意是至高无上的，人是上帝创造的，上帝统治整个宇宙，统治宇宙的法也是人类的一种法律。上帝统治人的法律，在人类的具体法律中也应该体现出来。《圣经》中说，"你不可以杀人"，所以在摩西十诫中，人的生命也是不可被剥夺的。如果你剥夺了他人的生命，那么你的生命也是应该被剥夺的。其三，人的理性。理性是人性的本质，人具有生命权、自由权、财产权和追求幸福的权利，所以一个国家的具体法律制度应该充分保护人的生命、财产和自由。其四，道德律。法律应该合乎这个民族的道德要求。道德所反对的东西，法律上也应该予以反对；道德所支持的东西，法律也应该支持。道德是法律的内在要求，在一定程度上起着法律的作用。

（3）历史法学

对法律的第三种理解也就是历史法学的看法。从人类历史的角度来看法律的问题，发现现行法的历史依据，这是历史法学的方法论。历史法学的顶峰时代在19世纪，德国、英国和美国都有其信奉者。

从古代人类的共性之法，走向各个民族的特性之法，最后走到全球化的共同之法，也是人类法律发展的一般规律。人类社会的早期，不同地区的人其实有着共性之处，非洲某个部落与我们古人的差距是很大的，但两者的习惯和法律却可能有着相似之处，处理纠纷的方法可能极为近似。不管是在中国，还是在非洲某地，人的生命都是不可以随便被剥夺的。在非洲，人的生命剥夺了之后，死者的部落可能采取血腥复仇的形式，以牙还牙，以血还血，而我们可能通过乡村的械斗解决问题。不管报复行为是基于财产的损失，还是生命的尊严，还是部落的荣誉，还是君王的权威，法律的信仰都是一样的：人的生命应该受到尊重。

到了19世纪的时候，人们不再仅仅研究人类的共性，而且还要研究每个民族的个性。民族本身的特点，决定了它的法律的性质。萨维尼说，法律体现了一个民族的民族精神。正如同一个民族有它的语言一样，一个民族有它的法律。一个民族的法律和这个民族的精神紧密联系，和这个民族的语言一样，法律随着民族精神的产生而产生，随着民族精神的壮大而壮大，最后随着民族精神的消亡而消亡。②

19世纪的历史法学试图找到法律发展的一般规律。英国的梅因总结说，法律首先表现为个别的判例，一个具体的案件形成一个具体判决，这是法律的起源。碰到的案件越来越多，判决也越来越多。很多判决之间就逐渐形成了一些共同的原则，这就形成了习惯。习惯进一步向前发展，就会编纂成法典。人类早期的法律发展都经历了从判例到习惯最后到法典的过程。到了法典这个阶段之后，东方与西方法律的发展出现了差别。梅因把以印度和中国为代表的东方社会称为"静止的"社会，到法典阶段的时候，东方法律的发展就停

萨维尼

滞了，不再向前发展了。对于英国和法国这样的西方社会，他称之为"动态的"社会或者是进步的社会，西方法律则进一步向前发展，又经历了另外三个阶段，也就是所谓法律的拟制、衡平和立法。

法律的拟制，典型的例子就是法人制度和收养的制度。在古代社会，社会团体并没有法律的主体资格，但是团体也会发生法律的问题，比如慈善机构、医院、行会或公司。如果没有法人制度，一个团体就不能进行诉讼活动。法律就会出现空档，在这样的情况下，法律就虚拟一种团体的人格，把团体拟制成一个人，让它享有法律上的权利，承担法律上的义务。一个生理上的人是法律上的主体，一个法人因为拟制而成为一个人，它就像一个自然人那样具有法律的主体资格。养父与养子没有血缘上的关系，不是真正意义上的父子。养子如果想要得到养父的遗产，就必须虚拟养父与养子之间存在着类似于父子的关系。收养行为就是法律上的虚拟，通过这个虚拟，使没有血缘关系的两个人变成法律上的父子。

衡平同样关涉合理与合法的问题。有些东西是合法的，但是它不合理，这就需要法律将不合理的行为变成不合法的行为。比如在早期罗马法中，在街上打人者，打人者要赔偿被打者一个银币。假定我是个有钱人，而且喜欢在大街上打人，我就叫上一个奴隶背上一大袋银币。我碰见一个人就给他一巴掌，然后让奴隶拿出一块银币交给被打的人。法律对我是没有办法的，我赔偿了受害人，我的行为就合法了。但是，打人永远是不合理的，在这个时候，罗马的裁判官就会行使他衡平的权力：禁止我在大街上随便打人。如果我继续玩"打人赔钱"的游戏，那么他就会把我送进大牢。裁判官的此类的禁止令，就是衡平的一种方式。另外一个方面，有些东西合理但不合法，我们就想办法使它合法。比如未成年的养子得不到养父的遗产，那么我们就要把合理不合法的变成合法的，罗马的裁判官会以"公平"的理由判定养子有继承权，这就是衡平。衡平的原则是公平，就是以公平来决定判决的结果。

立法则通过有意识的活动制定出合乎新情况的成文法，在大陆法系国家，立法是常见的现象，而在英美国家，立法则是现代之后的事情。如我们前面提到的，英美法系国家强调法律内在的发展，反对用外在的立法来改变一个民族的习惯。立法意味着新的法律出现，也许完全与一个民族的精神相违背,因此历史法学的人通常反对立法,萨维尼虽然是个德国人,但他明确反对立法;梅因则相信人类的进化,认为立法也是人类进步的一种手段。

(4) 社会法学

对法律的第四种理解是社会法学的看法。社会法学产生于19世纪末20世纪初。在社会法学看来,社会条件决定了法律的性质,法律不是别的,它是社会本身。

假定,司机甲闯红灯,被警察罚款200元,5分钟后,司机乙也闯了同一个红灯,却被同一个警察罚了100元。同样是交通违规,同一个警察执法,司机甲与司机乙得到的判定为什么就不一样呢?因为警察是个男性,司机甲也是男性,司机乙却是女性。举这个例子只是想说明,裁判者的性别可以影响判决的不同结果。推而言之,法官心情好的时候,可能判得轻一些,心情不好的时候,可能判得重一些。一个判决的形成,受到各种因素的影响。其中,既有政治的、经济的和社会的宏大的决定因素,也有心理的、性别的、种族的微观的决定因素。要预测法律的结果究竟是什么,就要考察各种广义上的各种社会因素。社会因素本身就是法律,这种法律被称为"活法"。

在社会法学那里,法律有两种,一种是所谓"书本上的法律",一种是所谓"行动中的法律。"[23]分析法学所认为的法律,在社会法学那里只是一种"书本上的法律",这种法律可以在书本上找到,法律文献上有明确规定。另外一种法律在书本上是找不着的,它只存在于现实的生活当中。比较而言,行动中的法律才是真正发生作用的法律,书本上的法律只能够导致法律上的形而上学。

法律只是社会状况的一种反映,它必定要与社会的发展状态相一致。古代社会人与人之间的关系是熟人关系,朋友联合起来共同对抗敌人;现代社会人与人之间的关系是陌生人关系,没有永远的朋友,也没有永远的敌人。在前一种社会状况下,法律为社会本位,法律体现了一种利他主义;在后一种状况下,法律是一种个人本位,法律体现了一种利己主义。资本主义的发生,意味着法律的现代化,法律由利他主义转化为利己主义。

既然法律只是社会的一种反映,因此法律应该伴随社会的发展而改变。社会要向前发展,人类就应该为权利而斗争,并把这样的权利

耶林

转化为具体的法律。这个口号是德国法学家耶林喊出来的。他曾经做过一个讲演,题目是"为权利而斗争"。他认为,法律的生命就是人们不断追求权利的过程。他举了《威尼斯商人》的例子,安东尼奥财力危机之后夏洛克要依先前的合同割他的胸前的肉。一个犹太商人割基督徒的肉,夏洛克被认为违背人性。但是耶林反过来为夏洛克辩护,认为夏洛克并非一个暴徒或一个邪恶的人,他只是在为他的权利而斗争。在耶林眼中,这个犹太商人是一个真正的权利的捍卫者。既然他与安东尼奥有约定,如果安东尼奥违约,他胸前的那磅肉就应该属于夏洛克,那么,割下安东尼奥身上的肉,实际上是夏洛克在实现他的权利。[24] 耶林区分了两种权利:未被法律确立的权利,称为主观的权利;被法律认可的权利,称为客观的权利。为权利而斗争,就是由主观权利转化为客观权利的过程。人类的历史由奴役走向自由,由愚昧走向文明,人类社会的每一个进步,都是人们经过长期的斗争换来的。法律见证了人类追求自己权利的历史,法律的目的就是要保障人们的利益。

迄今为止,对于法律的认识五花八门,并没有一种统一的看法。这里,只能选择上述有特点的学说给予介绍。每一种对法律的看法都有其合理性,都是对于法律现象一个方面的合理认识。每一种说法都有助于我们进一步地思考,反过来影响我们的制度。

3. 西方法律传统

所谓西方法律传统,一般指源自古希腊罗马文明和基督教文明的文化现象。法律历史学家对西方法律传统形成有着广泛的论述,其中美国法律史学家伯尔曼的总结很有代表性。他把西方法律传统的形成追溯到12—13世纪，也就是中世纪基督教世界的分裂、西欧各民族国家形成的时期。在他看来，西方法律传统有十个方面的特点。㉕ 他的这种说法在其他法学家那里，比如韦伯、庞德和昂格尔，也可以得到验证。

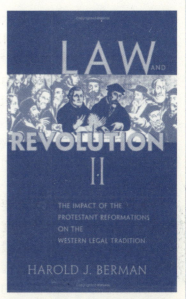

伯尔曼《法律与革命》

第一，法律制度与其他类型的制度之间存在着显著的区分。法律制度与宗教制度、政治制度、道德和习惯是不一样的，法律制度有它自身的特点。法律有自己的规范实体，有立法和司法过程中形成的原则、规则和概念，有自己的独特的思维方式和推理方式，有外在的强制，这就不同于道德、习惯和宗教；法律有既定的规则和法律的程序，这就不同于赤裸裸的暴力政治。法律具有一定程度上的自治性。

第二，法律活动是一种职业化的活动。法律的活动委托给一群特别受过职业训练的人们，他们有特定的思维方式、特定的处事方法和行为方式。法律专家、立法者、法官、律师和法律学者共同支撑起法律的世界。法律具有专门性和职业性，法律人团体有其自身的亲和力。

与之相对的，在伊斯兰法传统中，宗教与法律是融合在一起的，法官既是法学家同时也是宗教家。在中国古代，行政官也是法官，法官并没有受到专门训练，不具有相对的独立性。其他西方法学家曾经研究过中国古代法，认为中国与西方法律的区别之一，就在于中国没有一个专门的法学家阶层，也没有一个法官的阶层。马克斯·韦伯和昂格尔在比较中国与西方法律传统的时候，就指出，中国没有进入法律现代化的原因之一，就是中国古代没有自己的法学家和法官。㉖ 当然，中国的一些学者并不同意这种看法，他们认为中国虽然没有西方的立法、行政和司法的分离，也没有专门的法学院，但是，古代中国也有自己复杂和专门的法律官员，也有专门的律学。在中央一级有专门的司法机关，唐朝有大理寺、刑部和御史台，清朝有刑部、大理寺和督察院，还有宗人府和理藩院。在地方上也有一些专门的司法官吏，唐代有法曹或司法参军以及司法佐史，清代有巡按和推官，以及胥吏和幕友。不过，中国的这一部分职业法律人与西方的法律职业者有着比较大的差异。西方社会的法律职业者有更多独立性和自主性，有自己的独立人格，不受他人的干涉；中国社会的法律从业者，基本上都处于一种人身依附的关系当中，很难说能够按法律自身的规律来形成一种职业性的团体，形成特定的法律内容、机构、方法与职业。

第三，法律职业者都要在专门的独立机构中接受专门的训练。法律的专门培训导向法律制度的一般和系统的理论。意大利早期有波仑亚大学法律系，英国有中殿、内殿、林肯学院和格雷律师学院，美国有大学的法学院。这些机构有自己的职业文献，有职业学校和培训场所。比较而言，中国古代的州府行政长官，同时行使地方行政权和司法审判权，他入仕途要读的书并不是律法书，而是儒家的经典。中国古代也有自己的律学，两汉时候有壮观的律学世家。到唐朝的时候，律学发展有了很高的成就，比如说《唐律疏议》。可是，科举考试在通常情况下，考试的重点在于经义诗赋策问，而非律法。

第四，法律学术与法律制度之间存在着复杂和辩证的关系。法学理论与法律实践之间有一种互相促进的作用。法律家处理法律事务有法律理论作为指导；法学家需要从具体法律问题上形成法律的学说。法律的理论与法律的实践又存在着一种紧张的关系，法律的理论有时候被称为一种高级法。

伯尔曼认为上述四个特点，从12—13世纪一直到现在，仍然是西方法律传统的根本性特点。除了这四个之外，还有六个方面的特点，这后六个特点进入了20世纪之后有所变化，但在12世纪到20世纪这一段时间内，同样可以说是西方法律传统的特点。

第五，法律是一个连贯的整体，是一个体系化的实体。这样一个实体经过了数代和数个世纪的发展。古罗马的查士丁尼国法大全，经过12—13世纪教会法学家和罗马法学家们的创造性使用，成为西方法律制度的完整版本。

第六，法律有一种自我发展的能力。法律的发展具有一种内在的逻辑，法律是一个有机的体系。这种发展能力使法律不断地延续下去，发展遵循着一定的规律。

第七，法律的发展有自己的历史。法律的发展有一种内在的逻辑，变化既是对过去的延续，也是对新情况的适应。法律连接了历史与未来。

应该说，第五到第七个特点，是大陆法系学者对法律发展的一般认知模式。在大陆法系，这个现象最早起源于对古罗马法中的《学说汇纂》的认识，到《德国民法典》的时候，这种理论到达极致，学术史上称为潘德克顿学派。这与萨维尼研究罗马法相关，在韦伯那里称为最完善的"形式合理性"。在英美法系，分析法学所向往的法律，也是这样一个逻辑的、有机的和自我发展的法律理想国。他们也认为，法律有一种自身完整的逻辑体系，法律有其自身的历史。

不过，到20世纪之后，这样的观点遭到了质疑。随着美国法律实用主义的兴起，这种对法律的认识逐渐被冷落。美国20世纪早期的霍姆斯说，法律的生命在于经验而非逻辑，就是对这种欧洲传统的形式主义法学的一种批判。20世纪20—30年代的庞德在《法律史解释》中认为，法律总是想保持永恒不变，但是社会却总是不断地发生变化，法律就在稳定与变化中挣扎。与此同时，美国的现实主义法学将强调逻辑性的法学称为法律上的形式主义，反对法律有内在逻辑的观点。到20世纪60年代之后，美国法学完全抛弃了法律形式主义，强调法律学与经济学、政治学和道德学之间的交叉研究。由此提出的观点是，法律没有自己的历史，法律永远从其他资源那里获得发展的动力。

第八，法律具有高于政治权威的至高性。法律与政治相互分离，法律高于政治，政治必须在法律的框架下面运作。这是自西方18世纪以来对法治的一种理解，法治意味着反对政治上的专权，法律对抗暴政。

不过，西方法学上的左派理论一直反对这样的观点。在他们看来，法律永远不能够摆脱政治的影响，法律只是换了一套外衣的政治。法律永远是政治利益的外在表现。这样一种理论到20世纪70—80年代的时候达到了高峰，在美国被称为批判法学。在他们看来，法律隐含着政治压迫和奴役，是社会等级制的一种复制。美国、英国和澳大利亚20世纪90年代之后的女性主义法学和种族批判法学更加极端，认为法律是男性对女性、白人对黑人、殖民者对土著居民、发达国家对发展中国家的一种政治迫害。法律是以形式上的平等加剧了实质上的不平等。

第九，一个社会内部存在着多元司法管辖权和多元法律体系。不同的法律体系和法律管辖权之间共存和竞争，导致了法律的精致和完善。西方12、13世纪的欧洲国家，同时存在有王室法、教会法、封建法、庄园法、城市法、商法、教会法和罗马法等八种法律体系，它们互相抢占法律管辖权，法律呈现多元化，最后才形成了西方各国现代化的统一法律体系，走向了西方的法治秩序。美国有联邦法与州法的对抗与协调，各州都有自己的法律体系与法院体系。

第十，法律超越革命。西方历史上任何一场革命，都没有中断西方法律传统。西方法律传统总可以从革命之后得以重建。教会革命、新教革命、英国光荣革命、法国大革命、美国独立战争和德国宫廷革命，都使社会发生了根本性的变革，但是这些国家的法律传统却依然保留了下来。

---

① Gabrou v. May Department Stores Co. 462 A.2d 1102（D.C. App. 1983）
② 由嵘、胡大展主编：《外国法制史》，北京大学出版社1989年版，第264页。
③ 霍布斯：《利维坦》，黎思复等译，商务印书馆1985年版，第94页。
④ 卢梭：《论人类不平等的起源和基础》，李常山译，商务印书馆1962年版，第103页。
⑤ 洛克：《政府论》（下），叶启芳等译，商务印书馆1964年版，第5页。
⑥ 卢梭：《社会契约论》，何兆武译，商务印书馆1980年版，第24-25页。
⑦ 同上书，第25页。
⑧ 孟德斯鸠：《论法的精神》（上），张雁深译，商务印书馆1961年版，第154页。
⑨ 卢梭：《论人类不平等的起源和基础》，第111页。
⑩ 洛克：《政府论》（下），第95页。
⑪ 孟德斯鸠：《论法的精神》（上），第154页。
⑫ 由嵘、胡大展主编：《外国法制史》，第191页。
⑬ 参见戴雪：《英宪精义》，雷宾南译，中国法制出版社2001年版。
⑭ 赞恩：《法律简史》，孙运申译，中国友谊出版公司2005年版，第9章"英国的法律——普通法与衡平法"。

⑮ 沈宗灵：《比较法总论》，北京大学出版社1987年版，第198-199页。
⑯ "形式理性"与"实质理性"的区分来自韦伯的《经济与社会》；潘德克顿学派本源来自古罗马的"学说汇纂"，后由萨维尼归纳总结成为《德国民法典》的思维范例；"法律的生命在于经验"是美国大法官霍姆斯的名言，见其《普通法》。
⑰ 参见奥斯丁：《法理学的范围》，刘星译，中国法制出版社2000年版。
⑱ 凯尔森：《国家与法律的一般理论》，沈宗灵译，中国大百科全书出版社1996年版，第150页。
⑲ 哈特：《法律的概念》，张文显等译，中国大百科全书出版社1996年版，第83页。
⑳ 西塞罗：《论共和国 论法律》，沈叔平等译，商务印书馆1999年版，第180页。
㉑ 参见康德：《法的形而上学原理——法律的科学》，沈叔平译，商务印书馆1991年版；司丹木拉（斯塔姆勒）：《现代法学之根本趋势》，张季忻译，中国政法大学出版社2003年版；黑格尔：《法哲学原理》，范扬、张企泰译，商务印书馆1961年版。
㉒ 萨维尼：《论当代立法和法理学的使命》，许章润译，中国法制出版社2001年版，第18-20页。
㉓ 参见庞德：《法理学》（第1卷），邓正来译，中国政法大学出版社2004年版。
㉔ 耶林：《为权利而斗争》，郑永流译，法律出版社2007年版。
㉕ 伯尔曼：《法律与革命》，贺卫方等译，中国大百科全书出版社1993年版，"导言"。
㉖ 参见韦伯著《儒教与道教》（王容芬译，商务印书馆1995年版）和昂格尔著《现代社会中的法律》（吴玉章、周汉华译，译林出版社2001年版）。

第二章

法律的灵与肉
——古希腊的法律思想和古罗马的法律制度

> *Juris prudentia est divinarum atque humanarum rerum notitia, iusti atque iniusti scientia.*
>
> 法学是关于神道与人事的知识，是关于正义与非正义的学问。

法律是一个生命体，有它的灵魂和肉体。法律之体是指法律的外在形态，即法律规范；法律之魂则是指法律内在的理念。古希腊的法律思想与古罗马的法律制度，正好体现了法律的这两个方面。直到今天，我们很多的政治制度与法律制度，要追寻其历史渊源的时候，最终都追寻到古希腊和古罗马。只不过稍加区分的话，法律思想史的渊源一般都追溯到古希腊，因为古希腊产生了很多的哲学家，留下了他们对于政治和法律的哲学思考；法律制度史则要追溯到古罗马，许多现代法律的制度，尤其是大陆法系的法律制度，其历史的渊源在于罗马法。换言之，古希腊是生产思想的一个地方，而古罗马则是生产法律制度的地方。

一、城邦与法

古希腊法泛指存在于古代希腊世界所有法律的总称。但是，希腊并不是一个完整意义上的国家，也不是一个完整意义上的城邦，而是由许许多多的城邦所构成的一个松散的政治联盟，它从来没有统一过。

在希腊城邦中，后代人谈得比较多的是雅典和斯巴达。这两个城邦的政治形态、经济结构、人民性情以及法律制度等方面都不太一样。一般来说，雅典的政治制度和法律制度，由于资料相对流传较多，后人关注也较多。我们今天所谓的民主、自由和宪政等概念，基本上都起源于古雅典的制度。斯巴达则是一个军事强国，亚里士多德称它采用了一种寡头政体的形式，在那个地方，民主的因素相对较少，以强悍和武力见长。20世纪70年代，耶鲁大学法学院教授卡拉布雷西在论证其"事故成本"问题的时候，就喜欢拿假想的雅典和斯巴达为例来说明不同法律制度导致不同的经济后果。他把雅典视为一个基于个人责任的法律制度城邦，在那里，每个人对自己的风险损害行为承担责任，也就是把他的事故成本当做自己的行为成本；而斯巴达是一个基于国家责任的法律制度的城邦，在那里，国家对所有的故事损害进行补偿，也就是每个人都把事故成本不当做个人的成本。个人责任下导致了过错责任，国家责任导致了严格责任；雅典的法律制度的目的在于预防事故，斯巴达的法律制度在于补救事故。[①] 卡拉布雷西理论中的雅典和斯巴达是假想的，但也可以使我们认识到两个城邦不同的政治制度与法律制度。

按照亚里士多德的考据，整个希腊约有158个城邦，每一个城邦都有自己的政治制度。他所编辑的《雅典政制》，描述了古希腊的政治制度的状况。古希腊的每个城邦都有自己制定和实施的法律，但是也有一些一般的特点。第一，由于希腊各城邦相互分隔的自然环境，没有形成统一的经济前提，整个希腊也就始终未能出现全境共同适用的法律制度。第二，希腊的成文法出现得较早。在雅典，早先有《德拉古法典》，后有梭伦立法，从氏族组织转变为类似于国家制度的过程中，习惯演变成了成文法。第三，梭伦立法之后，城邦的立法、行政和审判权力都掌握在民众大会手里。一方面，雅典有了完善的法律体系，尤其是在抵押、典当、贸易和金融方面，法律达到了比较高级的阶段；另外一个方面，司法的审判权掌握在全体人民手里，雅典没有出现强制性的专门法庭，因此阻碍了雅典成为一个严格意义上的法治社会。第四，亚历山大的军事征服，把希腊法律扩展到东方世界，希腊法律成为了当时"全世界性"的法律，后来通过罗马人的发展，希腊的法律原则发扬光大。希腊人把法律给了罗马人。[②]

二、贝壳放逐法

古希腊时期的宪法与今天我们的宪法，内容上差别很大，很难说是现代意义上国家的根本大法。现代的宪政是和资产阶级革命联系在一起的，同时具备了民主、法治、分权等多种含义。从词义上说，希腊的城邦"宪法"，美利坚合众国的"宪法"，中华人民共和国的"宪法"，用的都是同一个词，但是其内容上差别是比较大的。古希腊有一定程度上的民主，但没有真正的平等，贵族有优越的地位，而外邦人、奴隶和女人并没有法律上的权利；古希腊没有独立的司法机关和审判人员；而且，在一个存在奴役制度的社会，我们很难说存在着人权。但是，从一个社会的基本政治制度和一定意义上的民主来讲，古希腊的民主与现代社会的民主也有相类似之处，因此说，现代民主制度起源于古希腊。

雅典的民主活动一般提到这样几个政治改革家，他们是梭伦、克里斯特尼、阿菲埃尔特和伯利克里。具体而言，雅典的民主制，第一，形式上允许一切雅典公民参与国家的日常活动，规定的年龄是18周岁。第二，大多数国家的公职人员都由选举产生，而且集体职务多于个人职务。古希腊实行轮番制度。亚里士多德说，古希腊实行民主制度，民主就必须有轮番的制度，有了轮番的制度，才可能达到某种平等。第三，雅典公民能够通过亲自的政治活动，来直接捍卫希腊民主。

亚里士多德在分析雅典政治的时候，认为一个城邦里面的政治运作实际上是依靠三种机构来进行的，一是议事的机构，二是执行的机构，三是审判的机构③，比较类似于我们今天所说的三权分立：立法权、行政权与司法权。与现代制度不同的是，雅典的民众大会，每个人都有资格参与，因此无法形成现代社会的代表制度。另外，雅典的审判制度，也与我们今天的法院不同。在古希腊，每个市民都有权处理另外一个市民的案件，每一个市民都可以对他所怀疑的长官提起一个诉讼，最后通过大会表决的方式决定是否放逐他。我们今天的审判机关，由要么是民选的要么是任命的一些专职的法律人员，组成一个司法机关，来处理民众之间的法律纠纷，而雅典的审判则不同，要么是所有的人都可以参加民众大会审判，要么是抽签而成立的市民陪审团对他人进行审判。④它并不是一种职业的、专门的和精英式的机构。古希腊的陪审团是实质意义上的裁判机关，较类似于英国早期的大陪审团，而不是现代英美法系国家那样只判定事实的市民代表的陪审团。

雅典的民主也很难说是每个人都愿意为自己投上神圣的一票，因为古代社会的人们并不像今天现代的人们那么清闲，有那么多的财富。穷人没有时间没有精力去参加大会投票，而富人可以去却有时不愿意去。为了解决穷人想投票投不了票，而富人能够去投票却不去投票的问题，按照亚里士多德的描述，希腊人发明了补助的方式：如果要求穷人去投票，城邦就要给他一定的补助；如果富人不愿意去投票的话，就应该多收他的钱。采取这样一种方式，雅典的民主的制度才得以贯彻下去。⑤

在古代社会，真正形成民主的制度是比较少的，古代社会大量的政体形式则是君主制或者是专制制度。民主的形成是需要相关的条件的，如果没有一些相应的条件作为铺垫，就不可能形成一个民主政体的形式。亚里士多德在他的政治学中，曾经对古希腊的政治制度进行了详细的探讨。他按照统治的目的和执政者的人数，对政体进行一种逻辑上的划分：君主制或者僭主制，贵族制或者寡头制，共和制或者民主制度。每组前一项是为了城邦的利益，故称正宗政体；每组的后一项不是为了城邦的利益，故称不当的政体，或称变态的政体。⑥

亚里士多德认为，这六种政体在古希腊的城邦当中，都可以找到原型，但也存在着混合的状态。斯巴达有一个君主，但是它的贵族或者寡头的力量却比较强大，雅典的平民政治则比较发达。一个人实行的统治，通常称为君主的政体，但君主的政体里面也有很多细小的分类，比如世袭的、民选的、篡权的等。⑦一般而言，古代社会君主制是比较流行的。如同中世纪神学家阿奎那所说，一群蜜蜂有一个蜂王，一个生命有一个大脑，因此君主制度合乎自然本性。即使是18世纪的卢梭，也称多数人统治少数人是违反自然规律的。我们扩展到东方社会，情况也是一样，东方社会基本上都采取的是一种君主制，也就是一个人的政治统治形式，巴比伦也好，古代中国也好，基本上都是君主制度，甚至是君主专制的制度。唯有西方少数城邦实行了所谓的平民政治或者共和政治，也就是多数人的统治形式。从这个意义上说，民主起源于古希腊，应该说是比较确切的。

雅典有了民主制度和宪政的制度，有其自身的原因。雅典是个沿海城邦，工商贸易比较发达，农业部门发展相对迟缓。发达的贸易，就促进了各民族之间的相互交往，所以民主的精神要浓厚一些；反之，农业经济一般是自给自足，这种情况下很难形成民主的意识，这也是西方社会与东方社会的差别之一。不过，从希腊的情况来看，只能说雅典民主的气氛比较浓厚，斯巴达基本上没有什么工商业，也没有什么农业，它的土地比较贫瘠，只能够靠武力掠夺，使自己成为一个比较富足的国家。

雅典民主中，值得注意的是"贝壳放逐法"。在克里斯特尼改革之后不久，雅典规定民众大会通过投票方式，可以指定放逐那些危害国家的分子。表决时，雅典公民在贝壳或陶片上写下自己认为应当放逐的人名，投票数目超过六千，此人则被放逐国外十年。贝壳放逐法通常被认为是雅典最典型的民主制度。后世的一人一票的制度，也来源于此。比如中国1949年前解放区要选苏维埃代表的时候，就是每个候选人后面放一个陶瓷的罐子，每一选民手上拿小石头，扔进去，最后得石头多的人就是代表了。这种早期的民主制度，就是通过人民的选举，让代表行使政治上权利的雏形。选举的制度，我们经常就追溯到古希腊的贝壳放逐法。但是，如果我们考查希腊的这个贝壳放逐法，也会发现它与我们今天的所谓民主制度还是不太一样的。实际上，古希腊的放逐法原来的目的并不是实行一种民主政治，而是希腊人为了排挤政敌所创造出来的制度。亚里士多德对此的分析是，当初设想这样一种贝壳放逐法的时候，实际上是政治上的一些野心家为了把自己的政敌赶走而设计出来的制度。⑧通过阴谋的方式和通过私下通气方式，把民众的热情和积极性激发出来，以此来攻击自己的政敌。从形式上看，每个人通过自己一票的方式，把这个人赶走。但在实际上，被赶走的人也许是这个城邦当中最聪明的人，或者是这个城邦当中影响最大的人，或者最有钱的人，或者最有能力的人。

政治野心家通过民主力量，把优秀的人赶出城邦。这也体现了雅典时期民主政治的特点，也就是说，民主政治不允许有精英的存在。如果这个人特别有才干，或者特别有能力，那么对于民主来说他就是一种威胁，因为民主的本质是共同的行为和共同的意志。这个共同行为往往代表了普通人的普通意识，他并不是高智商，并不是特别有钱，但代表了普通人的利益。而普通人很难说就是精英，要保护大多数的利益，就不允许有精英。通过这种排除精英的方式维护民主制度，这才是贝壳放逐法或者陶片放逐法的本意所在。通过民主的方式来捍卫人民的权利，来捍卫民主的制度。好处在于这个国家代表大多数人的意志，不好的地方在于它不利于发展，因为多数人的意志是没有效率的。到19世纪的时候，政治学家们反思民主制度，认为民主未尝不是多数人的暴政。①

三、古希腊"三圣"

古希腊的法律文明，重心并不在于具体的法律制度而在于法律理论上的创造。从思想史的角度来说，古希腊产生大量的思想家。在这些思想家当中，首当其冲的是苏格拉底、柏拉图和亚里士多德，对应于东方的孔子、孟子和荀子。

苏格拉底是西方法律史上一个绕不开的人物。苏格拉底是一个哲学家，喜欢在雅典广场上与年轻人聊天，与他们探讨他"古怪"的想法，表达出他对神灵的"不敬"。由于"亵渎神灵"和"蛊惑青年"，他被雅典的民主派判决至死。据史料记载，审判的时候，当时的民主派给他两个选择，一是他承认自己的错误并认罪，以后不再蛊惑青年了；二是如果他不认罪，他就会被执行死刑。苏格拉底是个圣人，宁愿选择死亡也不放弃自己的信仰。他说，他是雅典的公民，一个好公民就应该服从城邦的法律。虽然雅典的法律是个恶法，但是他也应该遵守这个恶法，他最后选择了死亡。临死之前做了一番演说，这段演说后来被称为苏格拉底在审判前的演讲，后来柏拉图把它记录了下来，称为申辩记。这篇演讲一直流传下来，变成了历史上著名的哲学和法律演讲。苏格拉底之死，为后人引申出了两个法律命题：其一，一个好公民应该服从共同体的法律；其二，一个道德上坏的法律，毕竟也是一种法律。

究竟是君主制好，还是民主制好？今天看来，当然是民主制比君主制好，因为民主体现的是多数人的意志，而君主制体现一个人的意志，多数人的意志肯定会优于一个人的意志。当然，这也是亚里士多德的看法，为后来的所谓民主制度奠定了理论基础。但是在人类的

苏格拉底之死

早期,这种说法不一定得到认可。从总体上看,古代人并不喜欢民主制,雅典的民主制只是历史的一个小插曲,苏格拉底的死就被认为是民主制度的一种罪恶。

对民主制度的反感,也反映在柏拉图的"哲学王"的理论中。实行民主制好,还是实行贵族制好?柏拉图是相信人治的,他相信哲学王的统治,而反对民主制度。后人在分析柏拉图喜欢人治而反对民主制的时候,总结了多个原因。一说君主制体现了柏拉图的哲学观点,因为古希腊哲学家崇尚智慧,古希腊的一句名言就是,美德就是知识。希腊语"哲学"的含义实际上就是爱智慧,而智慧之人就不太讲民主,因为个人的聪明才智会追求智慧地统治一个国家。基于这个原因,柏拉图提倡哲学王,反对民主制度,这是其哲学的结果。一说柏拉图的老师苏格拉底是被民主派处死的,他们师生感情好,所以柏拉图一辈子都反对民主制,而提倡一种个人智慧的统治。一说柏拉图的某个祖先曾经是梭伦的亲戚,阶级的出身决定了他反对民主制,提倡一种人治。

雅典学园

  无论如何，在柏拉图看来，政治统治最好的形式是一个人的统治，这个统治者应该是一个哲学王，也就是政治权力和智慧的一种结合。一个人既有了权力也有了智慧，他什么事情都可以解决，并不要求外在法律的权威。他说："除非哲学家成为我们这些国家的国王，或者我们目前称之为国王和统治者的那些人物，能严肃认真地追求智慧，使政治权力与聪明才智合二为一；那些得此失彼，不能兼有的庸庸碌碌之徒，必须排除出去。否则的话……对国家甚至我想对全人类都将祸害无穷，永无宁日。"⑩ 研究哲学和政治艺术的事情天然属于爱智者的哲学家兼政治家，其余的人只适合于追随领导者。

  只有哲学家是能把握永恒不变事物的人，他不会被千差万别的事物多样性弄得迷失了方向。哲学家天生具有良好的记性，敏于理解，豁达大度，温文尔雅，爱好和亲近真理、正义、勇敢和节制。他看到了群众的疯狂，但他保持沉默，就像一个在暴风卷起尘土或雨雪时避于一堵墙下的人一样，看别人干尽不法之事，而自己终生不沾上不正义的罪恶。"哲学如果能达到它本身一样最善的政治制度,那时可以看得很明白,哲学确实是神物,而其他一切,……都不过是人事。"⑪他比喻说,一个病人去瞧医生,医生诊断过后给病人开药方,让他定时吃药。医生短时间出国返回后重新探视这个病人,发现这个病人的病情发生了变化。那么这个病人是继续按照原药方吃药呢,还是医生给他吃新的药呢?在这里,柏拉图暗指,如果病人继续按照原药方吃药,那么就是一种法治;如果医生开新药,就是一种人治。柏拉图的结论当然是后者,也就是医生给病人吃新药,理由是,一个好的医生应该按照自己的经验给病人看病,而不是按照教科书给病人开药方。一个好的统治者应该根据具体的变化了的情况依照智慧随时处理事务,而不能够让法律束缚自己。⑫

同时,柏拉图还认为,人是天生分为等级的,因为上帝在造人的时候,他所用的质料是不一样的。国王是上帝用金子做的,军人是上帝用银子做的,劳动者是用铜与铁做的,因为人的质料不一样,这就决定了他在社会上的地位是不一样的。金制的国王和银制的军人,天生就是一个国家的统治者,而铜铁之人天生地就是这个城邦的劳动者。人是分为等级的,违反这一点,社会就会发生混乱。他说,如果让铜铁的劳动者来执掌权力的话,那么结果只能是"铜铁当道,家破人亡"。

柏拉图最有出息的学生当算亚里士多德。亚里士多德对柏拉图的理论进行了分析评价,在法律方面,亚里士多德不同于老师柏拉图。这就是所谓"我爱我师,但我更爱真理"名言的一个侧面。柏拉图喜欢的是一种君王的贤人政治,而亚里士多德则强调一种共和政治,也就是多数人的统治。在共和制下面,他提倡法治,反对柏拉图的贤人政治。他说,法治是众人的智慧,而人治是一个人的智慧。按照常理,众人的智慧应该超过一个人的智慧。他举例说,一个湖里面的水多,那么湖水就不容易腐败,如果水少则容易发生腐败。一个人出钱办的宴席和众人集资办的宴席比较而言,众人办的宴席肯定比一个人出钱办的宴席来得丰盛。⑬两个人的意见分歧,由此在西方历史上第一次有了关于一人之治与法治的争论。在亚里士多德那里,法治包含了两个方面的因素:第一,法律得到普遍的服从;第二,这个法律本身是制定得良好的法律。亚里士多德指出了人治不如法治的具体理由：第一，人是感情的动物，而法律完全没有感情。第二，众人的智慧超过一个人的智慧，一个人容易出错，而众人出错的几率较小。第三，一个人凌驾在平等众人之上不合乎自然，因此在平等的人民中间应该实行轮番制度，建立轮番制度的就是法律，"结论就是主张以法律为治"，"法治优于一人之治"[14]。第四，人治适合古代人口稀少的社会，而当时的社会里一个君主无法胜任繁重的工作。结论之一是：法治是神祇和理智的统治，而人治是在政治中加入了兽性的因素。[15] 结论之二是：法治并不抹杀人们的才智，而是意味着法官的判决与其交给一个人，不如交给众人。[16]

法律意味着正义，这也是古希腊哲学家们喜欢探讨的问题。柏拉图开启了法律正义论，亚里士多德则提出了经典的法律正义论。柏拉图认定，正义就是社会上不同等级的人各守本分各尽职守，他批评当时流行的正义说都是从正义的外部来界定正义。"正义就是欠债还钱"，"正义是强者的利益"和"正义是功利的计算"，都没有揭示出正义的内在含义。在此基础上，亚里士多德在他的《伦理学》和《政治学》中，正式提出了所谓"分配正义"和"矫正正义"，为后代法律正义学说划定了范围并设定了意义。正义是一种比例，是一种中庸。通俗地讲，一个人出资99米那[17]的钱，另外一个人出资1米那的钱，两人合伙生意，赚了另外100米那。这赚来的100米那有两种分配的方式：第一种分法是第一个人得99米那，第二个人得1米那；第二种分法是每个人都得50米那。第一种分法体现了分配的正义，它强调分配上的几何比例，分配正义是基于不平等的平等。"政治权利的分配必须以人们对于构成城邦各要素的贡献的大小为依据"[18]，这是寡头制下正义的观念，类似于家庭中的父子关系。第二种分法体现了矫正正义，它务求整齐匀称，体现了算术比例，矫正正义是对不平等的一种矫正，"法律只应该规范出身和能力相等的众人"[19]。这是共和制下的正义观念，类似于家庭中的夫妻关系。亚里士多德的这套正义论，一直影响到20世纪90年代以后的法学家们，特别是那些法律的道德学论者。公法源自分配正义，私法则源自矫正正义，分配正义强调政治权利分配的不均等，矫正正义强调财产权和人身权的平等对待。法治所强调的法律平等，其伦理的依据就是矫正正义。

四、《十二铜表法》

古罗马人起源于意大利的半岛。从公元前753年到公元前6世纪,罗马处于王政时期,社会形态从原始社会向文明社会过渡。到公元前6世纪的时候,罗马国家开始形成。公元前510年,罗马王政结束,进入到共和国时期。到公元前1世纪末,罗马进入帝政时期。从法律史角度来讲,古罗马法律的发展经过了罗马共和国的法律和罗马帝国的法律。两个时期都有成文法,罗马共和国有《十二表法》,帝国时期的法律有《查士丁尼国法大全》。我们今天所称的罗马法,就是东罗马帝国所编纂的国法大全,该法律大全由四部法律所构成。《查士丁尼国法大全》被认为是古罗马法律制度的最高成就,直接影响了西方各国的现代法律制度。大陆法系传统直接渊源于古罗马法,12世纪英国普通法形成之前,英格兰的早期法律也深受罗马法的影响。

罗马人性格保守,意志坚定,崇尚尊严,崇拜祖先,极其爱国,乐于占卜,而且具有一种独特的法律天赋。[20]罗马王政时期,罗马人也有自己的原始习惯。在人们会读写之前,法律以口口相传方式存在,法律掌握在贵族的手里。早期法律的发展表现为家庭取代氏族,平民取得政治上的权力。到了公元前5世纪的时候,十大执政官颁布了《十二表法》,有时候称之为《十二铜表法》,这是罗马最古老的立法文献。保民官与贵族争论并妥协,由平民和贵族各推选相等

查士丁尼

十二表法

的人数组成一个订立法律的机构。有些委员被派到了雅典，他们抄录了一份梭仑法律，并且考察希腊其他城邦的习俗和法律。"表"是一个数量单位，一表是我们今天的一章，而不是一条，每一表下面有具体的条款。这部法律刻在一个铜板（青铜）上，史称《十二表法》。

我们来看看《十二表法》的主要内容。[21]第一表和第二表是关于审判的规定。如果有人被传出庭受训，则被传人必须到庭，若被传人不到，则传讯人可于证人在场时，证实其传票，然后将他强制押送。若被传人托词拒不到案或企图回避，则传讯人得拘捕之。第一表总共有九条。若被传唤之人为老者或疾者，传唤人要提供交通工具。自有产人的保证人本身应为自有产人。罗马效忠者和归顺者与罗马公民具有同等私法权利。原告承担举证责任。纠纷不能和解则可提起诉讼。午后可以开庭，日落之前完毕。诉讼当事人要交纳诉讼保证金，不同类型案件金额不等。如有重大变故，法庭审理得顺延。若当事人证据不足，他可以到相关证人宅门之前，大呼三日。

第三表为债务法。债务人在其承认债务之后，或对他作了判决决定之后，得有30天的特许期限。规定期限终了时，原告人可以拘捕债务人，可以将他押解到庭，以便执行判决。如果债务人仍未自动执行法庭的判决，且在受训时无人代他解脱责任，则原告人把他带到私宅，给他带上足枷或手铐，其重量不轻于15磅。债务人在拘禁期中自己承担供养，若无力自费供养，则拘禁他的人每日应发给他面粉1磅。债务人可被拘押60日，三次送交审判官，而后可出卖、处死或流放。至第三个市集日债务人得被砍成块。叛逆者不受追溯期限限制。

第四表为父权法。婴儿特别畸形者得随意杀之。父如三卖其子，子则可以由父权之下解放出来。夫可休妻，收钥匙，令其带随身物件离去。丈夫死后11月妻子生子，非为其丈夫之子。

第五表为监护法。对成年的轻佻女子应予以监护。在父系近亲监护下的妇人不得转让要式财物。临死之人能处理其财产和监护权。无遗嘱之财产和监护权归父亲最近亲属所有。死者无父系近亲，财产由其族人取得。禁治产人、疯子和浪荡子受父亲属或同族人监护。获得自由的原奴隶，无遗嘱时财产归原保护人。死者的债务当从其遗产中扣除。

第六表为获得物和占有权法。契约不得违反。违反者双倍返还。土地占有时效为2年，其他为1年。法庭辩论时得以手置标的物上，以示保护财产。不愿受丈夫支配的女子，每年应离开家3次。契约成立应该有5位证人和1个司秤人。女子有自由的请求权。不得侵犯他人房屋和附属木柱，违反者双倍返还。

第七表为土地权利法。相邻土地间应该有通行权。建筑间应该保有足够的空间距离。土地边界纠纷应有3个仲裁人参加。流进公共土地的溪水涧或者使私人领地受到损失，则所有者可以提出赔偿损失的要求。凡高度达到15英尺的树木，为使其阴影不至于损害临近的地区，其周围须加修剪，如果近邻地区的树木因被风吹，倾斜到你的土地上来，你可以根据《十二铜表法》提出诉讼。买卖存在应该有相互的利益。奴隶可以拿钱赎回自由。

第八表主要是伤害法。在大庭广众中骂人者处以笞刑。假如有人编造或歌唱含有诽谤或侮辱他人的歌词，则认为必须执行死刑。如果故意伤人肢体，又未与受害者和解者，则他本身也应遭到同样的伤害。如果用手或棒子打断自由人的骨头，则应缴纳罚金300阿司，如果打断奴隶的骨头，则为150阿司。如果欺侮人则罚款25阿司。侵害牲畜得赔偿。无因管理得补偿。如果成年人于夜间在犁耕的土地上践踏或收割庄稼，则处以死刑，对未成年人则进行鞭打。故意纵火处死，失火则赔偿。不得侵犯邻居家的收成和树木。如果夜间行窃，可就地杀死。② 自由人盗窃，受体罚，奴隶盗窃，鞭之并抛下悬崖。窝藏财物者判3倍罚金。被搜查者被搜查时裸身并手举一盘。盗窃之物无占有时效。禁止过高放贷。证人和司秤人拒绝证明则丧失证人资格，为不名誉之人。伪证者要被抛下悬崖。城市里不得举行夜间集会。市民有结社的权利。

第九表为公共法。公民大会之外的机构无死刑判处权。审判者受贿处死刑。叛国者处死刑。任何人未经审判不得处以死刑。

第十表为神圣法。死人不能在城市内埋葬或焚毁，火葬所用木材不得用斧头削平。殉葬就简。埋葬的时候，妇女不得抓伤面颊，哭泣死者。不得收集尸骸。不得在奴隶尸体上涂防腐剂。不许将花圈置于死者身上。死者身上不得放置黄金，但是如果死者的牙齿镶有黄金，则许其连同此黄金埋葬或者是烧毁。

第十一表和十二表为补充条例。禁止贵族与平民通婚。奴隶犯罪或者侵权，家主交出奴隶或者承担赔偿责任。

从以上内容上看，《十二表法》带有明显的古代法律的印记，比如无公法私法的划分，也无实体法与程序法的区分。罗马法有关债务、损害赔偿规定较为详细，也重视犯罪和审判程序方面的规定，以及与罗马民族相关的习俗，比如丧葬和集会等规定。不过，法律历史学家有时也认为罗马共和国时期的法律已经成熟，是现代法律的代表。19世纪的英国法律历史学家梅因就是如此，在他那里，现代法律就是从罗马共和国时期开始起算的。罗马共和国以前的法律制度都属于古代法，罗马共和国之后法律就走向了成熟。[23]

五、罗马法学家

罗马共和国的后期，罗马法学家开始出现。法学家的出现是古罗马的一个独特的现象。法学家成为专门的职业团体，意味着法律职业人的形成，而且，法学开始成为一门独立的学科。不仅如此，它的社会意义还在于，现代社会的法治，是以专门的法律职业者为标志的。古罗马法学家的特殊地位，使罗马的法律制度不同于希腊的法律制度，更不同于东方社会的法律制度。

在罗马共和国时期，法学家解释和答复疑难的问题，代写法律文书，指导当事人进行诉讼活动和总结司法经验。他们一个方面著书立说，另外一个方面参与政治活动。法律制度与法律学说互动，一直是法学家的梦想,也是西方近代形成法治社会的一个必备要素。应该说,从古到今,这种梦想真正实现的时候并不是太多。历史的常态是,法学研究者放弃研究,成为政治家,忘记了理论家肩负的使命,法律成为他谋取政治利益的工具。法学家现象在罗马共和国的后半期已经开始出现,它的顶峰时期则是在古罗马帝国时期。按照历史学家的考证,在罗马,两种人的地位很高,一种是罗马的将军,一种是罗马的法学家。法学家可以通向财富、荣誉和权力,甚至直达皇帝的宝座。

帝国时期的法学家集团形成了两大派别,创始人为卡比多和拉贝奥。不过两个学派的名称则以后来两个学术领袖的名字来命名,一个叫普罗库路士派,一个叫做沙比努士派,有的称之为沙宾派。[24] 今天我们所碰到的一些问题,那个时候的法学家已经开始争论了。比如,法律上讲,一个人的权利始于出生而终于死亡,那么婴儿从什么时候开始才算一个人呢?对此,罗马法学家也存在着争论,一说是以孩子的啼哭为出生的起始点,另外一说是孩子自己能够独立呼吸为起始点。

五大法学家的出现,意味着古罗马法学的成熟。第一位法学家叫盖尤斯。他生于小亚细亚,他的事迹已不可考,一般认为他是法学教师。他所写的《法学阶梯》[25] 有时候翻译成《法学总论》,后来查士丁尼大帝在编纂法典的时候,将近有1/20的内容来自盖尤斯的著作。在体例上它分为人法、物法和诉讼。这一套体例后来被《法国民法典》所继承,有时候我们把《法国民法典》的体例追溯到盖尤斯的《法学阶梯》。

第二位法学家叫帕比尼安。帕比尼安在五大法学家当中地位是最高的,因为其一,他年岁比较长;其二,他与罗马的皇帝有关。他是乌尔比安和保罗的老师,曾经在贝鲁特学院任法学教师。他与罗马皇家关系密切,当过不列颠约克郡的总督和帝国国务委员及军政长官,是当时显赫一时的人物。但后来也因为跟王权皇权太近,丢了性命。公元212年,塞韦鲁斯皇帝死后,两个儿子争权,哥哥叫卡拉卡拉,弟弟叫戈塔,双方都想拉拢帕比尼安。哥哥刺死了弟弟之后,请帕比尼安在元老院指证弟弟戈塔企图叛国,但是帕比尼安拒绝了。帕比尼安与弟弟还是亲近一些,不喜欢哥哥卡拉卡拉。当时帕比尼安还道出了一系列的名言,名言流传至今。他说,"杀一个人容易,但要证明杀得对,则是困难的","诬告一个无辜的被害者,就构成了新的罪行"。帕比尼安不听皇帝的话,命运可想而知,皇帝后来派人暗杀了帕比尼安。《国法大全》大量收录了帕比尼安的言论。

第三位法学家叫乌尔比安。他生于叙利亚,是帕比尼安的同乡,也是帕比尼安的学生,曾在贝鲁特学院讲授过法学。当帕比尼安任军政长官的时候,乌尔比安做过他的助手。后来乌尔比安自己也做过军政长官,后被皇帝的禁卫军杀害了。乌尔比安是一个多产的作家,著作明确易懂,明朗畅达。查士丁尼编国法大全的时候,乌尔比安的言论占了27%。

第四位法学家叫保罗。他生于意大利北部的帕罗瓦,是乌尔比安的同学,帕比尼安的学生,做过军政长官。写作时间长达50年,他有着丰富的实践经验和渊博的法学知识,其研究范围广泛。查士丁尼国法大全之一部称为《学说汇纂》,其内容大都来源于保罗的作品,占到整个篇幅的1/4。后世罗马法研究,多以此部法律为依据,它是罗马法最重要的文献。更重要的是,《学说汇纂》的体例,与《德国民法典》的体例类似。后人说,大陆法系两个典型的国家为法国和德国,二者的法律都来源于罗马法。法国法继承了《法学阶梯》的体例,德国法则继承了《学说汇纂》的体例。

第五位法学家叫德莫斯迪鲁斯。他是乌尔比安的学生,做过法学教师,当过宵禁官,其法学水平略逊于其他法学家。

五大法学家积极从事法律活动,公元426年,罗马皇帝颁布《引证法》,确立了五大法学家著作的法律效力。如果法律有明确的解释,就按照法律的规定去办;如果没有明确的规定,那么应该参照法学家的解释。在参照法学家解释的时候,如果五大法学家的观点一致,那么就按照一致的观点去处理;如果五大法学家对同一个问题的解答不相一致,那么就按照法学家多数意见去解决问题;如果两种观点数一致,那么就参照帕比尼安的解释。[25]

从今天的角度来说,法学家的解释也存在着问题。比如,罗马法学家所解决的问题基本上都是实际的问题,而没有形成关于法律的一般性理论,法学家们的解释之间也有较大的矛盾和冲突,结果导致罗马法规范之间的不协调和缺乏逻辑性。要解决这些问题,有待于后来者——特别是11—12世纪的神学家,14世纪的注释法学,16世纪的法国法学家和19世纪的德国罗马法学者——的努力。

六、市民法与万民法

罗马大规模的法典编纂活动,发生于东罗马皇帝查士丁尼在位期间和死后不久。他编定浩大的《查士丁尼国法大全》,一则满足他罗马皇帝的雄才大略的野心,二则期望恢复罗马帝国曾经的辉煌。《查士丁尼国法大全》由《钦定法学阶梯》(或者叫《法学阶梯》、《法学总论》)、《学说汇纂》、《法典》和《新律》等四部构成。中世纪时期统称为《国法大全》,又称《民法大全》,或者《罗马法大全》,或者《查士丁尼民法大全》。流传后世并深具影响的是《法学阶梯》和《学说汇纂》,特别是后者,它是后世研究罗马法的主要文献和依据。

需要指出的是,第一,今天所称的罗马法,并不是指罗马共和国时期的法律,而是帝国时期特别是东罗马帝国时期汇总而成的罗马法。第二,现代民法学者经常说"民法大全是一个逻辑完整体系严密的实体",这种说法实际上并不准确。体系严密、逻辑完整的罗马法

查士丁尼与贤臣

是后人研究所得，中间经历了数百年。原始的《查士丁尼国法大全》并不是一个法典，也并非体系完整、层次分明、逻辑严密、语言清晰。《查士丁尼国法大全》的四个部分之间是互相矛盾和相互冲突的，对于同样的问题，法律解释各不一样。它并不具备现代意义上的法典形式。当然，也可以说，正是由于《查士丁尼国法大全》对于同样问题的不同解释、法学家的不同意见、对同一个问题永无休止的理论争论，才导致对法律具体问题更深入的讨论，才有利于罗马法研究的繁荣和发展，才有可能最后出现1804年《法国民法典》和1900年《德国民法典》这样的罗马法传统的典范。

1. 公法与私法

今天我们对于法律的很多分类，应该渊源于古罗马的法学家。首要的分类就是公法和私法。公法与私法的划分是罗马法学家的首创，具体来说是来源于乌尔比安的说法。乌尔比安说，公法是与国家组织相关的法律，而私法则是与个人利益相关的法律。

根据这种解释，凡是规定国家公务的为公法，规定个人利益的为私法。如果主体涉及臣民跟国家的关系，那么可能是公法；如果涉及公民与公民之间私人的关系，称之为私法，这是所谓的"主体说"。另外一种说法是所谓的"利益说"，就是按照法律所体现的利益所在，把法律分为公法与私法。如果法律体现的是公共的利益，那么这个法律就称之为公法；如果法律体现的是私人的利益，那么称之为私法。第三种说法是所谓的"法律关系说"。如果涉及了公共权力和个人的关系，这样的法律就称之为公法；反过来说，如果这个法律涉及私人和私人的关系，那么就称之为私法。

但是有一个问题还是必须明确。私法起源于古罗马法，这是没有任何争议的，但公法究竟起源于什么时候，则很难有定论。公法与国家权力是联系在一起的，没有国家与社会的分离，我们很难说存在着公法。古希腊是城邦的社会，它并没有政治上的一个至上权威，也就是说不存在近代民族国家和主权的概念。古罗马则是一个帝国，它的疆域横跨欧、亚、非三大洲，一个庞大的帝国也不存在一个公认的和唯一的政治权威。罗马人自豪的不是民族的国家，而是世界国家和世界政府。我们今天所谓的公法，实际上是规定一个国家内部公共权力如何运作的一套法律制度，所以，从宪法和行政法的角度来说，公法是直到西方近代的资产阶级革命时才产生的，比如英国的《大宪章》和《权利请愿书》，法国的《人权宣言》和《法兰西宪法》，美国的《独立宣言》和《美国宪法》。宪法的本质在于对公民政治权利的保护和对君主权力的约束。这种特定历史条件下的宪法，才可以称之为严格意义上的公法。再比如，犯罪不仅仅是对受害人的侵犯或者对社会的侵害，而且是对君主权威的侵犯。只有在这个时候，现代刑法才得以产生。古罗马也有类似与现代犯罪和刑罚的制度，但是犯罪法与侵权法很难区分开来。现代刑法的产生要等到民族国家的兴起，现代刑法理论的产生则要晚至18世纪以社会契约论为根基的贝卡利亚和他的《论犯罪与刑罚》。

2．市民法、万民法和自然法

罗马共和国到帝国的发展，对应于市民法与万民法的划分。在罗马殖民扩展的过程中，生活在罗马疆域中的人，既有罗马固有公民，也有外来的民族，也有殖民地区的民族，还有没有公民权的女人、未成年人和奴隶。市民法仅适用于具有罗马公民权的人，外来民族和被征服地区民族不受法律的保护。在这样的情况下，才出现了万民法。万民法和市民法相对，指适用于外国人与外国人、外国人与罗马人所发生的法律关系的法律。万民法是所有民族的共同法律，就历史地位而言，现代社会所称的很多法律，比如说合同法、契约法和信托法，乃至于国际法，其最终渊源都是万民法。

自然法这个概念，与其说是法律制度，不如说是一个法律理念。《法学阶梯》称，自然法是自然界交给一切动物的法律，因为这种法律不是人类所特有，而是由一切空中、地上或海里的动物所共有。由自然法产生的男与女的结合，我们把它叫做婚姻，从而完成子女的繁衍及其教养。从思想史上考察，自然法是古希腊的一种遗产，希腊法和罗马法通过自然法的概念连接了起来。

最早关于自然法的概念，一般追溯到古希腊的悲剧《安提戈涅》。一个国王有一女一子，国王与王子不和。王子反对国王，带了自己的军队跑到了城外，父子大战一场，父亲取胜。王子战死疆场，公主感到很为难，父子两个都是她的亲人，但是两个亲人在政治上又是水火不容。一方面她是她父亲的臣民，要遵守父亲的法律。按照父亲法律，叛国者死后不能葬在城里，也就意味着她的叛国者哥哥要陈尸野外。另外一个方面，按照血缘亲情，哥哥死后又应该埋葬在城里家族坟墓里。如果遵守国法，她不能安葬她的兄弟；如果依照宗教伦理，她应该让她的兄弟入土为安。矛盾和冲突折磨着公主，公主的名字叫安提戈涅，这便是悲剧的由来。后来的法学家们对此悲剧进行解释，认定它最早区分实在法与自然法，国王之法为实在法，血缘亲情之法为自然法，前者是政治权威的法律，后者是体现人性的法律。

自然法的观念通过希腊罗马之交的斯多葛学派传到了罗马，后来经过西塞罗的进一步发展，自然法成为了罗马法的一种分类。[27] 西塞罗是罗马共和国曾经的执政官，他熟悉古希腊的文献，崇敬古希腊的柏拉图，他把希腊哲学关于实在法与自然法之间的对立紧张的观念带到了罗马。市民法是实在法，但生活在罗马中的很多的人得不到法律的保护，于是自然法的观念就开始发挥作用。自然法慢慢发展导向了实在的法律，形成了万民法。

七、从身份到契约

现代民法所讲的私有财产不可侵犯也好，契约自由也好，过错损害赔偿原则也好，前提都是每个人是自己的主人，每个人对自己的身体的完整性，对自己的人身自由，对于自己的财产都有一种处分的权利，这是一种现代的概念。但是，早期社会的人类并没有这么一种视为当然的法律权利，一个人并不是一个独立自治的个体，他必定是某个家族的一分子，个人并不能随意处理自己的财产和人身。在梅因那里，罗马法实际上是一个临界点，是古代法律向现代法律的转换之处。他说，法律的发展，是一个从身份到契约的过程[28]，法律成熟之后才有了个人自由、个人意志和个人权利，在此之前，人与人之间的关系都是一种身份关系，一个人不是你自己，你只是你家族里的一分子，你没有多少个体的权利。

这在罗马法当中就是人法的问题，也就是所谓人格和人格权的问题。具体来说，自由权为最高人权，市民权次之，家族权再次之。只有同时具有这三种身份权的罗马人，才是一个享有完全人格的人。

三种身份权中有一种或者两种丧失或者发生变化,便成为人格不完全者,这在罗马法上称之为人格减等。

人在罗马法律上的地位不尽相同。第一种人是罗马市民,也称为罗马的公民。他们享有市民法所规定的一切权利,主要包括公权和私权。当罗马共和国变成帝国的时候,只有具有罗马共和国的公民权的人才具有充分权利,而在罗马帝国生活的其他人所享有的权利是不充分的。到了公元3世纪卡拉卡拉皇帝的时候,他颁布敕令规定,罗马境内的所有自由人都有公民权,罗马万民法慢慢发挥作用,身份等级的特权慢慢丧失。第二种人是拉丁人。他们介于罗马市民和外国人之间。古拉丁人又分古拉丁人、殖民地拉丁人和尤里亚拉丁人。第三种人是外国人。外国人是指除了罗马人和拉丁人之外的其他外国人,其中包括了被征服地区的人和野蛮人。

根据人们在家庭中不同的权利,具有支配他人权利的人称为自权人,反之,被他人支配的人称为他权人。前者有父权人、夫权人和家主权人,后者有妻子、未成年人、浪费人和精神病人。如同任何古代社会一样,男性家长是一个家庭的主人,父亲对未成年子女,丈夫对妻子有着支配权。有时候,父亲对家子有生杀之权。在罗马早期,遗弃婴孩是常见的现象。父亲可以出卖家子,在罗马共和国时期,家父出卖儿子为奴,不为法律所禁止;到帝国时期,此风渐止。家子因侵权行为导致家长赔偿责任,家主可把儿子抵押为奴。家父对子女的婚姻有决定之权。

家族权是古代社会普遍的现象,与现代社会相比则是一种特殊的权利。在历史学家那里,人类早期的社会,在很长的一段时间里是以家父权为特征的家族主义统治。梅因说,法的发展是从身份到契约,这里的"身份"实际上讲的就是一种家族的依附性,也就是父权制的家庭统治的形式。依韦伯的描述,中国古代社会也是家族制统治的社会。从西周一直到清代,中国都没有摆脱家族制的影响,这也形成了中华法系的特点。[29]中国与罗马是相同还是相异,学者对此的看法不一致。有的学者称,古代社会通例,是在政治上通行君主制度,在家庭里通行家长制;另外的学者则称,中国与罗马形式上一样,但内容上不同。中国古代家长制度以"孝"为内核,而罗马家长制度以"权利"为内核。[30]不管学者看法如何,有一点是明确的,中国的社会经过几千年之后，家族制并没有发生性质上的变化，个人没有从家族的纽带中独立出来，取得身份的独立权。西方社会却发生了的变化，西方现代社会的形成，就是由家族本位向个人本位的发展。家族与个人的区分，使得西方社会较早地进入了现代化，而中国没有这种发展，所以较晚进入现代化。

其实，早在古希腊时期亚里士多德就精辟地分析过家庭中的权力关系。他说，人与人之间的支配与被支配的关系，涉及三种，一是主仆关系，二是家长与子女的关系，三是丈夫与妻子的关系。这同样可以用来分析早期的罗马家庭关系。就夫妻关系来说，罗马早期的婚姻制度形式包含两种，一种叫有夫权婚姻，一种叫无夫权的婚姻。[31] 有夫权的婚姻是指妻子没有独立的人格，夫权存在。丈夫对妻子享有权利，称之为有夫权。无夫权的婚姻中，妇女的地位比较高，她可以以自己的名义从事相关的法律活动。到罗马帝国的时候，婚姻制度发生了变化。婚姻被认为是一个男人和一个女人合意同居的关系。这个变化是与罗马时期的基督教传播最后被官方认可相联系的。圣经上所言，亚当夏娃的关系就是夫妻关系。女人是男人肋骨当中的一根骨头，所以一个女子长大之后，必须离开她的父母，回到她丈夫身边。[32] 夫妻为一体，婚姻就是男性与女性的结合，婚姻的目的就是繁衍和抚养后代。

这里可看出中西婚姻制度的异同。西方现代的婚姻制度，渊源于古罗马文明和基督教的文明。婚姻是男人与女人的两性结合，而中国古代的婚姻并不是一个男人和一个女人的事情，而是一个家族和另外一个家族的事情。以西周时期的婚姻为例，婚姻对内延续家族，对外政治联盟。这就导致了以后中国与西方婚姻理念的分歧，西方注重婚姻当中的个人意志，而中国注重家族的整体利益。

八、物权与物之本性

物权是指权利人直接行使于物上的权利。按照权利的性质，物权可以区分为所有权、地上权、永佃权，担保物权等。按照标的物进行分类，物权可以分为自物权和他物权等。所有权是物权的核心，是直接行使于物上的最完全的权利。物权的特性有三，一个是绝对性，一个是排他性，一个是永续性。

所有权的形成历来都有各种各样的说法，法律通说是权利人对物的一种排他的控制权。学者的看法则千差万别，洛克指人通过自己的劳动获得一物的权利，卢梭强调通过暴力对公共财产的占有，康德认定是一种概念上的控制，萨维尼定义为经过占有时效后排他的控制，梅因则强调由公共财产到个人财产的变迁，休谟则侧重于法律对物权的法律规定。

为了避免烦琐，我们通过具体的实例来看罗马物权法的一个侧面。㊳依据《法学阶梯》，所有权的归属由这个物本身自然的秉性所决定。有三种动物，一是野生动物，二是半野生半家养的动物，三是家禽。三种动物的所有权归属是不一样的。假定同一个情形：我到大山里面去捉了一个动物，然后把这个动物关起来养了一段时间，这个动物之后却跑掉了。这个动物跑掉了之后，它还是不是我的财产呢？

先看野生动物。我发现了一只野兔，我一箭射中了它，我拿起它放在我的笼子里养起来，我对这个野兔具有了所有权。圈养了一段时间，我没有看管好它，它跑掉了，跑回到山里去了。另外一个人又把这个野兔给逮住了，那么这只野兔究竟是属于我呢，还是属于后来的第二个逮住它的人呢？按照《法学阶梯》，因为野兔是野生动物，它就不属于任何人。我拥有它的时候，它的所有权归我；如果它脱离了我的控制，它就不再为我所有，而属于另外一个逮住它的人。

其次是半家养动物和半野生动物。还是说那个兔子，经过一段时间喂养之后，兔子温驯了很多，但还是野性未泯。这只兔子同时具有野生动物和家养动物的天性。同样，当兔子脱离了我的控制的时候，这个兔子究竟是属于我呢，还是属于第二个逮住它的人呢？按照《法学阶梯》，要确定它的所有权，就要看这个兔子的本性是什么。如果它有回归到我家里的意思，那么我对它仍然具有一种所有权；如果它没有回到我处的意思，那么它就不属于我的财产，而属于第二个人。

最后是家养动物。我经过长期的喂养，兔子由野性动物变成了家养动物。家禽的本性不是野生的，因此，不管这只兔子跑到什么地方，它都永远归我所有。

在这里，自然法的观念对法律的影响至为明显。无主物归发现者所有，实际上也遵循了一个自然的原则。因为这个物没有被人所利用之前，它是天然地存在于那个地方，当我把它视为一种财产据为己有的时候，那么这个财产的所有权就归我。根据同样的道理，你所有的动物所生育的小动物还归你所有。

古罗马法的物权制度也有与现代的物权制度存在差异的地方。我用张三的材料在李四土地上盖了一栋房子，那么这个建筑物属于谁？罗马法称房子属于土地主李四所有，因为建筑从属于土地，土地上的东西作为附属物应该归土地所有者所有。再有，我在纸上写了一首诗或画了一幅画，按照现代的法律，这首诗或这幅画是我的智力成果，我对画或诗具有知识产权。但是，如果我在你提供的一张纸上写了一首诗，那么这首诗究竟属于你呢，还是属于我呢？依照《法学阶梯》，如果是我在你的纸上写了一首诗，那么这诗不属于我，而是属于你，因为纸上的东西应该归于纸的所有人。其原理与上述土地上建筑物所有权的道理是一样的，虽然那个时候不一定有纸，有可能写在羊皮上。

占有权的问题是物权中古老的问题。在罗马法中，占有取得的制度已经有明确的规定。按照市民法规定，通过购买、赠与或者其他方法善意取得某物，是否取得所有权要看持有时间的长短。如果经过一段时间，没有其他人对该物主张所有权，那么持有人便构成一种占有。如果是动产，期限就是一年，不动产则需要两年。当然，占有取得也包括一些例外，有些东西是不能够因为占有而取得所有权的，其一是自由人，其二是神圣物，其三是宗教物，其四是逃亡的奴隶。另外，盗窃物和抢占物也不发生取得时效的问题，这个制度一直延续到现在。如果张三偷了一个东西卖给你，你不知道它是一个盗窃物，那么即使你购买了这个物，你也并没有取得这个物的所有权，因为这个物本身并不是通过合法的方式得来的，而是通过盗窃得来的，它是一个非法取得之物。

九、"父债子还"与"以被继承人遗产为限"

继承制度源远流长。按照历史学家的解释，继承制度也有一个发展的历程。早期的罗马法是一种概括继承的制度。所谓概括继承，就是指继承人要同时继承被继承人财产上的一切权利和义务，既包括被继承人的遗产，也包括他的全部债务。这也就是说，概括继承是指被继承人的债权和债务一并继承，中国古代的说法是"父债子还"。这与现代的继承制度是不一样的，因为现代的继承制度，偿还债务只以被继承人的遗产为限，如果被继承人遗产不足以偿还生前债务，那么未清偿的债务随着被继承人的死亡而消亡。

概括继承制度有其合理性，当然也有它的不利之处。到了查士丁尼时期，继承人继承的债务仅以遗产为限，这样继承原则便从概括继承过渡到了有限继承，也就是说，仅仅继承他的债权，当债权不足以抵消债务之时，继承人不继承被继承人纯粹的债务。

罗马法的继承方式有两种，即法定继承和遗嘱继承，这和我们现在的制度类似。如果生前拟定了遗嘱，那么按照遗嘱来继承，如果没有拟定遗嘱，那么按照法定继承来继承。法定继承的顺序，第一是直系的卑亲属，第二是直系的尊亲属及兄弟姐妹，第三是同父异母或者同母异父的兄弟姐妹，第四是其他的旁系血亲，第五才是配偶。遗嘱继承是按照死者生前遗嘱进行的遗产转移和分配，从死亡者开始发生，效力涉及全部的遗产。有一些人的继承权受到特殊的保护，另外一些人继承权受到一定的限制。遗嘱方式也有一些变化，早期的遗嘱方式比较复杂，晚期有所简化。

梅因认为，法律发展的规律是从身份到契约。这一套思路也体现在继承制度当中。他说，在人类早期的社会当中，每一个人并没有自己独立的人格，他属于他的家庭。财产问题同样如此，每一个人都没有自己的个人财产，财产只是家产的一部分。一个人死亡实际上并发生没有财产上的变化，父亲死后把财产给儿子继承，财产还是在家庭内部进行转移，只不过是换了一个名号和符号而已。新的家长取代了旧的家长，财产还是在家庭和家族内部延续。这就决定了早期的继承法并不发达。遗嘱继承是法律发展到比较高级的时候才出现的，梅因认为，古罗马已经有了遗嘱继承的制度，因为遗嘱继承体现了个人的意愿，个人可以按照自己的意愿来处分自己的财产。梅因认为这是比较现代的观念，现代继承要求立遗嘱人死亡的事实、遗嘱的秘密性和可撤销性。[34]

一个人能够按照自己的想法处理自己财产，就要求有一些法律上的前提，那就是财产可以归个人所有，归个人支配。这也就是说，只有出现了公产和私产的划分，才有财产流转的可能。有些财产是可以转让的，有些财产是不可以转让的。比较重大的不动产，比如说土地、建筑物、神圣物等，是不可以转让的，因而也就不可能会发生依据个人的意志而发生继承或遗赠的问题。如果是一些细小的财产，当个人有处分权的时候，遗嘱继承才成为可能。

遗嘱继承意味着继承法的发展，也意味着法律的进化。罗马法有着详细的遗嘱继承制度。有这样的一个例子[35]：假定一个父亲，有三个儿子，三个儿子身份都不一样。第一个儿子成年了，他被解除了家长权；第二个儿子是未成年人，与他的父亲生活在一起；第三个儿子是未成年的养子。现在父亲死了，发生继承的问题。在现代社会，这是比较容易解决的问题，因为不管是亲生子，还是养子，不管是成年的子女，还是未成年的子女，都是被继承人第一顺序的继承人，他们可以平分遗产。但是古代社会可不是这样，身份不一样，得到的财产也不一样。早期的社会比较讲求人的身份，而现代的法律讲求的是平等。

首先，按照市民法，解除了家长权的儿子是没有继承权的，养子同样也没有继承权。养子没有继承权可以理解，因为他与被继承人之间没有一种血缘的关系。继承的问题，实际上涉及财产的延续问题，为了保持财产不流入其他家族或者家庭，养子没有继承权，这在古代社会有其合理性。因此，按照市民法，对这个父亲的财产进行遗产分割，那么所有的财产都应该归第二个亲生儿子。大儿子享有继承权乃至后世的长子继承权和诸子平分，那是法律后来进一步发展的结果。

其次，按照大法官法，大法官会认为市民法的规定是不恰当的，因为它不公平。养子与养父没有血缘关系，不是真正意义上的父子关系，但是由于法律上的拟制，养父子间具有了法律上的父子关系。按照市民法，养子女是没有继承权的，而按照大法官法，如果这个养子未成年，还在被继承人的控制之下，那么这个养子同样有继承权。大法官法不能够改变市民法，不能够确立新的继承人，但是大法官可以采取变通的方法让养子有继承权，比如他可以批准养子可以占有遗产，经过1年的时效，遗产占有权变成所有权。

十、"负担履行义务的法锁"

债是法律使他人"负担履行义务的法锁",所谓"法锁",就是一个约束。一个人要给予另外一个人一定的财或物,那么两个人之间的权利和义务关系就建立起来,债有了一种约束力。这就类似一个法律上的锁,把双方当事人连接了起来。

债发生的原因,一类是因当事人之间的契约而发生债的关系;另外一类是由于不法行为而发生债的关系,比较类似于我们今天所说的合同关系和侵权行为关系,以及类比意义上的准契约关系和准侵权关系。

1. 合同

我们先看看合同问题。古罗马是古代商品经济最繁荣的时期,与之匹配,契约法也很发达。历史学家有过比较,古希腊和罗马都以商业贸易见长,这与东方的农业社会有很大的差别,东方农业社会自给自足,人和人之间的经济交往较少,很难产生契约的观念。在西方人看来,一个民族的文明程度与它的刑法和民法制度的发达程度相关联,一个民族的文明程度高,那么它的民法就比较发达,反之,一个民族越野蛮,它的刑法就相应发达。中国古代有没有民法,一直是学者们讨论的问题。当代中国法制史的学者们提出一些新的看法,认为中国古代社会还是有契约制度的,土地方面的契约制度多一些,动产的契约制度也存在,只是没有被官方法律所认可载入律书,而是在民间通行。学者们把中国的契约制度追溯到了西周时期的"质剂傅别",还编辑出版了中国的民法史。也许,从契约史的角度可以解释这个问题,完全没有契约的社会并不存在。有人的存在就有财产的交换,有财产交换就有契约。要讲清楚古代社会有没有契约,就要追溯契约史,以确定那个时代的契约处在契约历史的哪个点上。

在古代罗马,财产区分为可转移之物与不可转移之物,转移的方式区分为要式移转与非要式移转。早期的社会,大量的财产都是不可转让之物,只有少数的日用品才是可转移之物,契约制度也只能产生于可转移之物当中。随着交易的增多,财产流通的发展趋势是不可转移之物越来越少,可转移之物越来越多,两者的比例发生着变化。早期的不可转移的东西，后来也变成可转移之物，契约伴随着可转移之物的增多而开始增多了。早期的合同方式比较讲求仪式和誓言，当事人所说的话和所做的动作，比当事人的交易的内容和交易心理更为重要。契约法从古代向现代的发展，其实就是契约从注重外在形式到注重当事人意思表示的发展。契约的历史可以区分为四个阶段：口头契约、文书契约、要物契约和诺成契约。只有当契约发展到诺成契约的时候，现代契约法才得以产生。㊱ 今天我们所说的契约，是以诺成契约为起点的，它注重的并不在于契约的外在形式，而更多是看合同双方当事人是不是真实地按照自己的意愿处理自己的财产。这种客观到主观的变化，被认为是契约发展的一个飞跃。

2. 侵权行为

在古罗马法中，侵权行为属于私犯，与犯罪纠缠在一起。从法律史的角度上讲，早期的侵权法和刑法很难区分开来。现代的法律制度，公法与私法区分明显，对私人的侵犯产生私法上的侵权赔偿责任；对公权的侵犯产生公法上的犯罪和刑罚。但在人类早期的法律制度当中，这种区分并不是很明显，侵权行为法跟刑法联系在一起。古罗马的私犯依《法学阶梯》分为四种：盗窃，强盗，对物的私犯和对人的私犯。

我们来看几个具体的案件。

两个自由人张三和李四，张三怂恿李四的奴隶从他主人那里盗窃某些东西，拿来给张三。奴隶告诉了他的主人，主人为了要当场捕获张三，准许奴隶把这些东西偷交给张三。对张三有两种指控可供选用，第一种是盗窃，第二种是腐蚀奴隶。对张三提起盗窃之诉呢，还是提起腐蚀奴隶之诉？如果确定是盗窃，难点是张三不是直接偷李四的东西，而是让李四的奴隶偷李四的东西。如果确定是腐蚀奴隶，难点是张三得到了李四的财物。这是一个疑难案件。查士丁尼皇帝考察了这个案件，他说古代法学家对此问题有不同的答案，有的说是按照盗窃处置，有的说按照腐蚀奴隶处置。查士丁尼最后提出自己的看法，他说，为了避免这种细微差别带来的麻烦，朕决定，不但要追究张三的盗窃行为，而且还要追究他腐蚀奴隶的行为。同时判定张三盗窃和腐蚀奴隶。㊲

一个罗马人想出一种新的自我娱乐的方式，他让一个奴隶带着钱袋跟着自己，到大街上去打一些受尊敬者的脸，打完之后吩咐他的奴隶向这些被打之人支付25阿司的货币。按照当时的法律，如果一个自由人打了另一个自由人的脸，那么就要被罚25个阿司的赔偿。在这个案件中，打人的人钻了法律的空子，打人的后果不过是赔偿金钱，如果他有足够的钱，他就可以上街随便打人了。出现了这样的情况，就足以说明当时的法律是不完善的，不足以威慑侵权行为。这种事情发生之后，裁判官出面干涉，认定欺辱之诉，不能按照固定的罚金来判罚，而是按照损害进行处罚。[38]这个案件使人联想到现代保险制度对侵权制度的冲击，如果机动车驾驶人买了足够的保险，那么他必然会降低他的注意义务，结果是法律的威慑功能下降，法律的补偿功能简易化。

一个助产婆给一个女奴接生的时候给奴隶上了麻醉药，导致了女奴的死亡。这个助产婆究竟是故意杀人呢，还是过失致人死亡呢？这又是一个疑难案件。法学家们就开始对她的行为进行争论，最后的意见是，如果该助产婆经手管理这种麻醉药，就可以算作是杀人，如果该助产婆仅仅给女奴麻醉药，是为了要让她存活下来，那么只属于提供了致死的原因。[39]

在一场球赛中，被告击球过重，把球打到一位正在给一个奴隶刮胡子的理发师的刀上，该奴隶的喉咙被割断。究竟哪一方具有过错？人们争论不已。[40]这是一个比较蹊跷的案子，究竟是追究击球者的法律责任，还是追究这个理发师的责任，还是作为一种意外的事件处理呢？法学家们一直争论不休。

十一、侵权与犯罪

如前所述，公法产生于什么时候，学者们的说法是不一样的。一部分学者认为，公法也产生于古罗马时期，因为在古罗马的时候，已经有了公法与私法的划分。乌尔比安就明确地把法律分为公法和私法。另外一部分学者则否认这样的看法，因为公法上的"公共权力"在古希腊和罗马并不存在，真正意义上的公法必须有一个前提，那就是政治上的权威，也就是所谓主权观念的形成。历史地讲，主权的观念，是与近代民族国家的形成分不开的。从这个角度来讲，公法只能够产生于16世纪以后的西方社会，在西方14世纪以前，没有主权的观念，没有民族国家的观念，这就很难说公法客观存在。在罗马共和国时期，罗马地域很小，人口少，跟古希腊的城邦也相差不了太多。到了古罗马帝国时期，它又是一个横跨欧、亚、陆三洲的大帝国，而在这个帝国之下，众多的民族和多元的文化糅合成一个政治的和军事的联盟。这也就是说，古希腊只有城邦的概念，而古罗马只有帝国的概念，既然没有主权的概念，那么基于主权而生的公法就无从存在。

两种意义上的公法其实反映了对公法的不同理解，如果我们从广泛意义上使用公法的概念，那么犯罪法就是典型意义上的公法之一。按照历史学家的看法，刑法的起源追溯到罗马共和国的后期，英国的法律史学家梅因[41]和德国的刑法学家李斯特[42]都如此认为。

在早期社会中，侵权行为法与犯罪法密不可分。张三打了李四，要么李四以牙还牙，以眼还眼，要么血亲复仇，李四的部落向张三的部落宣战。张三的行为既是一种对社会的犯罪，也是一种对个人的侵权行为。

侵权行为法与犯罪法的分离，在于个人与政治权威的区分。当部落被某种政治团体取代的时候，那么张三对李四的侵犯就不仅仅是对李四个人的侵犯，而是对公共政治权威的一种挑战，或者明确地说是对君主权威的侵犯。拿政治学家们的话来说，关键在于社会与政治的分离，政治权威凌驾在社会之上。换言之，张三侵犯李四，如果把李四当作一个个体，那么张三的行为就是一种侵权行为，而如果把李四当作某个君主的臣民，那么侵权行为就逐渐变成了一种犯罪。犯罪行为不仅仅是侵害了受害人，而且还侵犯了一个公共的利益，一个君王的权威，一个社会的秩序。

这也就是说，当法律把对私人的侵犯和对公共权力的侵犯区分开来，并采取不同的方式来处理的时候，侵权行为法与刑法就出现了分离。侵权行为法属于私法，犯罪法则属于公法。李斯特和梅因都把犯罪法的形成归结到公元前148或者149年，因为在这一年，罗马有了专门的刑事审判委员会。有了这么一个特殊的刑事审判机构，犯罪法就产生了。梅因说，在古代社会，刑法并不是犯罪法，而是不法行为法，用英国的术语，就叫侵权行为法。他说，这种区分并不是自古就有的，在古代社会中，被害人可以通过民事诉讼对不法行为人提起诉讼，如果他胜诉的话，就可以取得金钱形式的损害赔偿。在古罗马法中，民事不法行为包括盗窃、凌辱、强盗、侵扰、文字诽谤和口头诽谤，都可以用金钱支付为补偿。日耳曼法中，从杀人到轻微的伤害，都有一套金钱赔偿的制度。如果一种侵权行为被认为受到损害的是个人而不是国家，则可以断言，这仍然是侵权行为法。把不法行为视为对国家或者社会的侵犯的时候，真正的犯罪法就孕育而生。在古罗马共和国的幼年，对于严重妨碍国家安全，或者国家利益的每一种罪行，都由立法机关制定一个单独的法律加以处罚。当时的法院只是立法机关的一部分或者是一个委员会，在雅典，它是执政官和元老院，在罗马，它是刑事审判委员会。当有了独立审判权的时候，正规的犯罪法律学就有了雏形，标志是特定的制定法和永久的审判处。按照梅因的说法，犯罪法的正式形成是在奥古斯都国王时期，最后一批审问处是由奥古斯都皇帝设立的，从这个时候开始，罗马人可以说有了一个相当完全的犯罪法了。

人类早期法律对犯罪人的处罚，永远都是血腥的。不过，古罗马人对于犯罪者的刑事处罚比起东方社会来说，还是要稍微文明一点。可查的比较严酷的处罚是：对于杀亲者及其教唆犯或从犯，应该将他与狗、公鸡、蛇和猴各一，一起封闭在袋内，或者把他投入海中或河里。在他活着的时候，剥夺其基本的活命条件，生不见天日，死无葬身之地。⑱ 其他的处罚要么是处死，要么是流放。

十二、小结

现代法律制度基本上都可追溯到古罗马法，可以说，现代大陆法系制度，就是在罗马法的基础上逐渐形成的。法国法和德国法是大陆法系的典型代表，通过广泛的殖民运动，大陆法系形成。大陆法系的法律学者和法律家，对于罗马法都赞叹有加，法国的拿破仑主持编纂法典的时候，研究过罗马法，德国的萨维尼自己就是罗马法的权威。英国的普通法形成于12—13世纪，在此之前，英格兰法律的根基是罗马法，法律的名词术语和具体的判案方式，英国法与早期的罗马法极其接近。即使是美国法学的奠基人霍姆斯，在他的《普通法》著作

中，也广泛地寻找罗马法的历史渊源。美国早期的法学家和法官，都受到过德国历史法学的熏陶。㊹

---

① 参见卡拉布雷西：《事故的成本》，毕竞悦译，北京大学出版社2008年版，第60-61页。
② 赞恩：《法律简史》，孙运申译，中国友谊出版公司2005年版，第80页。
③ 亚里士多德：《政治学》，吴寿彭译，商务印书馆，1965年版，第144-147页。
④ 参见亚里士多德：《雅典政制》，见《亚里士多德全集》，中国人民大学出版社1990年版。
⑤ 亚里士多德：《政治学》，第200页。
⑥ 同上书，第132-134页。但是在政体与法律关系方面，亚里士多德又没有完全按照逻辑的方式设计法律制度，而主要按照掌握权力的角度分析城邦的法律，在君主与僭主之间，在贵族与寡头之间，亚里士多德没有作出绝对的划分。
⑦ 同上书，第157-162页。
⑧ 同上书，第156-157页。
⑨ 托克维尔：《论美国的民主》（上卷），黄果良译，商务印书馆1988年版，第287-290页。
⑩ 柏拉图：《理想国》，郭斌和等译，商务印书馆1986年版，第214-215页。
⑪ 同上书，第248页。
⑫ 柏拉图：《政治家》，黄克剑译，北京广播学院出版社1994年版，第95页。
⑬ 亚里士多德：《政治学》，第164页。
⑭ 同上书，第167-167页。
⑮ 同上书，第169页。在这点上，亚里士多德继承了柏拉图晚年的思想，因为柏拉图在《法律篇》中做了几乎相同的表述。
⑯ 同上书，第171页。
⑰ 有的文献译为"明那"，古希腊的一种货币。
⑱ 亚里士多德：《政治学》，第150页。
⑲ 同上书，第154页。
⑳ 赞恩：《法律简史》，第103-105页。
㉑ 见《世界著名法典汉译丛书》编委会：《十二铜表法》，法律出版社2000年版。另外参见周枏：《罗马法原论》（下），商务印书馆2001年版，"附录二"。
㉒ 就这一条款，考察一下古代的法律，基本上都是这样的，比如《圣经》记载，如果有人夜间跑到你家里面去的话，你可以把他给杀掉，不承担任何的责任。在中国古代社会，唐律也有类似的规定。
㉓ 梅因：《古代法》，沈景一译，商务印书馆1959年版，第209页。
㉔ 周枏：《罗马法原论》（上），商务印书馆1994年版，第58-59页。

㉕《法学阶梯》的手稿是一个很偶然的机会被发现的，1816年，德国历史学家尼布尔到意大利旅游，在维罗纳教堂的图书馆里发现了一部作品，用的是羊皮纸。尼布尔感到它可能是重要的文献，但不知道是什么样的著作，于是将其带回了德国，请萨维尼来鉴定，萨维尼辨认后确定是盖尤斯法学纲要的手抄本。
㉖ 周枏：《罗马法原论》（上），第62-63页。
㉗ 参见西塞罗：《共和国篇 法律篇》，商务印书馆1999年版，第27页。
㉘ 梅因：《古代法》，第97页。
㉙ 韦伯：《中国的宗教》，见《韦伯作品集》第5卷，广西师范大学出版社2004年版，第156-157页。
㉚ 丘平汉：《罗马法》，中国方正出版社2004年版，第81页。
㉛ 彭梵得：《罗马法教科书》，黄风译，中国政法大学出版社2005年版，第86页。
㉜ 参见《圣经·创世记》。
㉝ 查士丁尼：《法学总论——法学阶梯》，张企泰译，商务印书馆1989年版，第2卷第1篇。
㉞ 梅因：《古代法》，第99页。
㉟ 查士丁尼：《法学总论——法学阶梯》，第127-129页。
㊱ 彭梵得：《罗马法教科书》，第273页。
㊲ 查士丁尼：《法学总论——法学阶梯》，第192页。
㊳ 尼古拉斯：《罗马法概论》，黄风译，法律出版社2004年版，第232页。
㊴ 同上书，第234页。
㊵ 同上书，第235页。
㊶ 梅因：《古代法》，第209页。
㊷ 李斯特：《德国刑法教科书》，徐久生译，法律出版社2000年版，第35页。
㊸ 查士丁尼：《法学总论——法学阶梯》，第241页。
㊹ 波斯纳：《法律理论的前沿》，武欣等译，中国政法出版社2003年版，第199-206页。

第三章

法律的天上与人间——基督教的法律遗产

> *Nulla consuetudo vim legis obtineri potest, quae sit iuri divino contraria.*
> 任何抵触神律的习惯，均不能取得法律效力。

彼岸世界与此岸世界，天上之国与尘世之国，是西方人固有的区分；与此相关，法律也可分为应当与现实，神法与人法。如果我们认定上帝是宇宙的主宰，那么人的法律必定受着神意的指引。这样，现实之人既受世俗法律的约束，又受上帝之法的约束。世俗王权与教会神权的冲突，世俗之法与教会之法的竞争，贯穿了西方中世纪的历史。

一、教会与教会法

西方的法律文明，实际上有两大基础，第一大基础就是古希腊罗马的文明；第二大基础就是基督教的文明。基督教对西方的法律影响根深蒂固，直到今天，这种影响还依然存在。东方人也有自己的宗教，古代犹太教、基督教和伊斯兰教都起源于东西方交界的地方，而佛教则是典型的东方宗教。按照我们的理解，中国人没有本土的宗教，孔子"敬鬼神而远之"，儒家与道家都是谈人事而非神事。德国的韦伯把儒家和道家都视为宗教，那是从宗教社会学的角度上看的，而美国的昂格尔则不把儒家和道家当作宗教了。对西方人来说，宗教的情绪和宗教的精神，对于社会的发展至关重要。韦伯和昂格尔认为，资本主义的兴起和资本主义法治的形成都与宗教伦理密不可分。中国社会没有形成现代类型的社会，没有出现法律的现代化，与中国没有西方式的宗教很有关系。①

西方中世纪主导地位之宗教，中国人一般翻译成"基督教"。西方人有时候对基督教作出了细致的区分，在宗教改革之前，它统称为基督教，或称为正教或罗马公教，以区别于后来欧洲东部地区的东正教。宗教改革之后，基督教在西欧分裂为二，一为以加尔文和路德为领袖的新教，流行于欧洲北部地区；二为欧洲南部广大地区的天主教。早期中国的天主教教徒们，把圣经里的神"耶和华"翻译成"天

《耶稣进入圣城耶路撒冷》

主",所以中国流传叫做天主教。

基督教起源于罗马,到共和国的时候,被认可为罗马的官方宗教。罗马人是好战的民族,皈依基督教,后来,北方野蛮的日耳曼人也皈依了基督教,都说明了基督教对于人类不可抗拒的影响力。

历史上说,基督教产生于耶路撒冷,也就是今天的巴勒斯坦地区。后来发展之后,慢慢地变成了罗马的国教。在中世纪,日耳曼各民族处于各自独立和相互征伐的状态,统一的基督教因此不仅仅是一种宗教上的组织,同时也变成了欧洲政治上的一股势力和经济体系的一部分,而且还伴随有基督教的法律,历史上称为教会法。

教会法伴随中世纪教会的历史而沉浮。在古罗马时代,世俗与教会的司法管辖权有着明确的划分,总体上讲,教会法只适用于教徒,受到教会惩罚的教徒不能够逃避世俗国王法律的制裁。到日耳曼时代的时候,基督教会与世俗的国王、封建的贵族乃至后来的商人一直处于权力争斗之中,在法律上,教会法与王室法、封建法和罗马法相互冲突却相互并存。不同于世俗法律,教会法有着统一的法律体系,被认为是西方中世纪最早的近代统一法律体系,为西方各国统一现代法律体系的形成奠定了基础。

二、《圣经》是一部律法书

《圣经》作为基督教文献中经典的经典,虽然其成书年代和作者是一个长期争论而无通说的问题,但是对西方文化的深远影响则是毫无疑问的。虽然其内容是神学的,但它包含了神学之外丰富的伦理思想、政治思想、文学和法律思想。从内容上看,《圣经》分为《旧约》和《新约》,两者都是基督教的基本文献。其中《旧约》更多地涉及古希伯来,或称古代以色列民族的宗教、历史、文化、政治和法律。《新约》时代已经属于古罗马时期,它所反映的法律思想都带有了古罗马时期的特点。

1. 契约理论

契约是一种古老的法律制度,一般认为,契约法起源于古代罗马,来源于同时适用于罗马市民和居住在罗马而无罗马公民权的人

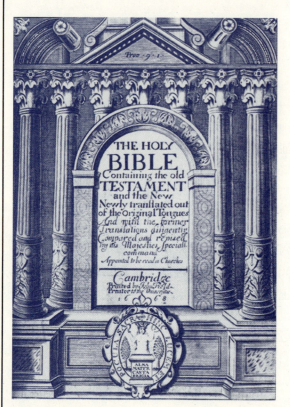

《圣经》

的万民法。② 梅因在其《古代法》中，虽然承认没有"一种毫无'契约'概念的社会"，但是他仍然从古罗马法开始论述契约的历史。③ 而用契约解释国家的起源被认为是伊壁鸠鲁的发明。④ 但是从《圣经》的记载上看，在上述之前的古以色列那里，已经有了这两种意义上的契约思想。

《圣经》本身就是一个契约，这就是上帝耶和华与古以色列人的契约。上帝是以色列人的神，以色列人是上帝的子民。以色列人要奉耶和华为神，上帝将赐以色列人的生存、繁衍和富足。如果以色列人不遵从耶和华，上帝将降至重之灾于以色列人。上帝与以色列人的第一次立约是与亚当后裔挪亚之约。上帝造人之后，因为除义人挪亚外的人类都违背上帝的意志，上帝颇是后悔，于是决定消灭他们。上帝命挪亚制造并让家人躲进方舟，人类因挪亚而得以延续下来。洪水过后，上帝与挪亚立约，神说："我把虹放在云彩中，这就可作为与地立约的记号了。"⑤ 公元前1800年亚伯拉罕时代，以色列民族已经形成。上帝与它也有立约。这是古老的契约形式，即契约有实在的标志，有见证。上帝与亚伯拉罕之约的见证是亚伯拉罕及其后裔男子受割礼。摩西是以色列人伟大的民族英雄，约公元前1300—1250年，他带领以色列人逃离埃及人的严酷统治，开创了以色列人新的时代。上帝与摩西也有立约，这就是著名的"摩西十诫"。上帝与摩西之约被刻在石板之上，敬奉于神圣的法柜之中，成为古以色列民族的基本法律。此后，上帝与以色列伟大的君主大卫，与以色列极盛时代君主所罗门进一步续约。按《申命记》，以色列人如果不谨守遵行人神契约，耶和华必将奇灾，就是至大至长的灾，至重至久的病，加在以色列人及其后裔身上，直至其灭亡。《以斯拉记》载，凡不遵行神法和王命令的人，就当速速定他的罪，或治死、或充军、或抄家、或囚禁。依《耶利米书》，耶和华说："日子将到，我要与以色列家和犹大家另立新约，……我要将我的律法放在他们里面，写在他们心里。我要作他们的神，他们要作我的子民。……我要赦免他们的罪孽，不再记念他们的罪恶。……这些定例若能在我面前废掉，以色列的后裔也就在我断绝，永远不再成国。"⑥在《新约》时代，这种上帝与以色列人的契约仍被遵守着。耶稣反复重申："我来不是要废掉，乃是要成全。我实在告诉你们，就是到天地都废去了，律法的一点一画也不能废去，都要成全。"⑦圣保罗也说："神预先所立的约，不能被那四百三十年以后的律法废掉，叫应许归于虚空。"⑧

除了上帝与以色列人的契约之外，《圣经》还记载了人与人之间的财产契约。《耶利米书》中描述过一宗土地买卖契约的过程：耶利米受神的指引，用十七舍客勒（一种计量单位）银子购买一块土地。在交易时，要"在契上画押，将契封缄，又请见证人来，并用天平将银子平给他"⑨。从这段简短的叙述中，我们可以看出当时土地买卖契约的要素：双方当事人即耶利米和土地所有人、契约的书面形式、需要见证人、价值用银子计量、计量工具为天平。

国家之间的契约或协议是近代的产物，但是《圣经》记载了类似于现代国家间的协议。所罗门统治时期，以色列国到达了鼎盛。所罗门素与黎巴嫩推罗王希兰有交往，"希兰与所罗门和好，彼此立约"⑩。所罗门大兴土木，建造圣殿。希兰向所罗门提供香柏木和松木，所罗门给希兰麦子两万歌珥，清油二十歌珥。

可以说，《圣经》里的契约形式是契约的一种古老形式，与成熟时期的契约制度即罗马法中的契约存在一定的差距。《圣经》描述的契约不注重契约当事人的内在意思表示，而更多地注重契约的外在形式，如上述的彩虹、割礼、石板、画押和见证人。契约的效力不在于当事人的合意，而在于附着一种庄严仪式的合约。仪式不但和合约本身有同样的重要性，并且比合约更为重要。所以说，《圣经》里描述的契约是契约的早期形式，有待于以后的发展。当"契约逐渐和其形式和仪式的外壳脱离"时，契约就开始从其粗糙形式发展到成熟的形式。⑪

2. 摩西十诫和古以色列法

《旧约》里，耶和华神是以一个伟大的立法者形象出现的，而《旧约》本身就是一部伟大的律法书。在上帝的指引下，在摩西的带领下，以色列人脱离了埃及人的统治，开始

摩西十诫

了以色列人步入强大的历史。在西奈山上，上帝向摩西传谕了以色列的法律，即"摩西十诫"。

可以说，这是古以色列法律的总纲。具体内容是：除了耶和华以外，不可有别的神。不可为自己雕刻偶像、不可信奉他神。不可妄称耶和华的名。当记念安息日，守为圣日。当孝敬父母。不可杀人。不可奸淫。不可偷盗。不可作假见证陷害人。不可贪恋人的房屋，不可贪恋人的妻子、奴婢、牛驴及其他财产。⑫从这十条的内容来看，前四

摩西十诫

条是关于神与人的法律,后六条是专门关于人的法律。因此,"摩西十诫"是神法与人法合一的法律,或者说是宗教法律和世俗法律的统一体。第五条是关于家庭的法律,第六、第七和第八条是关于刑事的法律,第九条是关于诉讼的法律,第十条是关于财产的法律。因此,"摩西十诫"又具有古代法律的共同特点,即民刑法不分、实体法程序法不分。

"摩西十诫"之下,以色列人制定了详细具体的法律制度,他们称为"法例"。大体包括如下几个方面:

奴仆之例:若买希佰来人作奴仆,奴仆服侍六年,第七年他可获得自由。

杀人之例:杀人者应被治死,伤人者应受惩。行刑方式是"以命偿命、以眼还眼、以牙还牙、以手还手、以脚还脚、以烙还烙、以伤还伤、以打还打"⑬。

损害赔偿之例:牛触死人,该牛要被打死,牛的主人可以无罪;如果牛的主人知道该牛素来触人,则牛和牛的主人都要被治死,但主人可以用钱赎命;牛若触奴仆或婢女,牛的主人要赔偿奴婢的主人。若井口敞开,或挖井人不作遮盖,有牛或驴掉进井里,则井的主人要拿钱赔偿牛驴的主人,死牲畜归自己。甲的牛触死了乙的牛,他们要将活的牛卖掉,平分价值,也要平分死牛。若牛的主人知道自己的牛素来触人,则他

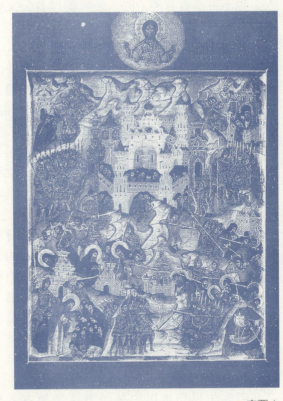

摩西山

要以牛还牛，死牛归自己。牲畜吃了他人田里的庄稼，主人要拿自己上好的庄稼偿还他人。如果失火烧了他人的财产，点火的人要赔偿。

盗窃灭失之例：人若偷他人牛羊，则五牛赔一牛、四牛赔一羊。如果打死挖洞之贼，那么杀人者无罪；如果发生在白天，打死人的人要被治罪。盗窃者无法赔偿他人时，就要变卖盗窃者予以偿还。甲的钱银、家具在乙处被盗，如果盗窃者被抓，那么盗窃者要加倍赔偿；如果未被抓到，乙要到审判官决定是否由乙赔偿。甲的牲畜在乙处丢失、死伤，如果乙凭神起誓未占有甲物，那么乙可以不赔偿；如果被窃，乙要赔偿甲。

审判之例：要按公义施行审判。《申命记》言："审判的时候，不可看人的外貌；听讼不可分贵贱，不可惧怕人，因为审判是属乎神的。"⑭《利末记》说："你们施行审判，不可行不义，不可偏袒穷人，也不可重看有势力的人，只要按着公义审判你的邻居。"⑮不可作伪证，不可在诉讼上屈枉正直。要按照行为人的行为判决，"凡恒心行善，寻求荣耀、尊贵和不能朽坏之福的，就以永生报应他们；唯有结党不顺从真理，反顺从不义的，就以忿怒、恼恨报应他们"⑯。

其他戒民法例：不可欺压雇工，不得拖欠他们的工钱；不得放债取利；要善待穷人、妇女和老人；"不可摘尽葡萄园的果子，也不可拾取葡萄园所掉的果子，要留给穷人和寄居的"。要善待外国人，"若有外人在你们国中和你同居，就不可欺负他。和你们同居的外人，你们要看他如本地人一样，并且爱他如己"⑰。从这些对社会弱者保护的法例中，现代法学家们发现了人类早期的人权法根据。在《旧约》里，上帝是一位君主，有时还可以称之为一个残暴的君主，但是当他造了人之后，就赋予了人的价值和尊严。人与神之间是不平等的，但是人与人之间是平等的，是亲密的兄弟。正因为如此，宗教改革家们以及现代神学家们从《圣经》里找到了人的价值、尊严和人权；而历史学家在分析了以色列的法例来源于迦南人和古巴比伦人的法律之后，评论说，《申命记》中重申的法律比汉穆拉比法典开明进步。⑱

3. 自然法思想

自然法思想可以说是西方法学最古老和最持久的一种理论。所谓自然法是与一个国家制定的法律制度相对的一种物，这种物在自然法理论的信仰者看来是一种法律，在自然法理论反对者看来是一种道德准则。一般看来，自然法被认为是一种存在于一个国家具体法律制度之外的一种较高级的法律，相对于受时间和空间限制的实在法而言，自然法是永恒存在、普遍适用的。自然法一般在两种情况下为人们所采用或信奉：第一，实在法的经常性变化，需要一种基本的法律原则保证或补救法律的继续发展，如古希腊社会；第二，实在法已经落后于社会的发展，需要用一种新的实在法来代替原有的实在法，在新法律产生之前，需要自然法进行过渡，这时，自然法不再仅仅是一种具有指导性的理论，而变成了一种信仰，如法国大革命时期。自然法起源于什么时候，法学家们说法不一，有的追溯到希腊罗马相交的斯多葛学派，如梅因；有的追溯到古希腊索福克勒斯的悲剧《安提戈涅》，如埃德加·博登海默。

  不管学者们如何争论，但是有一点是清楚的，即很少有法学家重视或注意《圣经》里的自然法思想。只有为数不多的几位思想家论及《圣经》里的自然法，他们往往认为圣保罗的思想具有自然法的内容。新托马斯主义者雅克·马里旦指出：真正的自然法观念是希腊和基督教思想的一种遗产。它可以追溯到格劳秀斯，追溯到在他以前的西班牙神学家雷斯和弗朗西斯科，追溯到圣托马斯·阿奎那；再往前还可以追溯到圣奥古斯丁、教父们和圣保罗；甚至一直追溯到……索福克勒斯。⑲

  自然法理论产生的一个基本前提是实在法与某种关于法律的思想之分离。神法与实在法的区分是这样一种分离。在摩西时代，这种分离并不显著，摩西既是以色列人的民族首领，又是以色列人的宗教首领。所以，摩西十诫既可称为实在法，又可以称为神法，或者说是世俗法与宗教法的统一。这时产生不了自然法的思想。公元前1025年，以色列君主国得以建立，第一个国王是扫罗。在国王统治以色列之前，以色列是由神职的"士师"领导的。扫罗时代的宗教头领称为撒母耳。从那个时候开始，基督教就有了神权与世俗权的斗争。抵御外族人的入侵是以色列君主国产生的直接原因，但是扫罗的行为惹起了期望保持幕后操纵王权的撒母耳的不快。不久，出现了野心勃勃的大卫。在撒母耳的怂恿下，大卫巧弄权术最后取代了扫罗，而扫罗自刎身亡。这种神权与世俗权的斗争在基督教社会一直延续下来。按《新约》记载,耶稣在传道时遇到一些巧言之人,他们问耶稣既然神是无所不能的,那么他们该不该向世俗王权纳税。耶稣知道他们的意思,就对他们说:"凯撒的物当归给凯撒;神的物当归给神。"[20] 耶稣的意思是该神管的事应该由神职人员处理,世俗的事应该由国王去管。耶稣后来解释说,遵守王权,是因为王权的权力也来源于神,"因为没有权柄不是出于神的,凡掌权的都是神所命的"[21]。

据《新约》中《使徒行传》记载,圣保罗在希腊曾经与"以彼古罗"和"斯多亚"的学士争论过,"以彼古罗"即为伊壁鸠鲁,"斯多亚"实为斯多葛。因此,圣保罗受他们的影响而提出自然法的思想是有根据的。但是,耶稣也好,保罗也好,他们并没有提出"自然法"一词,而是用其他的术语表达出来。耶稣的解释是"尽心、尽性、尽意、爱主你的神",然后是"爱人如己"。保罗的解释是"义"、"性"和"信",他说:"神的义正在这福音上显现出来;这义本出性,以致与信。"[22] 可以说,他们所谓的"爱"、"公义"、"本性"、"诚信"即是与"律法"相对的自然法。在这两者的关系上,保罗有较多的论述。首先,信与律是一致的。他举例说,没有律法的外邦人如果顺着本性行法律上的事,虽然他们没有律法,但是结果与有律法的人所得到的结果是一样的,即自己就是自己的律法。换言之,外在的法律与内在的本性实际上是一致的。其次,当信与律发生冲突时,信高于律。保罗说,神应许亚伯拉罕和他的后裔能够承受这个世界,不是因为这个律法,而是因为信而得到的义。信与律的冲突并不意味着以信害法,而是信对律进行补充和充实,"我们因信废了律法吗?断乎不是!更是坚固律法"[23]。另外一个方面,律法是福音的先声。保罗解释道,人类在没有因信得救之前,受着律法的约束。从这个意义上讲,律法是人类训蒙的师傅,它引导人们到基督那里,使人因信称义。而且,如果人凭着信就可以得救时,人们就可以不受律法的阻碍了。保罗对信与律的分析已接近自然法论者对于自然法与实在法的论述,不同的是,保罗作为一个圣徒,将自然法加上了神的光环。

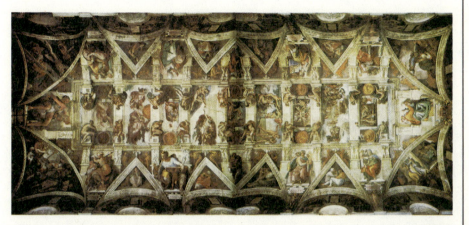

创世记

4. 原罪、赎罪和末日审判

按《创世记》,人为上帝创造后被安排在伊甸园,负责修理和看护。他可以随意吃园中树上的果子,只是不能吃生命树上的果子和智慧树上的果子,过着幸福的生活。后来由于受蛇的引诱,夏娃吃了并让亚当也吃了智慧树上的果子,于是有了羞耻感,同时也就违背了上帝的意志,对上帝犯了罪,受到了上帝的惩罚。蛇受到的惩罚是以身行走,以土为食;女人受到的惩罚是怀孕的苦楚和对丈夫的依赖;男

逐出伊甸园

人受到的惩罚是终身劳苦勉强度日,并因此被逐出伊甸园。亚当夏娃是人类的始祖,人类因其祖先的罪行在出生时就有罪,即为原罪。㉔

人类在尘世的生活是短暂的,这是一个过渡期,是人类赎罪的过程,赎罪的目的是重返天堂。耶稣的死,按照罗马法是他违反了罗马的法律,按圣经的解释是为人类在赎罪。

当公义审判的日子到来时,上帝按照各人行为施行报应。"凡恒心行善,寻求荣耀、尊贵和不能朽坏之福的,就以永生报应他们;唯有结党不顺从真理,凡顺从不义的,就以忿怒、恼恨报应他们。……神不偏待人。"㉕对于义人,即那些给人饭吃,给人水喝,给人住宿,给人衣穿,给人看病,给人安慰的人,必承受上帝的赐福,承受创世以来为他们所预备的国;对于不义之人,即那些不给人饭吃,不给人水喝,不给人住宿,不给人衣穿,不给人看顾的人,上帝将送他们进入为魔鬼和他的使者所预备的永火里去。"这些人要往永刑里去,那些义人要往永生里去。"㉖

从原罪到赎罪最后到末日审判,是一个完整的过程。虽然这个过程是以神学的面貌出现的,但是与西方近现代的刑法和刑罚具有一定的相似性。而且,近现代刑法的若干原则也可以在《圣经》描述的过程中发现其痕迹。按照古典刑事学派的看法,犯罪是对社会或他人或自我自由意志的侵犯,刑罚则是对这种侵犯的一种惩罚。惩罚的目的是使犯罪者回到社会,恢复其意志的自由,惩罚的程度与犯罪的社会危害性程度相一致。按照德国黑格尔的分析,人的本质就是意志的自由,不法和犯罪实际

末日审判

上就是对这种自由意志的否定，而刑罚则是对犯罪造成的自由意志否定的又一次否定，称为刑法的辩证法，"所以刑罚不过是否定的否定"㉒。刑事报复主义、罪刑相适应原则也与原罪赎罪和末日审判的原则相一致。而在英国奥斯丁那里，上帝之法和一个国家制定的具体法律制度，即实在法，是两种严格意义的法律。在上帝之法方面，上帝是人类的优势者，上帝向人类发布命令，规定人类应该做什么、禁止做什么和允许做什么，如果人类不顺从上帝的命令，上帝将对人实施一种恶，这就是上帝的制裁。在实在法方面，统治者，即主权者是臣民的优势者，主权者向臣民发布命令，规定臣民应该做什么、禁止做什么和允许做什么，如果臣民不顺从主权者的命令，主权者就对臣民实施一种恶，这就是法律的制裁。有了优势者、命令和制裁，就构成一项法律，一项严格意义的法律。㉓如果说在古代宗教和法律是统一的话，那么即使到了近代宗教改革后宗教与法律的分离，宗教和法律之间的关系依然存在，宗教的许多制度直接进入了法律的领域。美国的伯尔曼在谈到宗教和法律的关系时说："西方法律体系的基本制度、概念和价值都有其11、12世纪的宗教仪式、圣礼以及学说方面的渊源……西方法律科学是一种世俗的神学。"㉓

《圣经》在法律领域中的作用和影响是多方面的，概括地讲，有如下几点：

第一，《圣经》中《旧约》主要涉及希佰来人的文化，而希佰来是古代除埃及人之外对现代民族产生最大影响的民族。希佰来人提供了基督教的许多历史背景材料，包括它的圣诫、关于它的创世和洪水的故事、关于上帝是法律的制定者和最高审判者的观念，以及它的《圣经》2/3的篇幅。比起其他的古代民族来，希佰来人缺乏创造性，他们几乎没有流传下来任何科学知识和艺术成果，但是他们的法律是成熟的。《旧约》流传下来的古以色列法是研究人类早期法律的宝贵资料。

第二，《圣经》与基督教的关系决定了它在中世纪的作用。马克思说，在中世纪圣经词句在各法庭中都有法律效力。《旧约》使文艺复兴时期和现代早期诸文明的相当部分受到启发，16世纪的加尔文教派和在此以前的许多基督教徒都把《旧约》当成法律和政治的一种理论依据。加尔文自己也把上帝比喻为伟大的律法者，认为他在《圣经》

中传下了许多人们必须逐字遵循的法规。《圣经》中描述的契约制度、审判制度和人权法等都对后世发生着影响。

第三，在法律思想方面，《圣经》连接了古罗马到中世纪之间的法律思想，严格地说，是斯多葛自然法理论和圣奥古斯丁神学法律理论的中介。在斯多葛以前，自然法和实在法的区分是对法律的两种基本分类，而从奥古斯丁开始把法律分为永恒法、自然法和人为法。没有圣保罗的"信"，就不会出现奥古斯丁的神法。这个特点在圣托马斯·阿奎那那里，更加突出。他把法律分为四种：永恒法（神的意志和理性）、自然法（来源于神的人的理性）、神法（即圣经）和实在法。阿奎那在永恒法和自然法加上神的色彩同时，单独把《圣经》作为一种法律，认为是对自然法和实在法的一种补充。即使在17、18世纪的近代思想家的著作中，也很少有人不花大量篇幅讨论《圣经》。

三、法律的神学世界观

奥古斯丁是中世纪早期基督教最有影响的神学思想家之一，他的法律思想对中世纪的影响比较深远。他提出的某些神学理论，为托马斯·阿奎那所继承与发展，对以后的新教理论有一定的影响。他在《上帝之城》和《忏悔录》中所表达的法律思想虽然不够系统，但还是表达了基督教初期的法律观。

奥古斯丁认为，国家的一个目标是追求和平与秩序，而法律正是追求秩序的必要工具。他又说，无论是天国还是地上之国，法律正是获得社会和个人心灵的安宁，追求和平与秩序这一目标的理想工具。

奥古斯丁坚信，在人类的尘世以前，"自然法"的绝对理想已经实现。人们生活在神圣的纯洁的正义的国家里。人人平等和自由，人们不知道什么是奴隶制度或别的人对人的统治形式。所有的人共同享有财产和利益，并在理性的指引下像亲兄弟一样生活在一起。在这个时期，人们可以永生。然而，地上之国建立以后，人的本性被原罪败坏了。人类本质中善良的因素虽然没有泯灭，但却变得比较脆弱，容易被邪恶的倾向所挫败。反映了人类灵魂完美、绝对善良的自然法不再可能实现了。理性不得不设计出可行的方法和制度来适应新的情况。政府、法律、财产以及国家便应运而生,因而,政府、法律等都是罪恶的产物。教会作为上帝永恒法的保护者,可以随便干预上述罪恶的产物。国家必须执行教会的命令,用世俗法律维护人与人之间的秩序。

奥古斯丁将法分为永恒法、自然法和人为法。永恒法是神的意志的体现、是永恒的、公正的;自然法是上帝统治人的法律,具有理性的人才能理解它;人为法是政治社会的某些规定,是对缺乏理性的人的行为的约束。人为法从属于永恒法。

永恒法是普通适用于人和生物的法律,它是神意的体现,是永恒不变的真理。另一方面,永恒法的适用也要因时因地制宜。他说,天

奥古斯丁

主的法律一成不变,不随时间、空间而更改,但随时代、地区的不同而形成各时代各地区的风俗习惯。正义的本质绝无变易,也不能因时制宜,为每一时代制定相应的法令。

在自然法问题上,奥古斯丁认为自然法只是神的意志的一种或多或少或明或暗的印记,体现基督之爱的信仰可引导人们走向正直,反过来,信仰是仁慈上帝的礼物,坠落了的天性不能发现道德的真理。

在人为法问题上,他认为尘世的法律是对人的邪恶本性的约束和惩罚。奥古斯丁说,政治社会是由许多人组成的,它的福利需要有大量的各种各样的规定来达到并维持,这种规定就是法律。法律的目的,一方面是惩罚犯罪,使人改邪归正;另一方面,对其他人也有教育意义,从而实现社会安定的目标。在人为法与神法(永恒法)的关系上,奥古斯丁认为,人为法是永恒法的派生物,它必须绝对服从永恒法的要求。他说,如果人为法不是从永恒法得来,那么在人为法里就没有一条条文是公正或合理的。

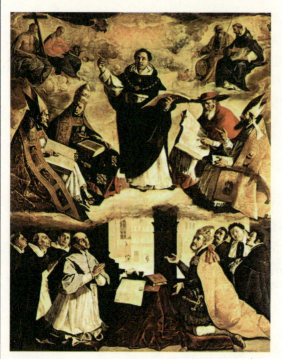

阿奎那

托马斯·阿奎那被认为是中世纪中晚期最大的经院哲学家。他在《神学大全》一书中对法律予以神学的解释，他把法分为四类：永恒法、自然法、人法和神法。

永恒法是神的理性的体现，是上帝用来统治整个宇宙的，是支配宇宙的大法，是各种法律的最终来源，是最高的法律。托马斯说，法律不外乎是由那统治一个完整社会的"君王所体现的"实践理性的某项命令。然而，显然可以看出，如果世界是由神治理的话，宇宙的整个社会就是由神的理性支配的，"所以上帝对于创造物的合理领导，就像宇宙的君主那样具有法律的性质……这种法律我们就称之为永恒法"[30]。

自然法是理性动物对永恒法的一种参与，是上帝用来统治人类的法律，体现永恒法与理性动物的关系。阿奎那认为，人类是有理性的动物，能在某种程度上分享神的智慧，并由此产生一种自然的倾向，以造福人类。他说，所有受神意志支配的东西都是由永恒法来判断和管理的，那么显而易见，一切事物在某种程度上都与永恒法有关，只要他们从永恒法产生某种意向，以从事他们所特有的行动和实现某种目的。但是，与其他动物不同，理性的动物以一种非常特殊的方式受到神意的支配；他们既然支配着自己的行动和其他动物的行动，那么，他们就变成神意本身的参与者，"所以他们在某种程度上分享神的智慧，并由此产生一种自然的倾向以从事适当的行动和目的。这种理性动物之参与永恒法，就叫自然法"[31]。

阿奎那还从自然法的箴规、自然法的普通性和自然法的不变性等方面，进一步论述自然法的内涵和范围。

对于自然法的箴规，他认为，首先，自然法箴规的条理同自然倾向的条理相一致。也就是讲，自然法包含着一切有利于保全人类生命的东西和反对其毁灭的东西。其次，自然法反映出人与其他动物共有的天性而产生某种特殊的倾向。由于这种倾向，就有"自然教给一切动物的"所有本能，如性关系、抚养后代等。这与自然法有关。最后，在人的身上有某种和他的理性相一致的向善的倾向；而这种倾向是人所特有的。因此，人们天然地希望知道有关上帝的事实并希望过社会生活。

在自然法的普通性问题上，他指出，自然法对于所有的人都一样起作用，这正如一个正当的标准是同样为大家熟悉的那样，因为就理性而言，对于每个人存在着一个真理和正义的标准。在自然法不变性问题上，他认为，自然法本身的原则是不会改变的，因为它规定了正确的东西，是大多数事例的通则。此外，他认为有两种方法可以知道自然法发生改变。第一，自然法已有了某些附加的内容。第二，自然法删除了某些内容。基于此，有人认为阿奎那提出了"可变自然法"的观点。

在阿奎那的神学体系之内，自然法的地位和作用被降低了，在它上面还有永恒法，自然法是从属于永恒法的。

神法是神的启示，又称为神祇法。它是自然法的增益，神恩的礼物，是对自然法和人法的补充，能起修正自然法和人为法缺陷的作用。阿奎那断定，除自然法和认为法外，人们必须由神法来指导自己的生活。理由是：（1）人就其本性而言，注定要追求一个永恒福祉的目的，而这超出了人类天然才能的力量。因此，要达到这个目的，就要除去在自然法和人为法指导外，借助于神法的指导。（2）由于人类判断往往不可靠，特别是在一些特殊问题上更是如此，所以就有必要让他们的行动受神赋予的法律的指导，这是因为神法不会发生错误。（3）法律只能按人类的外表动作制定，不能指挥和规定人们内心的动作，所以就有必要再加上一种神的法律。（4）按照奥古斯丁的说法，人类的法律既不能惩罚又不能禁止一切恶行，所以就必须有一种能防止各式各样罪恶的神法。

人法是通过国家制定的法律，是根据自然法、最终是根据永恒法制定的，是反映人类理性的法律，即实在法。他说，从天然懂得的不言自明的原理出发，可以达到各种科学的结论。人类的推理也必须从自然法的箴规出发，仿佛从某些普通的不言自明的原理出发似的，达到其他比较特殊的安排，"这种靠推理的力量得出的特殊的安排就叫做人法"。㉜

阿奎那就人法的诸多问题作了专门的论述，在制定人法的必要性方面，他说，在人身上存在着一种倾向为善的习惯，但必须经过"某种锻炼"才能使人的这种德行日臻完善。有些青年由于善良的秉性或教养，或者特别是由于神的帮助，自愿想过有德行的生活；对于这类青年，只要有父亲的指导和劝告就行了。对于另一类青年，他们性情怪僻，易于作恶，就很难为忠言所感动，必须用压力和恐吓的手段使他们不做坏事。这种手段就是法纪，就是制定法律。在人法与自然法的关系方面，人法从属于自然法。阿奎那认为，法律是否有效，取决于它的正义性；而是否合乎正义，就要看它是否符合理性法则；而理性的第一法则就是自然法。他说，一切由人所制定的法律只要来自自然法，就都和理性相一致。如果一种人法在任何一点与自然法相矛盾，它就不再是合法的，而宁可说是法律的一种污损了。

四、"双剑论"

按照圣经的描述，以色列人经历七年自然大灾之后，活不下去了，于是就跑到富饶的埃及，处于埃及人的统治之下。后来以色列人出了一个民族英雄，名字叫摩西。摩西带领以色列人逃离了埃及人的统治，回到流淌着"奶和蜜"之地，那就是耶路撒冷。在途中，他们经过一座山，称为西奈山。摩西在梦中听见上帝说，你到西奈山的时候，你上山来我要见你，并给你传有关的旨义。摩西醒来后就问他的岳父，他岳父是一个祭司。他岳父就说既然耶和华神召唤你，你就去吧。他就第二天上午很早的时候，跑到西奈山顶上，上帝就给他传授了一部法律，这就是摩西十诫。㉝

摩西十诫是早期以色列法律的总纲和基本的原则，也被认为是基督教的一些基本的准则，它实际上是具有法律效力的行为规范。摩西回到以色列民众中之后，带领以色列人顺利地脱离了埃及人的统治，就有了以色列自己的国家。在以色列的历史上，先后出现了三个世俗的国王：扫罗、大卫和所罗门。㉞后人谈论较多的是后两个国王，大卫以英俊和勇敢见长，而所罗门以智慧和财富见长。即使是在圣经所记载的历史上，以色列民族内部也都存在着政权和教权之间的争斗。掌管精神事务的则是祭司或称为士师，掌管世俗事务的是国王。在扫罗时代，祭司左右着国王，扫罗被大卫打败，撒姆耳祭司起了决定性的作用。在大卫与所罗门时代，国王权力达到兴盛。从历史的角度来说，基督教在罗马渗透而后在公元2世纪成了罗马的国教，北方蛮族的入侵也接受了欧洲南方的基督教文化。在中世纪的发展过程中，基督教会与世俗国王和贵族，发生着旷日持久的争斗。早些时期，掌管精神世界的教会与掌管肉体世界的国王平起平坐，教会有教会的势力，世俗有世俗的势力。两者的关系，拿圣经上的一句话讲，叫做"凯撒的物归于凯撒，神的物归于神"㉟。

耶稣在传教的时候，有个人就问耶稣，说是"现在有人要收我的税，我给他还是不给他"。耶稣就想了想，说，"凯撒的物归于凯撒，神的物归于神"。后人就进行解释，所谓"叫凯撒的物归于凯撒，神的物归于神"，实际上是讲要把精神的问题与世俗的问题区分开来，或者说，把精神的东西与肉体的东西区分开来，也就是要把教会统帅的疆域与国王统帅的疆域区分开来。在上帝那里，所有的权力都掌握在神的手上，因为他是全知全能的，他能解决所有的问题。但是，由于亚当与夏娃违背了上帝的意志，偷吃了伊甸园里面的智慧树上的果子，对上帝犯了原罪，所以被逐出了伊甸园，因此就有了天上王国与地上王国的区分。人没有上帝的智慧与才能，因此在人间社会，上帝的权力之剑就一分为二。掌管精神之剑，由教会来掌握，掌管肉体之剑，则由国王来掌握。这个理论后来的学者称为"双剑论"，贯穿整个中世纪的国王与教会之争，由此开始。

在罗马时代，当一个教士犯了罪的时候，他实际上要受到双重的惩罚：一个方面，教会要开除他的教籍，另外一个方面，国王要判他的罪。"在当时罗马之法制下，基督教士并不能免于普通法院之刑事追诉，即居主教之地位者，亦然。惟是就教会之观点看来，认为任何教士以教士之资格，而经拘提至刑事法庭之罪，乃极可耻之事，有损教士之尊严；因此遂要求被告须先经教会法院审判，审判之结果，如认为有罪，则剥去其僧服，以示被夺其教士之资格，然后将之以俗人之资格，移送普通法院审判之。"㊱

后期的发展，教会的势力越来越大，国王和贵族的势力要依附于教会。到11世纪的时候，教会的势力达到了顶峰，包括德意志、英国和法国在内的很多国王登基的时候，都必须由教皇出面来给他加冕。在法兰克时代，教会代表了世界文明的传承者，教士成为君主的法律顾问和尚书大臣。教会对道德和精神生活的管辖权日益重要。但是，此时，主教由国王任命，教会规则有一定的约束力，而君主的意思具有最终的效力。9世纪，查里曼帝国瓦解，教会的权力日益膨胀。皇帝登基和加冕，都由教皇主持。查理二世依靠教会才得以成为皇帝，查理二世曾有言曰："朕凭主教之力，悉登王位，主教乃上帝所临及上帝及上帝所表彰其裁判之宝座也，设无教主之审判，则无任何人自无可废立或剥夺寡人王位之理。"㊲这个时候，教皇尼古拉斯一世称教会法优先于帝国法律，查理二世承认在教会事务上教皇具有最高立法权。有甚者，宗教大会废黜主教已经不再受国王的影响。

到11—12世纪，教会已经成为一个世界国家，教会直接行使"领土主权"。教会法院的管辖权范围极广。教会不仅有一般排除普通法院对于教士的权力，而且有管辖俗人的权力。牧师犯罪，不应由世俗法院审判，经过教会法院审判定罪后，黜

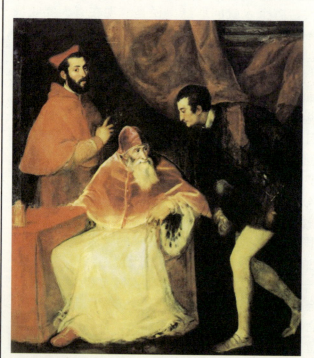

教皇与他的孙子

免教职,交付世俗当局执行刑罚。⑧曾经有历史的记载,1075年,教皇格里高利七世宣布,教会职务不再由世俗国王授予。此规定遭到了德意志国王亨利四世的反对。教皇就开除了国王的教籍,直接导致亨利四世的王位动摇。后来,国王只得屈服于这个教皇,跑到教皇所在卡诺莎去请教皇的原谅。教皇闭门不见,当时正在下着大雪,国王被堵在门外,三天之后方得教皇原谅,恢复了国王的教籍。到英诺森三世的时候,教会的权力达到了顶峰。到13世纪阿奎那时代,教权和王权持平,然后王权开始超越教权。到14世纪之后,世俗国王的权力超越了教权。到16世纪的时候,教会内部也发生了分裂,宗教改革开始。宗教改革运动之后,教会在政治上的利益和经济上的利益基本上就没有了,宗教就从政治的舞台上退出去,仅仅留存于人们的一种思想信仰之中。

具体来讲,教会法的形成和演变,经历了三个时期:第一个时期是形成的阶段,公元4到9世纪。325年,罗马帝国皇帝君士坦丁在尼西亚会议上颁布第一部正式的教会法,这标志着教会法的开始形成。第二个时期是极盛时期,公元10到14世纪。9世纪法兰克帝国瓦解之后到1054年教会分裂,西方发生了第一次教会革命,基督教世界分化成东派教会和西派教会。东派以君士坦丁堡为中心,也就是后来我们称之为东正教的教派。这个教派后来在欧洲东部广为流传。西教派以罗马为中心,称之为公教。因这个教派在中国的信徒把上帝翻译成天主,所以中国人通称为天主教。第三个时期是衰落时期,公元

英诺森三世

15世纪以后。16世纪宗教改革之后，基督教又一次分裂，这次分裂更加彻底，并且与资本主义的兴起联系在一起。这是一场革命的运动，一个以马丁·路德统帅的德国为中心，一个以加尔文统帅的法属瑞士为中心。马丁·路德宗教改革之后，北欧和德意志基本上都是新教的天下。加尔文的革命发生在法国和瑞士，加尔文还建立起自己的基督教王国，这里，基督教与世俗权力合而为一，其严厉的程度超过了马丁·路德，甚至提出了发财致富是上帝对其信徒的期望的口号。与此同时，英国也发生一些宗教的革命，出现了英国的新教或者清教。这部分的清教徒在英国国内受到迫害，一部分新教徒为了逃生，乘坐了一艘名字叫做"五月花"的船从英国出发，从海上漂到了美利坚。他们在美国建立起自己的殖民地，把自己的生活习惯、对法律的信仰和对于宪政的向往，凝聚在一个新的大陆上，建立了新的社会制度和法律，这就开始了美国的法律史。

宗教改革后，法律管辖权开始由寺院法院逐渐转移到王室法院。不过到19世纪以前，还有国家没有完全改成此制度。从法律制度上看，寺院法律体系慢慢地失去了原有的阵地，但是寺院法的理论和方法渗透到西方的法律精神之中。路德焚烧了教会法的书籍，但是他又是一个对法律价值热情的信奉者，他把神学的信仰寄托于君主的法律上，成为君主世俗法的一个部分。对于新教来说，路德教和加尔文教都仍把上帝视为正义的象征。在欧洲，"教会法和世俗法体系在很大程度上被转入'近代'国家的法律之中，随着基本的立法和司法功能转入民族国家的单一管辖权之下，将法学从神学中分离出来并最终实现法律思想的完全世俗化的基础已经奠定。这并不是一蹴而就的，因为整个西方占主导地位的信仰体系仍然是基督教的。一直到20世纪，西方法律的基督教才差不多完全被抛弃"[㉞]。

五、法律制度中的基督教教义

1．教阶制度

教会内部也有着自己的管理体制和组织形式。圣经上讲，所有的男人都是兄弟，所有的女人都是姐妹，所以大家都是是平等的。从这一点来说，平等的思想产生于圣经，美国《独立宣言》的第一句话就是"每一个人生而平等"，造物主平等地创造了人类，其中还是有宗教色彩的。但是，具体的管理当中，教会内部还是分为具体的等级。这是人类所无法解决的问题：一方面追求平等，另一方面也缺少不了等级的制度。教会里面不同的人员，所处的地位是不一样的，他们存在着等级上的差别。

级别最高的当然是教皇，教皇下面是大主教，我们通常称为红衣主教。大主教下面是主教，主教下面是神父，通称为大职教，接下来就是修士和修女。在天主教中，专职的神职人员独身，因为他们要献身于上帝。在基督教中，教徒可以有自己的家庭，可以生育繁衍后代。神职人员首先具有神权，可以使用珍贵的符号、权杖和衣冠宝座。其次，神职人员具有司法的特权。即使是一个罪犯跑到教会里面，教会也可以把他藏起来，不再受世俗的惩罚，因为在教会看来，上帝原谅犯错而到教堂里寻求保护的人。最后，神职人员有免服兵役的权利。在义务方面，神职人员第一是要宣传教义和履行教职；第二个方面有告诫的义务，也就是忏悔；第三个方面是独身，保持贞操的义务，天主教徒，特别是神职人员，一般禁止结婚；最后是遵守十诫。

2．财产制度

中世纪基督教并不仅仅是一个专注于精神的组织，它也有关于经济利益和政治利益的法律制度。它是最大的土地所有者，占有1/3的土地，在其土地上征收什一税。

教会法的契约制度并不发达，因为基督教本身是反对暴利的。教会法严禁谋利，特别是严禁高利贷。早期教义对富人带有偏见，新约有这样的记载，有一个富家子弟也想信基督教，就问耶稣，在什么样的情况下才能成为一个义人。耶稣说，有一个办法，那就是你回去之后，你把你所有的钱送给穷人。如果能够做到这一点，就可以是一个义人了。这个富家子弟听到这个话之后，低下脑袋就走了。耶稣于是发了一些感叹。他说，让富人成为义人，是一件比较困难的事情，如同"让一只骆驼穿过一个针眼"⑩。他的意思是，要富人成为一个义人，无异于让一只骆驼要穿过针眼，这太难了。

早期的基督教反对财富的暴利，晚期发生了变化，宗教改革后，新教谋求个人的财富,认为上帝鼓励人们发财致富。加尔文教说,发财致富是上帝对其信徒的期望,一个信徒发财致富了,就实现了上帝对他的期望。新教要求大家拼命地工作,用努力的工作来获取财富。天主教是强调节制的出世的宗教,它要求信徒们与现实生活保持一定的距离,新教则相反,新教是强调节制的入世的宗教。新教徒热爱生活,富于激情。有思想家说,新教和天主教的区别在于是"爱吃"还是"爱睡"[41]。天主教徒是比较爱睡的,他喜欢一种清静的生活,愿意不受他人干扰的生活。他愿意住在教堂里面,当一个修士或者修女,与世隔绝;而新教徒正好相反,他是好吃而不好睡,所以在美食和美睡之间,他宁愿挑美食而不挑美睡。爱睡的人喜欢精神生活不爱财,爱吃的人喜欢物质生活不反对聚财。

3. 婚姻家庭制度

基督教在西方婚姻家庭方面的影响更加突出一些。西方人对男人与女人、婚姻和家庭的概念都受到基督教的影响,圣经上就有着明确的印记。

上帝造人

上帝造亚当

依圣经之《创世记》，上帝创造了天地万物之后，觉得应该有一个人看管他的伊甸园。于是，上帝在地上弄了一把土，照着上帝自己的模样，造了一个人形，他对着这个人形的鼻孔吹了一口气，这个人便活了，他便是亚当。亚当看管着他的园子，却显得很孤独，闷闷不乐。上帝就从亚当的肋骨中抽出了一根骨头，又造了一个女人，称为夏娃。这就是人类的起源，也是世界上最早的男人与女人的区分。女人是从男人的骨头当中抽取出来制造而成的，所以女人是男人的骨中之骨，肉中之肉。㊷一个女人天生的应该属于男人，女人成年之前，应该属于她的父亲；长大之后，她离开她父亲，回到她的丈夫那里，与她的丈夫住在一起。男性与女性的结合，就是婚姻，婚姻繁衍后代，就有了家庭。在基督教看来，婚姻实际上是男性与女性的结合，同时具有了人性与神性。婚姻意味着男女一体，因此，夫妻离婚是被禁止的。生育是神圣的，生命也是神圣的，因此，堕胎为基督教所禁止。

这里就有了东方与西方婚姻家庭制度的差别。西方人认为婚姻是人事与神事的结合，是一个男人和一个女人的事情，强调婚姻中的个人意志；古代的中国人强调婚姻的"父母之命，媒妁之言"。婚姻和家庭对内延续家族的香火，对外是政治的联盟。婚姻的核心不在于夫妻自己，而属于家族的事务。古代社会，东方与西方都存在着家父权和夫权,甚至都存在着多妻制。后来西方人确立了男女个人的核心家庭制度,确立了一夫一妻制,与基督教的传播密不可分。

　　具体而言,教会法的婚姻制度有几个基本的原则:第一,一夫一妻制。历史上看,一夫一妻制,是罗马法和教会法的一种遗产,古代其他的民族都存在着多妻制或者多夫制。结婚的方式一般有两种,一种是通过教会仪式而成的结婚,一种是通过世俗权威比如法官的仪式而成的婚姻。传统上讲,一个婚姻关系的形成,应该在教堂里进行,婚姻仪式由一个神父来主持。第二,双方的合意。现代婚姻以此为核心,不同的是教会法与古代法律的差别,在东方社会和家父权消失之前的古罗马,家父对子女的婚姻具有决定权。第三,禁止离婚。婚姻是神圣的,婚姻本身是一种契约,但是婚姻的契约却是不可以根据夫妻双方的意愿来解除的,因为夫妻一体。婚姻不可离异的制度晚至18世纪的时候,才得以废弃。拿破仑曾经因为不能够与约瑟芬离婚而苦恼不已。康德把婚姻当作有财产关系的人身权,认为婚姻就是两性为了终身互相占有对方性器官而产生的结合体[43],但他也强调婚姻中的个人意志。黑格尔把婚姻当做一个契约,但是他却主张婚姻既然是可以按照意愿来成立的,那么也应该能够依据双方的合意而解除。[44]不过,这已经是19世纪中叶的事情了。第四,夫妻权利的不平等,婚生子与私生子的不平等。按照基督教教义,男女在上帝面前是平等的,因此双方的忠诚义务是相互的,不过,在实践上,丈夫是家庭的首脑,他可以选择住所地,可以合理地纠正他的妻子,可以要求妻子履行与社会地位相符合的家庭义务。婚生子女和养子女具有平等的权利,但是私生子不具有合法的地位,没有法律上的权利能力。

　　夫妻在法律上的不平等,是西方社会一直存在的问题。自18世纪开始,直到20世纪之后,当女性主义运动兴起的时候,夫妻平等才提高到法律争议的高度。在此之前,家庭中夫妻不平等,妻子附属于她的丈夫是常态。夫妻不平等有很多方面的原因。从经济上讲,夫妻在家庭中的角色不一样,丈夫在外工作,女性在家相夫教子。妻子结婚之后,就不再从事社会上的劳动,这种经济状况也就决定了女子对于男子的依附关系。从政治上讲,父权制的家庭本身就蕴涵着男性对女性的压迫。亚里士多德的传统一直在延续,亚里士多德所谓统治与被统治之间的关系,其中的一项就是夫妻之间的支配与被支配的关系。

从法律上讲，夫妻一体，丈夫代表妻子处理法律上的权利与义务，丈夫代表妻子起诉和应诉，丈夫因妻子的出轨可以要求妻子赔偿陪伴损失。当妻子陷入一场民事纠纷的时候，民事诉讼的进行往往是丈夫代表妻子来运作的。一个丈夫为妻子买了一辆汽车，妻子就带着她的女伴出去游玩。游玩的过程当中发生了交通事故，妻子受伤了，她的女伴也受伤了。妻子的女伴要求这个妻子损害赔偿，妻子是不能作为被告的主体，妻子的女友也不能够成为原告，两个女子的诉讼最后由各自的丈夫来完成。当女权运动兴起之后，特别是美国20世纪60年代的女权运动法学兴起之后，男女法律上平等成为了法律上的热点。女性主义法学家们声称，法律是强者的压迫，法律实际上就是男性对女性的一种压迫。[45]

可以说，要实现男人和女人之间在法律上的平等，有些问题是可以解决的，由社会的环境原因所造成的不平等，可以通过法律的矫正达到平等。比如从经济上讲，女子有就业的权利，不受到歧视的权利，同工同酬的权利。甚至丈夫在外工作，妻子在家操持家务，并不妨碍夫妻对家庭财产的平等共有权。但是，有些东西却是法律制度所无法改变的，比如说生理的结构、女人的感觉和感受、孩子的生育和抚养，这些都不可通过法律来改变男女的差异。

从基督教到资本主义的形成，夫妻关系也存在着思想史的变迁。基督教的神学隐含着家父权以及夫对妻的绝对权利。根据《圣经》，上帝创造了人类之后，"上帝就赐福给他们，又对他们说要生育众多，遍满地面，治理大地，也要管理海里的鱼，空中的鸟，和各样在地上走动的生物"[46]。在亚当和夏娃的关系上，上帝对夏娃说："你必恋你的丈夫，你的丈夫必管辖你。"[47]从前一段话中，神学家们可以引申出带有政治统治性质的家父权，因为亚当是人类的始祖，他因此对他的后代有着统治权；从后一句话中，可以引申出家庭中的夫权，因为夫妻一体，妻子不过是男人的"骨中之骨，肉中之肉"。只是到了16—17世纪的时候，通过资产阶级学者比如霍布斯和洛克对圣经另类解读之后，西方文化背景中的个人主义才凸显出来，最后成为西方法律思想中的主流法律理念。

以洛克为例。首先，他认为，上帝创造并赐福于人，并让人类管理海、地、空中的生物，但是，这并不意味着上帝赋予了亚当对人类的统治权,并没有让亚当成为人类的绝对主权者。上帝造了人,吩咐人类生育繁衍,他给予全体人类可资利用的食物、衣服和生活必需品的权利。从这个意义上讲,与其说是亚当是人类的统治者,还不如说,上帝所创造的万物"最初都是人类共有的","不应该使他们的生存从属于一个人的意志"[48]。其次,当上帝用"他们"一词的时候,万物的管理者不仅仅包含了亚当,同时包含了夏娃;如果说亚当是世界的君主的话,夏娃也应该是世界的女王。[49]亚当并不因为上帝的赐予而享有主权。另外,上帝对夏娃说过"你必恋你的丈夫,你的丈夫必管辖你",但是,这不能够从中推演出丈夫对妻子的权威,而只是"预言女人可能遭受的命运","如果说这句话给予了亚当以任何权力的话,它只能是一种婚姻上的权力,而不能是政治权力"[50]。最后,《圣经》通篇都把父亲与母亲并列,同时受到子女的尊重。"孝敬你的父亲和母亲"(《出埃及记》),"凡咒骂父母的总要治死他"(《利末记》和《马太福音》),"你们各人都当敬畏你的母亲和父亲"(《利末记》)。这里,权力同时掌握在父母手里,"他们从自己的儿女那里应受到的孝敬,是一种平等的、属于他们两人的共同权利"。[51]从这三个方面的分析,洛克得出的结论是:上帝赋予了人类的存在,并没有让亚当成为其后裔的君主,也没有给予亚当支配他妻子儿女的政治权力。人类具有一种"天赋的自由","因为一切具有同样的共同天性、能力和力量的人从本性上说都是生而平等的,都应该享受共同的权利和特权"。[52]在此基础上,洛克宣布人是一种"自由、平等和独立"的存在,他生而具有"生命、自由、健康和财产"[53]的权利。为了摆脱自然状态下的缺陷,人们才在理性的指导之下,通过社会契约的方式让渡了自己的部分自然权利,让政府来保护自己的财产和人身。这就是政治社会和法律的起源,政府唯一的目的就是保护人类天赋的生命、自由和财产。当政府不能够提供这种保护的时候,人民就可以重新签订新的社会契约,建立新的政府。立法者"应该以既定的、向全国人民公布周知的、经常有效的法律,而不是以临时的命令来实行统治;应该由公正无私的法官根据这些法律来裁判纠纷……这一切都没有别的目的,只是为了人民的和平、安全和公众福利"。[54]

这种基于个人主义和自由主义的法律理念,实际上是西方法律的根本所在。个人自由、平等、人权成为了西方法治主义的基本特征。

即使进入20世纪之后,特别是第二次世界大战以后,西方法律制度发生巨大的变化,但是自由、平等和人权仍然是西方法律的基本内核。这里,我们可以通过一个美国1999年的案件来说明这一点。三对同性恋伙伴,分别共同生活了4到25年,其中两对伙伴收养了子女。他们向当地政府申请结婚证,以维护他们"配偶"之间以及"父母子女"之间的如同异性恋婚姻家庭那样的相关利益。当政府拒绝他们要求之后,他们把政府告上了法庭,要求判定政府发放给他们结婚证。诉讼一经提起,舆论一片哗然,报纸、电台和电视纷纷报道。支持者认为不给他们发放结婚证是一种法律歧视,反对者认为如果认可了同性恋婚姻就会对传统的婚姻家庭伦理产生致命的冲击。法官们之间同样也存在着意见的分歧:如果判定政府发放结婚证,那就意味着对婚姻为"男女共同生活体"传统的否定,从而无法遏止通过生物技术改变人类性别的行为;如果不支持原告的诉讼请求,那么就与"法律同等保护"和"反对法律歧视"的原则相冲突。一个法官甚至假设,男甲与女乙同时爱上了女子丙,他们都想娶丙为妻。如果婚姻法只许可甲与丙的婚姻,而不认可乙与丙的婚姻,那么这样的婚姻法实际上就是一种基于性别的法律歧视。在综合了各种考量之后,法官们达成了妥协,一个方面,法院判定原告能够得到异性恋婚姻家庭一样的法律保护,以贯彻法律同等保护的原则,另外一个方面,法院不支持原告得到结婚证,以维护婚姻家庭"男女共同生活以生育和养育后代"的西方传统。[55]

4. 刑法的制度

古代犯罪与惩罚制度与现代刑法制度的差异,也许在于是否考察犯罪人的主观过错。在古代社会,侵害行为发生后,被侵害的对象要么是受害人,要么是社会或者政治上的权威,不管是哪种情况,惩罚或者报复都是对等的甚至是加强的。古代社会的人们不会去考察犯罪行为人主观的状态和主观的恶意。而现代社会的人,除了考察行为人客观的行为和社会危害性之外,还要考察行为人的主观状态,也就是今天我们通常所说的"主客观统一"。从古代社会的客观报复到现代社会的主客观统一的发展,基督教的作用不可小视,可以说,正是由于基督教强调的"行为人主观罪恶"的观念,才导致了现代刑法的形成。另外一个方面，也由于基督教过于倚重行为人的主观罪恶所导致的"思想犯罪"，才使得18世纪的启蒙学者们提出了"罪刑法定"原则和"思想不能够成为刑法惩罚的依据"原则。也就是说，正是在基督教关注行为人主观罪恶肯定性因素和否定性因素的基础上，才有了现代的西方刑法。从这个意义上看，基督教对现代刑法有着重要的影响。

《圣经》里所包含的刑法思想，前已说明，原罪—赎罪—救赎—末日审判其实就蕴涵着刑法的一般理念。这里，我们可以看看基督教注重行为人主观罪恶的一个例子。事件发生在12到13世纪，几个盗贼闯入了一家修道院，打倒了两名修道士，并偷取了他们的衣服，不过修道士最后制服了盗贼们，并将他们捆绑在一起。其中一位修道士去教会通知教会的首领，另一位修道士来看守盗贼。当盗贼们解开捆绑他们的绳子之后，为了不被盗贼们杀死，留下来的那位修道士杀死了盗贼们。在这种情况下，盗贼摆脱了绳索，并且是两个盗贼，对于修道士说，本身是一个比较危险的状态。问题是：如何来追究修道士的责任？这个修道士是否应该承担法律上的责任呢？他的行为是不是一

宗教裁判所

种杀人呢？他是一种正当防卫，还是一种故意杀人？法学家们对此争论不休，后来就提交到亚历山大三世教皇那里。他认为应该对这个修道士予以严惩，认定他的行为不是正当防卫。在今天看来，修道士的行为是一个比较典型的正当防卫，因为侵害正在发生，双方力量不对称。修道士为了保全自己，把行窃并危及自己生命的盗贼杀掉，就是正当防卫。其实，在西方12—13世纪的时候，西方社会已经有了正当防卫这个概念，教皇却并没有采用这个原则。因为在教皇看来，修道士不是一般的世俗之人，他是一个修道士，他应该是一个高尚的人。不能拿世俗人的这种道德要求来衡量一个神圣的人，修道士在道德上应该更加高尚。他说，这个修道士具有一种罪孽和罪恶，这不仅是刑法上的罪，而且是一种宗教上的罪，因为他没有遵循耶稣所说的话，因为耶稣曾经说过这么一句话，"当有人拿走你外套的时候，你应该把自己的斗篷也给他"。⑥ 如同《圣经》所言，"当人家打你左脸的时候，你应该把右脸也给他去打"，这样才显得一个基督徒的宽厚仁慈之心。其中的原因在于，在上帝看来，好人和坏人都是人，都是上帝的子民。太阳普照大地，它不仅仅照耀好人，也照耀着恶人。有人要打你，就让他打吧。修道士有主观上的一种罪孽，因此应该受到惩罚。

到了中世纪后期，基督教走到它的对立面，它不再是一种仁慈的、文明的和智慧的符号，而是演变成了野蛮的、落后的和蒙昧的代名词。

首先看宗教裁判所。对于一些哲学家和一些科学家，因为他们的学说与神学的看法不一样，他们被宗教裁判所视为异端，被予以严厉的惩罚。布鲁诺由于其泛神论和奇迹反对论被送进了宗教裁判所，于1600年受火刑而死。一个叫萨威图斯的生物学家是血液小循环的发现者，因为拒绝三位一体的学说和预定说，于1533年被绑在火柱上慢慢地烧死。哥白尼因为日心地动说于1616年被宣布为异端。伽利略因提倡天文学与物理学，于1633年被宗教裁判所判处终身监禁后客死他乡。⑰ 阿奎那曾经撰文反对异教徒，为惩治科学家和思想家提供理论上的依据。

其次看基督教对巫师的惩处。在古代社会，巫师的地位是很高的，特别是在原始的社会，一个巫师就是一个先知，甚至类似于一个

宗教裁判所

法官，因为人们认为他们有超乎普通人的灵性，以一种神奇的力量来判断人世间的曲直是非。而到了中世纪后期的时候，巫师被认定为一种危险分子，因为他们的预言和通灵能力。在基督教看来，只有上帝才是全能全知的，才能解决启示、预言和指导人类。巫师称自己能掌握神奇的力量，可以给人算命、占卜和蛊惑等，实际上是一种僭越，是对上帝权威的一种挑战。所以，中世纪的后期，教会对巫师的惩罚，特别是对女巫的惩罚极其严酷。那个时候惩处女巫师更加严酷，也许女人天生比较适合做巫师，同时，相信超能力和灵性也为女性所推崇。

据历史记载，包括新教在内的教会都对巫师进行过残害。1545年，加尔文教所统治的日内瓦一年就有34个妇女被指控为女巫，最后被烧死或肢解。据一个美国历史学教授的记载，妇女、年轻姑娘甚至儿童被处以种种的酷刑。用针刺她们的指甲，用火烤她们的双腿，用重物压挤她们的双腿，一直到骨髓从腿骨里喷射出来。这样做的目的，就是要逼她们承认她们和魔鬼有着肮脏的勾当。16世纪后期，对巫师的迫害达到顶峰，受难者的人数不少于三万人。日耳曼的一些城市仅仅一年之内就处死了九百多人，甚至把一个村庄的妇女全部杀决。⑬

六、新教伦理与资本主义

西方社会的现代化是在反对基督教的基础上产生的，18世纪的启蒙学者都对基督教持否定的态度，其中，伏尔泰、狄德罗和孟德斯鸠功不可没。但到了20世纪之后，思想家们反思现代化，重新找到了基督教里的积极因素，甚至提出了新教孕育了资本主义的命题。社会学家韦伯认为，支撑资本主义精神的因素，除了形式合理性的科层制和法律规则以外，最重要的则是伴随着欧洲宗教改革运动而出现的新教伦理。新教伦理对西方资本主义的起源和形成产生了决定性的影响。

韦伯

韦伯将世界范围内的各大宗教体系进行了分类。他认为，按照人们对待世界的方式，宗教可以分为"入世的"和"出世的"两种形式；按照宗教行为的特点，宗教又可以划分为"禁欲的"和"神秘的"两种形式。在此基础上，宗教有如下四种理想类型：（1）入世禁欲主义。这种宗教把在尘世的劳动看作是人的天职，努力而勤勉的工作被视为赎罪和获救的手段，甚至被看作是荣耀上帝的行为。新教便是这一类型宗教的典型代表。（2）出世禁欲主义。这种宗教完全拒绝外部尘世，抗拒任何世俗的诱惑，把一切世俗生活都看作是不具有道德意义上善的性质。天主教是这种宗教的典型形式。（3）入世神秘主义。这种宗教遵从某种圣统，信奉千年不变的传统权威，要求顺应世俗，但带有悲观论和宿命论的色彩。儒教是这种类型宗教的明证。（4）出世神秘主义。这种宗教突出的表现是弃世厌俗，沉于冥想。看破红尘的印度教是这种宗教的典型形式。㊳

韦伯指出，在上述各种宗教类型当中，只有新教最有利于促进资本主义精神的产生和发展，其他宗教都不具有或不明显具有这一功效。在韦伯看来，一个人对"天职"负有责任，是资本主义精神中最具代表性的东西。而"天职"这一概念的形成和深入人心恰恰是宗教改革以后形成的新教伦理直接作用的产物。路德扩展了"天职"的概念，暗含着某种由上帝安排任务的意思。事业的成功意味着履行了天职，拼命挣钱的行为有了某种神圣性。加尔文教坚守"预定论"的教义，一个人的灵魂是否得救，是上帝在人们出生以前便已确定的事情，包括圣礼、忏悔、教会等在内的一切宗教仪式与个人救赎无关。每个人只能以世俗职业上的成就来确定上帝对自己的恩宠，只能在世俗的工作中加倍努力、拼命挣钱，才能回报上帝对自己的"圣选"。①

具体而言，第一，宗教改革促进了宗教自由。宗教改革后，西方基督教世界分裂成许多相互敌对的教派，在日耳曼北部和斯堪的纳维亚国家是路德派，在英国是独特的新教，在苏格兰、荷兰、法属瑞士是加尔文派，天主教世界只剩下意大利、奥地利、法国、西班牙和葡萄牙等。从长远的角度看，教会的分化限制了教会的专制统治，从而促进了宗教的自由。由于在不同的民族国家里的不同教派都有进一步的发展，人们开始意识到任何一种教派都不能强大到把它的意志强加于其他教派的地步。任何一个教派的存在，都要对其他的教派采取容忍的政策。第二，宗教改革发展了自由和民主的思想。新教徒宣称在上帝面前，每个教徒都是平等的，每个人都有权直接对上帝负责，他们认为教会的等级制度违反了人人平等分享天理与神意的教义。他们反对权力的压迫，提倡各自良知的自由，重视人的人格、价值和尊严。路德主张每个人都可以凭借对《圣经》的独立理解、凭借内心的笃诚而直接感受和蒙受上帝的恩赐。在这个方面，人们无需教会充作桥梁，无需神职人员提供线索。第三，宗教改革促进了民众教育。路德派、加尔文派和耶稣会改变了教育只限于贵族的情况，改变了课程过分强调希腊文和拉丁文的状况。他们渴望传播他们的教义。在民众创办的学校里，农民和鞋匠的子女也可以用方言学习阅读《圣经》和神学论文。实用的学科纳入了学习课程，它们取代了希腊文和拉丁文的地位，有的学校为新的科学打开了大门。第四，宗教改革限制了世俗统治者的权力。宗教改革后的各教派，包括新教和改革后的天主教，都对专制国家提出了质疑，其中，加尔文教对世俗统治者的态度更加具有批判性。在法国和英国，他们不仅为革命的权力辩护，而且积极地参与革命活动，耶稣会的哲学家们则提出，世俗统治者的权威来自人民，有人甚至坚持认为公民有权杀死暴君。第五，宗教改革鼓动个人主义和谋求财产。宗教改革发生的原因之一，便是新兴资产阶级的兴起。在这个问题上，宗教改革的精神在一定程度上是与资产阶级的价值观相吻合的。他们认为，人是独立的个体，并非团体的一员，他应该自主地思考和独立地判断，而不应该受教条或者权威的拘束。加尔文教甚至认为，上帝支持不择手段地发财致富，优胜者是上帝的选民，失败者则是上帝所厌恶的人。加尔文自己就把商人和放债人的事业神圣化，高度评价节俭和勤劳的商业品德。

七、小结

中世纪的法律，如果划分为世俗的法律和宗教的法律，那么寺院制度实际上就占到了一半。如果按照实际的法律体系划分，中世纪的教会法与罗马法、日耳曼法并列成为欧洲的三大法律体系之一。不管是哪种划分，寺院法在中世纪都有着重要的意义。早期的基督教教义宣称每个人生而平等，大家都是兄弟姊妹。僧侣掌握着知识和文化，他们是社会的精英，是西方文化传统延续的载体。在中世纪晚期罗马法复兴的时候，开始研究罗马法的实际上也是这些教会的神职人员，这对于罗马法的复兴和资本主义的兴起所起的作用，显而易见。

教会法对后世的影响，不仅仅是寺院法本身，而且是法律的神学理念，其中包括了伦理的观念、权利义务观念、价值观念等。特别是到了现代社会，基督教退出了政治舞台之后，基督教渗透到了现代法律精神之中，成为现代法律制度的内在要素。有这样的一个例子：有一个人犯了谋杀罪，被告实施谋杀的时候，他是一个心智健全的成年人，后被判处死刑。判处死刑和执行死刑中间有一个时间阶段，在这个时间段里，等待执行的死刑犯或者由于悔过，或者由于害怕，精神失常了。现在的问题是：在这种情况下，死刑惩罚是不是应该继续实施呢？罪犯在侵犯他人生命的时候是理智的，但在判决之后和执行之前，他是一个理智不健全者。按照美国法学家的分析，在一个文明的社会里，该死刑是不能执行的。因为按照西方人的传统，一个人死之前应该对自己的一生有一个总结，对自己的罪恶应该有一个忏悔，他忏悔的时候必定要求他的理智是清楚的。如果他患精神病的时候被杀掉了，那么他实际上被剥夺了忏悔的权利。如果一个人没有忏悔就死亡了，那么他就升不了天堂，意味着他被剥夺了升天堂的机会。这是件残忍的事。因此，最好的办法是先不杀，让他去精神病院，当他病好了之后，再把他杀掉。⑥ 其中的法律理由就在于基督教的教义。不过，19世纪之后，此类的问题有了新的说法，精神病人的法律责任不再追溯到基督教的理由，而是归结为生物学和病理学。精神病人不是一个正常的人，他们应该得到救助和治疗。19世纪的龙勃罗梭和菲利，20世纪的福柯，都认为精神病人是无辜的。他无法控制自己的行为，主观上不存在一种罪恶。在如此的情况下，杀掉精神病人既不能实现刑法的惩罚作用，也不能实现刑法的预防功能。

法律世俗方面的发展，使人们忘掉了法律的神学因素。宗教法学家说，在一定的意义上讲，法学实际上是披着世俗外衣的神学。刑法当中的一些原则，都可以在基督教的教义当中找到理论的渊源。这里看一个1885年的英国案，一艘英国的船只在非洲好望角附近发生海难，三个成年人和一个小孩乘一条小帆船漂流在大海上。苦熬二十多天之后，其中的两个成年男子杀掉了小孩，食其肉饮其血，维持了三个成年人的生命。回到英国之后，这两个男子以谋杀罪被提起刑事诉讼。法官面临的问题是：在紧急状态下，一个人是否可以剥夺另外一个人的生命来挽救自己的生命？或者说，在这个案件中，两位被告的行为是否是构成一种紧急避险？控辩双方争论激烈，被告方引用法学家格劳秀斯、普芬道夫和培根的论述，说"紧急状态下没有法律"，"一个人在紧急状态下牺牲他人来挽救自己的生命，在道德上不存在着罪恶"，"任何一个人都有保全自己生命的义务"。法官却并不赞同这些说法，他说，所谓紧急避险的法律源于古希腊的道德哲学，霍雷斯、朱维内尔、西塞罗和欧里庇德斯都说过此类的话，但是，他们所说的"义务"并不是说要牺牲他人来保全自己，而是牺牲自己来保全他人。法官说，这些古希腊罗马的异教徒们都强调一种牺牲自己成全他人的利他主义道德，英国的基督教徒们则没有理由不去强调这样一种高尚的利他主义。为此，法官宣布，被告谋杀罪成立。

在国际法方面，教会法在解决国家与国家之间的关系和战争问题上所确立的某些原则，直接导致了现代国际法的形成。我们说国际法是处理国家与国家之间关系的法律，在中世纪，国家与国家之间的主权是相互对立的。要超越各国之间的一些分歧，达成各民族之间一致的协议，教会法具有实现的可能性，因为在整个中世纪，只有教会法是一个超越各国之上的法律体系，它可以协调各民族之间的利益冲突。这些普遍适用于各国的一般法律原则，为后来国际法的形成铺平了道路。

在私法方面，当沃伦和布兰代斯提出隐私权问题的时候，其核心就是个人尊严的神圣性。隐私法就是要保护个人的自我发展和自我观念。隐私是与个人人格相互联系的，人在一生中，总是与他人在一起，如果他的各种需要、思想、愿望、幻想都要受到公众的审查，那么个性和尊严就不复存在；如果没有个性和激情，那么这个人就不能够超凡脱俗；爱情、友谊和信任是社会的基本价值，它们需要有隐私。没有对私人信息进行共享的亲密感觉，那么爱情和友谊是不可以想象的。布鲁斯通教授说，"隐私权的保护体现了社会基本的道德、社会和政治的价值，它包含了犹太—基督教文化中的两个最高价值：保护人格独立和人格尊严"。一个冒险者迷失在森林里，饥寒交迫之时发现了一个无人居住的小屋。在这个小屋里，冒险者食用了小屋主人准备野营的储备食品。小屋主人后状告冒险者。法官支持了被告，法官引用神学家的话说，一个快要饿死的人为了活命，可以采取必要的行为来保持他的生命，这不是一种道德上的邪恶。冒险者的行为是对土地的非法闯入，是对小屋主人财产权的侵犯，但是他求生的本能使他豁免于法律上的责任。

20世纪中叶以前，堕胎如同卖淫一样，被认为是社会所不可容忍的恶习，乃至宗教上的罪恶。1969年，美国天主教的牧师们还在说，所有的生命都出自上帝之手，人的生殖能力为上帝所赐，生命唯有上帝才能被取走。《圣经》上说，"你的手创造我，造就我的四肢百体"。堕胎者，实际上就是把自己凌驾在上帝之上。教主们说，"人从受孕的那一刻起，就是一个生命"，"上帝造人于母腹之中，人的一生从母腹直到将来"。因此，堕胎就是杀人。而且，按照现代医学，精子与卵子一旦结合形成受精卵，它就有了与父母完全不同的遗传基因。受精卵包含了孩子的性别、肤色和智力特征，有了独立于母亲的人格。这样的看法一直伴随着西方国家法律的争论，直到1973年美国的罗伊案，法官们才考虑到禁止堕胎对母亲带来的现实伤害。20世纪50年代以来的女权运动和自由主义运动，才开始遏止了天主教禁止堕胎的呼声。在实践中，法官们则采取了一个中间的尺度：妊娠12

周以前可以堕胎，22周以前可干预堕胎，22–23周之后堕胎为犯罪。基督教对现代法律的影响，可见一斑。

---

① 参见昂格尔：《现代社会中的法律》，吴玉章译，译林出版社2001年版。
② 查士丁尼：《法学总论》，商务印书馆1989年版，第7页。
③ 梅因：《古代法》，沈景一译，商务印书馆1995年版，第176-177页。
④ 张宏生、谷春德：《西方法律思想史》，北京大学出版社1990年版，第23页。
⑤ 《创世记》第9章，第13节。
⑥ 《耶利米书》第31章，第31-34节。
⑦ 《马太福音》第5章，第17节。
⑧ 《加拉太书》第3章，第17页。另外，中文版《圣经》将law一词译为"律法"。
⑨ 《耶利米书》第32章，第10节。
⑩ 《列王记上》第5章，第12节。
⑪ 梅因：《古代法》，第177页。
⑫ 《出埃及记》第20章，第3-17页。
⑬ 《出埃及记》第21章，第23-25页。
⑭ 《申命记》第1章，第17节。
⑮ 《利未记》第19章，第15节。
⑯ 《罗马书》第2章，第7-8节。
⑰ 《利未记》第19章，第10节，第33-34节。
⑱ 参见J. Maritain, *The Rights of Man and Natural Law*, New York, 1943; E. M. 伯恩斯等：《世界文明史》（第1卷），商务印书馆1990年版，第111-112页。
⑲ Ibid, p.59.
⑳ 《马太福音》第23章，第21节；《马可福音》第12章，第17节。
㉑ 《罗马书》第13章，第1节。
㉒ 《马太福音》第22章，第37-40页；《罗马书》第1章，第17节。
㉓ 《罗马书》第3章，第31节。
㉔ 《创世记》第3章。
㉕ 《罗马书》第2章，第7-11节。
㉖ 《马太福音》第25章，第46节。
㉗ 黑格尔：《法哲学原理》，范扬等译，商务印书馆1982年版，第100页。
㉘ John Austin, *Lectures on Jurisprudence*, London, 1885, p.89.
㉙ 伯尔曼：《法律与革命》，贺卫方等译，中国大百科出版社1993年版，第200-201页。
㉚ 《阿奎那政治著作选》，马槐清译，商务印书馆1963年版，第106页。

㉛ 同上书，第107页。
㉜ 同上。
㉝ 《创世记》。
㉞ 《列王记》。
㉟ 《保罗书》。
㊱ 斯密：《欧陆法律发达史》，姚梅镇译，中国政法大学出版社1999年版，第180页。
㊲ 同上书，第190页。
㊳ 同上书，第三章第29节。
㊴ 伯尔曼：《法律与革命》，第240页。
㊵ 《保罗书》。
㊶ 韦伯：《新教伦理与资本主义精神》，彭强等译，陕西师范大学出版社2002年版，第10页。
㊷ 《创世记》。
㊸ 康德：《法的形而上学原理》，沈叔平等译，商务印书馆1991年版，第95-96页。
㊹ 黑格尔：《法哲学原理》，第82页。
㊺ Mary Frag, A Postmodern Feminist Legal Manifesto, *105 Harvard Law Review* 1046（1992）.
㊻ 《创世记》第一章第28节。
㊼ 《创世记》第三章第16节。
㊽ 洛克：《政府论》（上），瞿菊农等译，商务印书馆1982年版，第35页。
㊾ 同上书，第25页。
㊿ 同上书，第41页。
○51 同上书，第53页。
○52 同上书，第57页。
○53 洛克：《政府论》（下），叶启芳等译，商务印书馆1964年版，第5-6页。
○54 同上书，第80页。
○55 Baker v. State, 170 Vt. 194; 744 A.2d 864; 1999 Vt.
○56 伯尔曼：《法律与革命》，第228-229页。
○57 E. M. 伯恩斯等：《世界文明史》（第2卷），商务印书馆1987年版，第218页。
○58 同上书，第250-251页。
○59 韦伯：《宗教与世界》，康乐等译，《韦伯作品集》第5卷，广西师范大学出版社2004年版。
○60 韦伯：《新教伦理与资本主义精神》，彭强等译，陕西师范大学出版社2002年版，第67页。
○61 伯尔曼：《法律与革命》，第201页。
○62 [美]布鲁斯通：《隐私无价》，常鹏翱译，见梁慧星主编：《民商法论丛》第21卷，金桥文化出版（香港）有限公司2001年版，第397-401页。

第四章

立法者／法典／逻辑／政治变革
——大陆法系传统

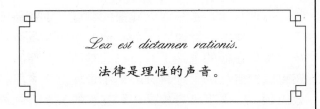

大陆法系与英美法系是现代法律的两种类型，大陆法系源于罗马法和日耳曼法传统。与英美法系比较而言，大陆法系国家重视立法者制定的法典，在法律适用方面讲究逻辑，以求形式的合理性。大陆法系的这些特点导致大陆法系下的法律带有浓厚的政治色彩。政治制度的变革经常导致法律的革命。

一、罗马法与日耳曼法

大陆法系存在于欧洲大陆，虽然源于罗马法，但是，成为一种法律的传统则要追溯到日耳曼蛮族对欧洲的统治。罗马在对周边民族的战争和殖民之后，确立了横跨欧亚非三大洲的帝国。殖民的统治同时面临着外来的危险，虽然在与希腊、迦太基、埃及、亚述、马其顿、西班牙等欧亚国家的战争中占了优势，但是罗马最后并没有阻挡北方蛮族的入侵。西罗马灭亡之后，西方社会进入了封建社会。从时间上看，西欧的封建社会始于公元476年西罗马的灭亡，止于公元17世纪之后西方各国的资产阶级革命。

西方的封建社会和我们通常意义上的封建社会的含义不完全一

样。所谓封建，是分封而建藩的制度。主要特征是，有一个国王，有若干个封建主，封建主下面有他的臣民和农奴。国王把土地分封给贵族，贵族在他的土地上有自己的军队、法律，有司法管辖权。大贵族还可以把自己的土地再分配给小贵族。领主保护封臣，封臣交纳供奉效忠领主。上下级贵族是一种互惠的关系，越级的贵族之间不存在隶属的关系，也就是所谓"我的封臣的封臣不是我的封臣"，封建制度由此与专制制度区分开来。从社会结构和经济结构来说，这样的封建制度类似于中国西周时期的井田制。按照通说，我们的封建社会是指战国秦汉到明清时期的中国社会，这是从阶级属性方面来说的。地主和农民之间的矛盾冲突，决定了封建社会的性质。以西方的观点来看，中国这一段的封建制度，不仅仅是封建制度，也是专制制度。

西方封建社会除了国王、贵族和农民之外，还有另外一股势力，也就是东方社会不存在的教会制度。这种宗教的东西，不仅仅是意识形态，还包括了一整套实体的政治制度、经济制度和法律制度。西方中世纪的经济结构、政治结构和社会结构都比较复杂，比中国的封建社会要复杂得多。由于西方这种复杂的社会制度，才导致了西方法律的现代化，导致了西方法治社会的形成。当代的法学家们都认为，严格意义上的法治社会，实际上是西方社会在中世纪特定的历史环境条件下形成的。法治是一种历史独特的现象，它萌芽于西方的中世纪末期。

总体来讲，西欧封建制一方面源自罗马社会内部封建因素的发展，另外一个方面源自日耳曼民族的封建化。与此相对应，西欧封建制法律是罗马法与日耳曼法相融合的产物。北方野蛮的日耳曼民族消灭了罗马，日耳曼人是一个由许多游牧民族或者部落构成的总体，他们觊觎富庶的罗马，大举南侵。古罗马因为战线过长、统治疆域过大、道德日见颓废，帝国西部最终被日耳曼人占领，东部最后也被阿拉伯人夺取。①罗马消灭希腊，日耳曼人消灭罗马，这也反映了历史的一般特点，那就是野蛮人战胜文明人，然后学习被征服民族的先进文化变成文明人。我们常说，先进总是战胜愚昧，文明战胜野蛮，这是从人类发展一般规律上来讲的。在具体的历史细节上，并不完全如此，却是野蛮经常战胜文明。文明的发达往往是才智上的发达而非身体上的发达，但是在早期的社会当中，起决定性的因素并不是智力，而是体力。只是到了现代社会之后，竞争当中的出类拔萃者才是高智商者，而非身体健壮者。

在古代社会，野蛮人战胜了文明人之后，在思想文化方面汲取了文明民族的优点。这个特点同样适合于东方社会和西方社会，罗马人学希腊的哲学，日耳曼人学罗马人的法律，元代的蒙古人和清代的满族人学了汉人的文化，都遵循着这个模式。

日耳曼各部落有众多的民族，他们有东西哥特人、伦巴人、汪达尔人、布干地人、盎格鲁人、撒克逊人、高卢人和法兰克人。其中，最野蛮和凶悍的是伦巴人，其次是盎格鲁撒克逊人②，而在欧洲大陆最后处于统帅地位的则是法兰克人，由它衍生出今天的法兰西、德意志和意大利。就法律制度而言，在日耳曼人中间，既有他们自己的原始法，也有成熟的罗马法，后来还有教会的寺院法。就世俗法而言，罗马人实行属地主义，而日耳曼人实行的是属人主义，在他们看来，日耳曼人的法律地位最高。

欧洲大陆一有"罗马法"，二有"日耳曼法"。二者互相融合是在公元5世纪末。到6世纪开始的时候，各日耳曼王国开始编撰成文法典，他们记录了各部落的习惯，这类习惯法汇编为《蛮族法典》，其中有《撒利克法典》、《西哥特法》、《勃艮第法》和《阿尔曼法》。公元9世纪到11世纪的时候，西方文明开始复苏，经济、政治和法律文明逐渐恢复到古罗马时期的文明程度。

中西法律比较的人喜欢拿中国的《唐律疏议》与日耳曼《蛮族法典》进行比较，两者的时间跨度都在公元9世纪到10世纪。《唐律疏议》所处的时代是10世纪，正好是所谓法兰克查里曼国王的三个孙子三分帝国的时候。比较的结果是，中国的法律文明比西方法律文明要高出很多，因为法兰克的《撒利克法典》野蛮且简单，《撒利克法典》计408条，中文版本计62条，42页。不管是内容上还是形式上，中国的《唐律疏议》肯定超过日耳曼人的《蛮族法典》。不过，这个结论是值得进一步思考的。这种同时代的比较有它自身的缺陷，因为与唐代同时的西方并不是其文明的最高成就，而是古希腊和古罗马文明的一种衰退。如果进行比较的话，那么古希腊时期的苏格拉底、柏拉图和亚里士多德时代，与中国的孔子时代是可以比较的，因为两者有着超空间的可比性。这样的比较可以得出这样的一般结论：西方的法律思想比较系统，概念明确，推理严密，有独特的理论结构；而中国的法律哲学却仅仅探讨伦理学的行为规范，学术没有与生活相分离，学术的独立性不足。从科学的角度来说，西方有科学的精神，东方社会的科学精神则不足而人文的精神有余，从而导致了西方法律文明与东方法律文明的不同。春秋战国时期的中国法律与西方古希腊罗马法律很难说文明的高低，如果以商品经济法律进行比较，那么中国古代法律比不上罗马法，因为古代西方的商业文明高于中国社会；但是如果比较封建制度、官僚制度，或者是专制制度，那么西方法律文明肯定不如东方社会的法律文明。东方社会的专制主义和官僚体制较早熟，西方社会则短暂和粗略。

在西方封建时代后期，法律发生了很大的变化，到公元13世纪，地方的习惯逐渐变成为成文法典。从12世纪开始，先后在意大利、法国和德国发生罗马法的复兴运动。国王取代教会的指导地位之后，寺院法中的积极成分融合到了国王的世俗法之中。当西西里、法兰西和德意志兴起之后，近代法律开始形成，逐渐变成了今天的法律态式。

二、日耳曼之蛮族之法

日耳曼法指的是公元5世纪到9世纪，西欧日耳曼人的法律。这种法律是日耳曼各部族在侵入西罗马帝国、建立蛮族国家的过程中由原始的氏族部落习惯逐渐发展而成的，同时伴随有原有的罗马法和正在形成的教会法。

1．日耳曼法的形成和发展

第一批日耳曼人在蛮族国家建立的时候，就有了自己的法律。意大利的东哥特人适用《狄里多西二世法典》（Theodoric Code），西班牙的西哥特人制定了《布利维亚法典》（Breviarium）和《朱迪法》（Judicum），瑞士和法国东南部的布干地人制定了《干得巴尔法》（Law of Gundebald），法兰克人则有《撒利克法典》（Lex Salica）、《利浦安法》（Lex Ripuaria）和《莱茵河下流之法兰克法》（Lex Francorum Chamavorum）。法兰克王国建立后，很快成为强大的蛮族国家，因而《撒利克法典》就成了《蛮族法典》中具有代表性的一部。一般历史学和法制史学对它的研究也最多。从目前的中文版本来说，该法典62条，总共42页。成文法开始改变了蛮族的许多野蛮习俗，到《撒利克法典》的时候，赎金制开始取代原始的同态复仇。

日耳曼法适用属人法，不管你走在什么地方，日耳曼人都适用日耳曼法。与此不同，罗马法则采取属地法。日耳曼人侵占了欧洲大陆之后，属人主义与属地主义两种法律同时存在。两种法律中，日耳曼人法占优势。日耳曼人在进化的过程中，不断地学习着罗马法。日耳曼的一些国王在罗马法学家的支持下，也开始进行罗马法的编撰，其中影响最大的是公元5到6世纪末编撰的《阿拉利克罗马法纪要》，又称为《西哥特罗马法典》。在公元12世纪罗马法复兴以前，这部法典是西欧罗马法主要的渊源。

日耳曼法最后的成就是12—13世纪王室法的形成，最早是在西西里，然后是法兰西，最后是德意志。王室法的发展，导致了现代西方各国的法律的形成，其中典型的有法兰西的法律、德意志法以及英格兰法律。王室法成为了欧洲中世纪多元法律体系中的一部分，在国王战胜了封建主和教会后，近代西欧各国的法律体系得以建立，西方法律传统也开始形成。

2. 日耳曼法的基本特点

其一，日耳曼法采用属人主义。前已说明，日耳曼法是属人主义的，罗马法则是属地主义的。从法律史来观察，属人的法律与"民族习俗"和"民族优越性"是相关的。在古代社会，当一个征服者统治被征服地区的时候，这个问题永远存在。在罗马，市民法适用于罗马的公民，其他民族适用万民法。在中世纪早期，法兰克人适用撒利克法，阿尔曼人适用阿尔曼法，勃艮第人适用勃艮第法，罗马人适用罗马法。"野蛮人的法律都是属人法"，"在法兰克人的地区罗马法所以被废除不用，是因为当法兰克人、当野蛮人或是当一个生活在《撒利克法典》之下的人享有巨大利益，这就使每一个人都愿意舍弃罗马法而去生活在《撒利克法典》之下了"。③

其二，日耳曼法表现为具体的法律。所谓法律的具体与法律的一般，也是法律上经常遇到的问题。古代的法律是一事一议，因此法律表现为具体，现代法律要求规则的一般性和普遍性。潘德克顿下的德国法是法律一般性的代表，《撒利克法典》连同巴比伦之《汉谟拉比法典》等则是具体法律的典型。成熟的法律表现为一般，粗浅的法律表现为具体。我们可以看《撒利克法典》中的两条规定。第45条⑤涉及关于迁移的问题：如果有一个人想迁到别的村庄，如果村里的人部分愿意接纳而另外部分不愿意接纳，那么他到该村住下是有困难的。如果作为外乡人的你强行迁入，那么反对的人就可以向你提出警告。如果你不顾警告还要住下来，给你警告的人应协同证人再次向你提出警告：现在我警告你，今天夜里按照《撒利克法典》你可留在这里，但是十天之内，你必须离开这个村庄。过了十天之后你还不走，你可以得到另外十天的期限。过了三十天，你还不想走，警告者就可以把你带到公众法庭去，通知有关的证人到场。警告者就可以将自己的财产作担保，请求伯爵将你驱逐出去。第58条涉及债务合同⑤，如果有人杀了人，当他交出他所有的财产还不够偿付罚款的时候，他就必须提出十二个共同的宣誓的证人，并称除已交出的东西以外，他并没有任何其他的财产。此后，他应走到自己的家中，从屋角里收集一把泥。他站在门槛上面向屋内，用左手把这把泥越过自己的肩膀，撒到他认为最亲最近的亲属身上。如果父亲和父亲的兄弟已付过款，那么他应把这泥撒到自己的母系和父系方面的各三个最近的亲属身上。然后他穿着上一件衬衫，不系腰带，不穿鞋子，手持木桩，跳过篱笆，而这三个人则要缴付罚款不足的一半。如果其中有人太穷，无力缴付那落在他身上的份额，他就应把泥撒到有钱的人的身上，让富人缴付依法所应付的一切。如果穷尽了一切手段，仍无法补足他所未付的部分，那么他将以生命抵付罚款。

其三，日耳曼法反映了原始人特有的淳朴性。法兰克人不屈不挠，性格粗野和固执，法律对自己部落的保护和对罗马人保护有差异。杀死一个法兰克人所判定的赔偿数是杀死一个罗马人的二倍。突出的是，法兰克人在审判活动中反对不足信赖的誓证，实行神判和决斗，并且完全否定女性的继承权，女性也无权利把财产传给她的后裔。西哥特人、伦巴第人和勃艮人南侵之后，性格变得温和，法律开始强调各民族之间的平等。

3. 土地制度与封建制度

日耳曼法时期有两种土地所有权，一个是自由民的土地所有权，一个是贵族的大土地所有权。

(1) 自由民的土地所有权

此项制度属于部落时期的土地制度。马尔克是日耳曼人氏族制度解体时期形成的农村公社组织，在日耳曼的初期，不动产基本上属于马尔克公社。整个日耳曼法的价值取向是团体主义而非个人主义的。正如梅因所言，在早期社会当中，每一个人都不是独立的存在，都附属于一定的家族、家庭或部落，所以他并不是所有权的一个单独的主体，而是作为集体所有权下面的部分存在。当由集体所有权逐渐发展成个人所有权的时候，法律就得以发展并走向成熟。从这个角度来看，日耳曼法还是比较原始的。

房屋及周围用篱笆围起来的小块土地归各家庭所有，基本耕地则属于共有，森林牧场和水源也属于集体所有。各个家庭对于耕地占有使用权同家长社员的身份密切相连，只有具备自由人身份的人才能够享有这个权利，不是本公社的成员就没有这种权利。随着生产技术的进步和血缘纽带的生疏，公社的土地所有权逐渐发生了变化，集体土地慢慢向个人所有权转化。原来的习惯法规定，只有男性才能继承土地，如果没有儿子，土地必须交回公社处理。到了公元6世纪就发生了变化，如果没有儿子的话，土地也可以由女儿或者兄弟姐妹继承。到了《撒利克法典》的时候，土地实际上就可以买卖了。

(2) 贵族的大土地所有权

封建制度起源于军事的制度，军队的首领后来成了国王。国王除了把土地分封给自己家庭成员和亲信之外，把剩余的土地分给部队中的军官，这些军官后来演变为公爵、侯爵、伯爵和男爵。这些公爵们又他们的土地下分给自己的部下，封建制度得以形成，成为西欧5世纪到18世纪末的基本制度。

封建意味着分封和建藩的制度。上一级的贵族把土地分给下一级贵族，依此类推，最小的贵族也有了土地和土地上的农民，这才是分封制。封建主把土地围起来，任何人不可以侵入，领主在其区域内是最高的权威，类似于近代以后的主权制度，这就是封建的庄园。历史学家界定过封建的几个基本特征：其一，土地归国王所有，其他人都是土地的承租人，后者提供供奉和兵役以维持土地的占有经营权；其二，土地出租人为领主，承租人为封臣，两者之间存在一种相惠的契约关系，不管土地大小多少，有封建就有领主和封臣的关系；其三，领主在自己的土地上有一定范围的法律专断权，领主之间相互不得干涉。⑦

封建意味着委身制，委身制指领主对封臣的保护-效忠关系。如果一个小贵族要依附一个大贵族，祈求大贵族给予法律上的保护，那么小贵族就应该对他进行效忠。这种效忠是有仪式的，小贵族跪倒在大贵族面前，拿起大贵族的手亲吻几下，表示此后我将效忠于你。大贵族成了领主，小贵族则成了封臣。在极端的情况下，小土地主先交出自己的土地，然后再请求土地的占有权，向保护人付劳役金。

委身制扩大了贵族占有的土地，下面是一份委身的文书⑧：

　　立字人某某，谨致崇高庄严之某某大人殿下：
　　如众所周知，我因衣食缺乏，无以为生，请求殿下本笃信上帝之虔诚，与慈爱为怀之善心，准许我委身于殿下监护之下，我已如此做了，以后您必须供给我衣食，予我以帮助与救济，我将尽我的力量为您服务，不负您的援助与保护。
　　在我活着的时候，我将在合乎我一个自由人的身份之下，为您服务，维护您的荣誉，我不得退出您的统治与监护，将毕生投靠在您的势力与保护之下，因此，你我之间如一方予退出此契约，必须赋予对方若干先令作为赔偿，此种谅解，永久不得破坏。

一式两份，双方各执一份。⑨

各国的国王最初封赏土地，并不以受封者对自己尽义务为条件，因此，土地成为受封者的自主地。在自然经济条件下，这种封赏的结果加强了大土地的私有权利，封建主不但在经济上剥削农奴，而且在领地内享有行政司法权，以致后来国王不得不承认这种权利，禁止政府官吏进入领地行使管辖权。贵族的这种权利叫做特恩权，这种权利不受侵犯。广泛实行特恩权的结果，削弱了王权，加剧了无秩序和混乱的状态，不利于整个大土地占有制的巩固。于是，在法兰克国王进行土地改革之后，"采邑"代替贵族的自主地。贵族领受采邑，必须为国王尽规定的义务，主要是服兵役，并且只能终生占有，不得世袭。贵族的继承人只有重新得到了国王的封赏，才能够继续占有采邑。大贵族把自己的土地封赏给其亲信时，也采取这种形式，于是就形成了一个金字塔形的结构，最上面就是国王，往下是各个等级的贵族。

(3) 农民、维兰、农奴和骑士

普通农民的地位很不稳定，维兰地位更低，农奴则没有任何的自由。农奴逃离土地，其他封建主不得收留。农民使用的土地被分为份地，对份地只有使用权，没有所有权。农奴没有人身自由，必须依附在土地之上。当甲贵族把土地给乙贵族的时候，那么甲贵族土地上的农奴，同时转给了乙贵族。

农奴不能够随便离开土地，如果一个农奴想从贵族甲逃到贵族乙那里，那么既要惩罚这个农奴，也要惩罚收留农奴的贵族，因为这破坏了封建的土地依附关系。现代侵权法有所谓雇主与雇员的替代责任，也就是雇员在履行职务期间，对他人造成了人身与财产损害的时候，他的雇主应该来承担责任，其历史的渊源与农奴制度相关：农奴所做的事情，实际上就是一个贵族所做的事情，因此责任由贵族来承担。同理，如果甲贵族引诱乙贵族的农奴离开乙贵族归附于甲贵族，那么甲贵族对于乙贵族来说，实际上实施了一种侵权行为。现代侵权法中的"引诱违约"制度大体也源于此。⑩

除此之外，还有一种特殊的社会阶层，那就是骑士。在小说里，游侠骑士们"在世界上充满着城寨、堡垒和强盗的地区，为人打抱不平，保护弱者，而以此为光荣"⑪。其实，在中世纪，骑士只是领主的武装力量。在早期的封建时代，领主的军事扩张和采邑的保护是靠农民来完成的，到了8—10世纪，骑士取代了农民。发誓效忠的骑士会得到一处封地，因此成为一个领主。他们唯一的工作就是为他的领主去战斗。配置骑士是昂贵的，11世纪的一个骑士家庭拥有大约相当于15到30户农民家庭的财产。⑫

4. 侵权与赔偿

早期的犯罪法和侵权法是合二为一的。社会发展到一个相对高度的时候，当侵害行为不仅仅被认为是对于受害人个人的侵犯，而且也是对于整个社会侵犯的时候，才有了侵权行为法与犯罪法的区分。原始日耳曼法的发展也遵循着这个规律。血腥复仇向损害赔偿的转变，被认为是法律的一种文明的发展。

早期的法律中，张三打了李四，李四方的反应通常是血亲复仇。因为血亲复仇导致无休止的报复以及部落成员人数的减少，血亲复仇逐渐演变成了一种金钱赔偿的制度。赔偿在日耳曼法当中规定得比较详细，有具体数额上的限制。公元600年，盎格鲁撒克逊人的《埃塞尔伯特法》确定了详细的伤害收费表，失掉了一条腿赔偿多少钱，一只眼睛赔偿多少钱；奴隶受害者要赔偿多少钱，自由人受害人要赔偿多少钱，教士受害人要赔偿多少钱。比如，四颗前牙，每一颗值6先令。紧挨着的前牙，每一颗4先令。门牙更重要一些，两个虎牙值4先令，其他每颗牙值1个先令。拇指、食指、中指、无名指、小拇指，以至它们各自的指甲，都被分别设定一个单独的价格。耳朵听觉被破坏、耳朵被砍下、耳朵被刺穿、耳朵被撕裂之间，赔偿数也有区别。骨头暴露、骨头受伤、骨头折断、颅骨骨折、肩膀伤残、下巴骨折、锁骨骨折、胳膊骨折、大腿骨折和肋骨骨折之间，也有相应的区分。在伤害方面，衣外伤痕、衣内伤痕和未显乌青的伤痕之间，赔偿数也有相应的区别。[13]

法兰克人的《撒利克法典》也有详细的价目表。有人抢劫自由人或罗马人，应罚2500银币，折合63个金币。如果有人被怀疑劫走了自由人，而没有可靠的证据，他须提出几个共同宣誓的证人，如果他不能找到共同宣誓的证人，应罚付8000银币，折合200金币。如果有人企图拐诱人家的奴隶而被揭破，应罚付600银币，折合15金币。如果人家的奴隶被运出海，而在那里被其主人找到，奴隶需在公众大会上说出盗窃者的姓名，并当场召集证人。这个奴隶再次盗运出海，第二次说到这个盗窃者的名字，就再次召集可靠的证人。最后到第三次的时候，有九个证人宣誓，这个盗窃者应罚付1400银币，折合35个金币，另外再加所盗奴隶的价值和损害赔偿的数量。如果一个奴隶杀死另外一个奴隶，那么主人各自处理凶手。如果有自由人抢夺人家的半自由人，而被揭露，应罚付35个金币。杀死一个伯爵或者一个男爵，罚24000银币，折合600金币；杀死一个男爵的奴隶，罚12000银币，折合300金币。[14] 可以说，整个《撒利克法典》所载的具体内容实际上就是一个价目表。

5．神明裁判

日耳曼人热衷于神判，尤以法兰克人为甚。誓证制度存在欺诈的可能，因此事实不明时托付于神不失为一种好的方法，因为神在天上看着人们。

法兰克人的神判方式多样，其中有水判、火判和食物判。按照法兰克法，凡盗窃，必须交付审判，及诉请神判。在火判方面，如果嫌疑人被火所伤，则处于死刑，如不为火所伤，则由其主人代付罚金，免其死。⑮现代学者认为，火判中存在着心理学。无辜者心理状况好，而心理状况与抵抗力和免疫力相关。抵抗力和免疫力强，火灼伤愈合得快。做贼心虚者，免疫力就会下降，伤口愈合就慢。

日耳曼人的水判分为两种，一个是冷水判，一个是热水判。在冷水判中，嫌疑者被扔到水中，他的身体漂浮在水面上，那么他是有罪的，如果身体沉下去，他是无罪的。这里，《汉谟拉比法典》与法兰克的法律正好相反。按照巴比伦的《汉谟拉比法典》，嫌疑人被淹死了，说明他是有罪的，反之，他没有被淹死，则他是无罪的。两种规定都有自己的理由，在法兰克人那里，如果这个人的身体浮在水面上，水不接受他，那么就说明此事件不符合水的自然习性，与自然律相悖的人就要判处有罪。在巴比伦人那里，如果浮上来，说明老天不让他死，他是无罪的，如果沉下去死掉，那么说明他罪有应得。热水判类似于火判，把他裸露的胳膊和腿放进滚烫的水中，如果不受伤或者痊愈快，那么就判无罪。

食物判发生较晚，由教士发明和运用。嫌疑人被命令吃一大块食物，比如面包或奶酪，同时伴随着教士的祈求："主啊，如果这个人不正当地发誓，那就必伤他的胃，使他无法咽下这块面包或者奶酪"。把这个面包和奶酪放进他的嘴里，如果他无法咽下这块面包或奶酪，那么他就是有罪了。⑯

现代人类学家在研究世界上其他原始部落法的时候，也发现了更多的神判方式。比如爱斯基摩人以赛歌的方式来决定胜诉者和败诉者。双方当事人发生了争议，就在村子里搭起擂台，各自请一帮人唱歌，看谁的歌声更嘹亮，看谁的歌声更吸引人。吸引人多的一方胜诉。其中的原因无法解释，现代人解释说，这种方式可以被人操纵，最后的结果可能是有钱人能够在诉讼中取胜。请最好的歌手为他唱歌，类似于现代的法律中有钱的人可以请到最好的律师来为其辩护。再比如，中非部落有食毒的神判。双方当事人无法解决纠纷的时候，请巫师来出面澄清事实，依神判辨明谁是真诚的人、谁是骗子。巫师采用公鸡食毒的方法，拿一只大公鸡过来，准备好有毒的食品。当事人陈述之后，巫师就拿起有毒的食品给鸡吃，如果鸡不死，就说明此当事人所说为真。如果鸡死掉了，那么此当事人所说为假。其中的道理也无法解释。现代学者演绎说，如果当事人贿赂巫师，巫师是可以作假的，想入罪的时候，给鸡吃剂量大的毒丸，想出罪的时候，给鸡吃剂量小的毒丸。[17]

6．刑罚与血亲复仇

在日耳曼法中，犯罪是对全族人的一种对抗行为。犯罪人与全族为敌，族人最简单的方法是要么判定死刑，要么把他驱逐于全族的保护之外。早期的法律中，犯罪的种类比较简单，大体上有三种，包括叛逆、放火和暗杀。犯罪的处罚基本上是两种，一种是死刑，一种是放逐于法律保护之外。就死刑而言，叛逆者与逃兵处绞刑，懦夫和懒汉活埋于泥沼之中，巫术者被活埋或烧死。

现代刑法上有驱逐出境的处罚方式，一个外国人在本国犯罪，本国法律可以把他驱逐出境，宣布他是一个不受欢迎之人。在今天看来，这并不是一个严厉刑罚，但古日耳曼人那里，逐出法律保护之外则是一种严厉的处罚措施。如果一个人不被法律所保护，被驱逐出法律保护之外，便意味着把他赶出人类生活圈，让他到森林当中去与狼共舞。在古代社会，让一个人单独生活，无异于宣告他死刑。被驱逐之人，被斯堪的纳维亚人称为"森林中的游荡者"，日耳曼语则称其为"狼"，意思为人类之公敌。放逐法律的效力，不仅及于人身而且及于财产。他的财产要么全部归为部落或国王，要么一部分归部落一部分归其后代。行刑的过程是这样的：凡一人因刑事诉讼审判之结果，已被宣告放逐于法外时，则立即有人高举熊熊大焰或灼热大炬等物，从后追赶，期灼死之，如其逃去，则立将其住室拆毁或烧毁。[18]

这种刑罚方式在其他民族中同样存在，英国人类学家马林洛夫斯基在其著作《初民社会的习俗与犯罪》中也描述过这样一种惩罚方式。⑲在太平洋的一些岛屿上，如果发生了同族通奸案件，也使用此法。一个男子与同村的一个女子关系暧昧，他村男子发现奸情之后，女子与他村男子的婚约告失，男子到女子村边高声辱骂。本村男子脸面尽失，无法在村里再生活下去。他有两种方法了断，第一个方法是他爬上高树并从树上跳下，摔死为终，第二个方法是他跑到森林当中去，类似于日耳曼人森林中的狼。但是，马林洛夫斯基所考察的是现代社会下的原始人。在他所描述中，这个人跑到森林当中去了，按照法律，他要在森林当中自生自灭。但太平洋上上的原始人，不像日耳曼人那样有气节，他与村里的人还是保持着千丝万缕的联系，总会有人偷偷摸摸给他送去吃的。约定一个地点给他送吃的，他能够维持他的生命，经过一段时间当人们慢慢淡忘了这个事情的时候，他又从森林中回到人们中间来。

　　古代社会普遍存在血亲复仇现象。所谓血亲复仇，是由被害人亲属团体对加害人或其亲属所进行的对等报复，使被害人或其亲属在感情上得到一种满足。在古代人那里，荣誉和尊严超过财产甚至生命，巴比伦人、罗马人、以色列人和古代中国人，都存在着这种血亲复仇。

　　在日耳曼法中，复仇是对于不法侵害者的一种报复。正当的报复不被认为是在破坏和平，因此复仇的对象无权实施新的复仇，也无权要求得到赔偿。在日耳曼民族当中，复仇通常是两个部落之间的战争，部落以外的其他氏族严守中立。复仇的对象可以是加害人自身，也可以是加害人族类的优秀者，也可以是加害人父兄。如果加害人未被杀死，或者逃逸，那么受害人的血亲会正式召集血亲团体会议，以作出复仇的决定及复仇的步骤。有时将被害人之尸身挨户抬，在各家之前经过，并放置于各家门口，以其激起各血亲同仇敌忾之情。这种复仇，并不认为是一种可耻之事，而被认为是为荣誉感而战。⑳

　　即使是后来金钱赔偿取代了血亲复仇，在杀人和诱拐妇女两种情况下，日耳曼人也必须通过血亲复仇的方法解决，而不适用金钱赔偿的方式。日耳曼人认为，在这两种案件中，金钱赔偿是不可容忍的，是有辱于本民族的，以金钱买消仇恨是一件极不荣誉的事情。由于血亲复仇导致人口的减少和生产能力的下降，到公元8世纪的时候，血亲复仇逐渐演化为金钱赔偿。查理大帝发布命令，他说，复仇导致家族间的相互残杀，这不利于社会的和平。此后，复仇逐渐被赎罪金所替代，各蛮族法典规定了各种侵害行为对应的赎罪金。到查理大帝的时候，原始的血亲复仇被禁止。[21]

7. 决斗和审判

决斗是西方人特有的现象，不求助于公共权力，而是通过自救的方法来寻求正义。现代法律禁止决斗，但是在实际的生活中，决斗一直存在并被认为是为荣誉而战的英雄行为。18世纪美国的汉密尔顿，曾经做过华盛顿将军的军事副官，也做过华盛顿总统的财政部长，最后却死于私人间的决斗。

决斗是日耳曼民族的传统，法兰克人的《撒利克法典》不许可个人决斗来确定证据，但是河畔法兰克人和其他所有日耳曼民族都接受决斗，他们声称"必须把誓言从有意滥用它的人的手中拯救出来"。如果被告用不公正的誓言逃脱惩罚，那么原告只能够通过决斗来伸张自己所受到的羞辱和委屈。在某种程度上讲，他们把决斗的结果当

查理大帝

做是上帝的判决。决斗首先存在于刑事案件中，后来扩展到民事案件。决斗流行之后，十字架立证、冷水立证和热水立证就慢慢废除。决斗源于个人的荣誉，它的准则是"当人们说你撒谎的时候，就应该格斗"。一个人说要决斗，就不能反悔，否则就要被判处刑罚，因此决斗的另外一个准则就是"一个人的约言已经说出，荣誉就不许他收回"。[22]

贵族之间的决斗，二人骑马遮脸，手持各种武器进行；平民之间的决斗，二人步行不遮脸，手持棍子进行。如果贵族与平民决斗，那么贵族应该步行，手持盾牌或棍子。决斗时不得乘人不备，不得使诈

捆住对方。决斗之前,裁判官发布三条命令:第一,双方亲属退场;第二,要大众安静;第三,禁止援助决斗的任何一方。没有能力提出或者接受决斗的人,可以请人决斗。一个人决斗失败,意味着他所争诉讼失败。决斗也有限制,不重要的民事案件、事实清楚的案件、被告已经被开释或者已经被公断人或教会法庭裁判的案件、推定死亡的人出现、被杀之人死前已认定被告无罪、关涉妇女的案件和不满15岁人的案件,都不得决斗。

诉讼的发展,使公共的审判取代神判和决斗。在日耳曼法的发展中,普通审判职能由民众大会来进行,采用的是纠问式诉讼。纠问式审判与对抗制的纠葛,一直是诉讼法历史的重要问题。纠问制源于寺院法和日耳曼法,对抗制则源于英格兰。纠问制在其设立时有其积极性,它充分体现了公共权力的重要性,避免了双方当事人无休止的辩论,有利于王室力量的加强。当然,纠问制也有不利的一面,到了中世纪的后期,纠问制成为宗教法庭迫害异端和科学家的帮凶,因此现代诉讼制度逐渐以辩论式的对抗制取代了纠问制。

三、国王与法律

中世纪存在着多元的法律体系,存在多种司法管辖权。庄园主和农奴之间法律,我们称为庄园法。国王与贵族和贵族与贵族之间的法律,我们称为封建法。国王与臣民之间的法律,我们称为王室法。到中世纪后期,又产生了新的两种法律,那就是城市法和商法。不过,现代国家的形成和现代法律体系的创立,则是与国王和他的法律联系在一起的。

887年,法兰克帝国分裂,西欧民族国家出现现代的雏形。到12—13世纪的时候,西欧先后出现了一系列的君主国,其中包括了西西里、英格兰、诺曼底、法兰西和德意志等。欧洲的国王们开始正式制定法律,形成自己的法律原则、概念和规则,国王的法院的普通法逐渐取代了封建社会中彼此隔离的部落地方和区域性的法律。国王的王室法得以产生,法律史学者,一般会追溯以下四个国王㉓:

第一个国王是西西里的国王罗杰二世。西西里被认为是西方近代第一个有王室法律体系的国家。在那里,法律与专横权力并行不悖,君主制使整个国家统一起来，而能够下达全体民众的中央法律体系又成功地遏制了封建贵族的权力。在这个时期，国王与贵族、国王与教会、国王与新兴的资产阶级的矛盾错综复杂，国王必须要有一些天生的本领和个人的魅力，甚至是野蛮和暴虐。西西里国王罗杰二世就被认为是一个果敢成功且冷酷的武士。他集开明宽容与可怕残暴于一身。他说，法律是通往权力和荣耀大门的钥匙，是使王国维持安宁的手段。他颁布近代第一个王室法典《阿里亚法典》。法律形式乃诸法合体，民刑不分，内容涉及大量的刑法规定。强有力的继承者是罗杰二世的外孙弗里德里克，他被认为是一个文明与野蛮合一的军人，于1231年编纂了《奥古斯都法典》。

第二个国王是英国的亨利二世。英格兰法律不属于大陆法系，但是从历史的角度上看，英格兰先有罗马人的统治，后有盎格鲁撒克逊人的占领，最后有诺曼人的入侵，与日耳曼蛮族法及罗马法有着不可割断的渊源关系。英吉利普通法的形成以亨利二世为起点，从时间上看，亨利二世与欧洲大陆的国王们有着相似的经历。亨利二世是一个精力旺盛的人，他总是运动，进行难以忍受的长途旅行。他是鹰犬和鹰猎的行家，最热衷于徒劳的消遣。据说他每天早上起得很早，与他的秘书审查当时的案件，他喜欢干预他的法官所审理的案件，并且能够同大法官谈论财产转让方面的法律知识。他不知疲劳，巡视全国，审理各地的案件。

亨利二世

在亨利二世之前，司法权主要掌握在封建贵族手里，绝大部分的刑事案件和民事案件，都是由封建的贵族在自己的领地里处理的。只有涉及王国安宁和土地方面的案件的时候，王室的政府才插手其间。亨利二世通过自己强有力的君主权力的运作，派遣巡回法官各地审判，扩张了国王的司法权力，形成了一套巡回的审判制度，就是今天的普通法的制度。他的法律改革的结果是扩大了王室法律的管辖权并建立了王室的法律体系，压制贵族的权力和教会的权力。英国历史上著名的令状制度和陪审制度，都与亨利二世有关。

第三个国王是法国的奥古斯都·菲利。根据历史记载，奥古斯都·菲利体力强健，喜好美食、美酒和美女，是一位不知疲倦的猎手和箭手。他对朋友慷慨，对敌人残忍，集暴躁的心情和冷静的克制于一体。他有时把法律当作权力的根据，有时把法律当作正义的工具。他在死前曾经嘱咐其子路易，说要为上层和下层，穷人和富人主持正义。法兰西不同于西西里和英国，并没有建立其统一的法律体系和统一的司法管辖权。法国的封建制度根深蒂固，诸侯权力甚大，法律残酷。这个特点一直延续到18世纪拿破仑时期，法国的法律体系统一要待到拿破仑时代。在拿破仑之前，法兰西刑法和民法没有明确的区分，北方民族适用的是日耳曼习惯法，南部适用罗马法。据说，伏尔泰早上从巴黎出发晚上到里昂，中间经过了很多的村庄，每一个村庄都适用着不同的法律。这是法国当时法律的一个形象的缩影。

第四个国王是德意志的弗里德里克。直到11世纪，德意志才出现了一些公国，并没有形成统一的德意志王国，德意志帝国的形成，要等到19世纪中叶以后。在这个时期，德意志的国王是红胡子弗里德里克。他精力充沛、生机勃勃、相貌堂堂、体壮赤须、擅长辞令、睿智温和，他把法律视为维持帝国和强化帝王个人权力的工具。

通过武力和法律的双重作用，西欧民族国家形成，国家的形成伴随着现代民族法律体系的统一。从这个意义上讲，现代法律体系与各国国王的影响力密不可分。如前所述，中世纪欧洲各国的法律是多元的，多元的法律意味着法律的混乱。法律的混乱导致人们无所适从，以至逃避法律的制裁。理论上讲，每个人都会选择对自己最有利的法域：一个人杀了人之后，他可以跑到教堂里忏悔，祈求修道院的保护，以逃避庄园法或王室法的制裁。一个人发表了与基督教教义冲突的言论，当宗教裁判所要惩罚他的时候，他可以跑到开明的王室法辖区，乞求国王的庇护。另外一个方面，法律的多元也导致了法律的精致与发展。不同的法律体系和不同的法律管辖权，导致了不同法律体系之间的互相竞争，每个法律管辖权都想扩充自己的权力，权力扩张的文明方式是通过法律来实现的。要想在竞争当中使自己的法律处于强有力的地位，就必须使自己的法律变得更加完善一些。也正是在这种互相竞争中，法律开始融合，形成了西方的法律传统。

以法兰西为例，公元843年，查理大帝所统领的法兰克王国瓦解，西欧法走上了一个新的阶段。法兰西王国由法兰克帝国西部演变而成，它是中世纪西欧封建制度的中心，法律制度具有典型性。法兰西法律统一的运动，一直伴随着两大冲突，一是北方习惯法与南方罗马法的争斗，二是教会法与王室法的冲突。具体地讲，公元9到13世纪，法兰西的主导法律是日耳曼的习惯法。法国的北方人与南方人在生活方式和语言上都有实质性的差异，北方人生活在日耳曼习惯法之下，南方人生活在简陋的罗马法之下。有时候在一省之内，南北方的法律混合。比如在澳非涅省，就有南北法律的分界线。到13世纪中叶，大部分地方习惯已化为成文法，其中著名的私人法律著作有《诺曼底大习惯法典》（Grand Contumier of Normandy）和《博韦的习惯和惯例》（Books of the Customs and Usages Beauvaisians）。到15世纪的时候，国王决定编纂官方的习惯法汇编，16世纪上半叶完成了《奥尔良习惯汇编》，《巴黎习惯汇编》和《不列塔里习惯汇编》，其中，《巴黎习惯汇编》成为近代以后吸收习惯法主要的依据。至中世纪结束之前，法国各省及各地区习惯法，已由各王室机构汇集整理，编为官定法典。[24] 国王权力的夸张，到18世纪路易十四的时候，达到顶峰。路易十四在一道敕令上说："朕系受命于天，制定法律之权唯政府特有。一切臣民需受朕所制定之法律之指导及制裁。"路易十五也说，"主权的权力寄予我身，立法权只属于我一个"。拿孟德斯鸠的话来说：路易十四是欧洲最强大的君主，他经常从事或者支持大规模的战争，卖官鬻爵。他的势力甚至在臣民的精神生活上也能够起作用，他随心所欲，左右臣民的思想。[25] 到了拿破仑的时候，这个只知道破坏和征服而从事于毁灭工作的科西嘉人，用火焰和刀剑消灭野蛮人的欧洲野蛮制度。[26]拿破仑的五部法典制定颁布后,大陆法系传统正式形成。

同样,国王与教会的冲突也一直存在。查理曼死后,教会就开始蠢蠢欲动。教皇尼古拉一世(858—867在任)称,"凡择立新皇帝及加冕诸礼,概由教皇主持之",主张教会法优先于王室法;查理一世虽要求国王在世俗问题上享有最高立法权,但也不得不承认他登上王位全凭教会之力,"主教乃上帝所临及上帝及上帝所表彰其裁判之宝座也,设无主教之审判,则无任何人自无可废立或剥夺寡人之理"[27]。9世纪中叶时候,教会上下其手,伪造教令,摘取教令一二句,舍弃上下文,有时改变原文字句,先后有《伪伊西多林拉集》(Pseudo Isidoriana)和《伪本尼狄克特集》(Pseudo Benedict)。858年前后,法兰西之秃头查理(Charles the Bald)对此都深信不疑。到11—12世纪的时候,教会已经发展成为一个"世界帝国",行使直接的领土主权。到中世纪后期,教会不仅排除了世俗法律的管辖权,而且将管辖权扩及世俗之人。1598年颁布的《南特敕令》,明确宣布天主教仍为法国的国教,恢复天主教原有的特权,归还没收的教会的土地,使法国成为西欧最重要的天主教国家。直到宗教改革基督教世界分崩离析之后,王室法院和封建法院兴起,教会法的势力才为世俗法所取代。国王与大主教之间的冲突,大仲马的小说《三个火枪手》似乎形象地描述了这段历史。

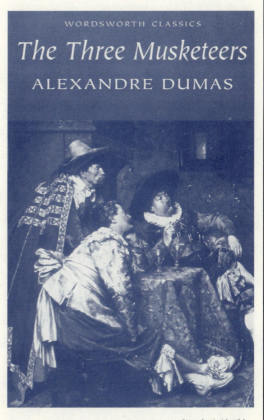

《三个火枪手》

四、罗马法复兴与法律现代化

当西方社会进入到封建末期的时候，资本主义开始兴起。一个新的阶级和新的社会阶层登上了历史舞台。资产阶级在争取自己政治权利和经济权利的同时，也需要有一套法律来保障他们的利益。

资本主义萌芽出现在欧洲南部，这有着历史的原因。意大利在欧洲的南部，是东西方贸易的中间地带。印度的象牙和香料，中国的茶叶和陶瓷，通过阿拉伯人从东方运到了地中海，再通过意大利的商人从地中海运到了欧洲，于是东西方的贸易使意大利成了一个商品的中转站。之后，资本主义的发展从意大利慢慢转到了西欧，因为原有的贸易线路出现了问题。阿拉伯人从东方到西方的贸易，中间要经过大量的沙漠地区，沙漠地区使贸易受到了阻碍，另外一个方面，地中海有海盗，贸易并不安全。对外贸易、殖民主义、财富掠夺、原始积累、城市与手工业发展，都标志着资本主义兴起。伴随着资本主义的发展，法律的变革也悄然进行。

5到11世纪，罗马法虽然不是官方的法律，但是在它曾经管辖的地区，还在起着作用。无论是在法国还是在德国，甚至在英国，罗马法的影响依然存在，而且在实践中，它比日耳曼法律更先进和更文明。法兰克南部一直适用罗马法，西班牙的东哥特人于554年后采用了罗马法，伦巴族于774年后也采用了罗马法，711年，西班牙的西哥特人采用了罗马法。[28]

从11世纪末开始，西欧各国先后出现了研究和采用罗马法的热潮，历史上称为罗马法的复兴。通过这次复兴运动，罗马法的地位提高了，同时法学也得以蓬勃地发展。罗马法的复兴、文艺复兴和宗教改革，一起构成中世纪西欧三次大的改革运动。所谓三R运动，是因为文艺复兴、宗教改革和罗马法的复兴，都是以大写字母R开头。文艺复兴是一场"宫廷革命"，革命表现在文化方面；宗教改革是一场欧洲的"平民革命"，它直接导致了宗教内部的分裂和社会结构的变化；在罗马法复兴方面，日耳曼人自占领罗马帝国之后，欧洲地区的文明倒退，亚里士多德的形而上学和罗马帝国的查士丁尼民法大全消失了，亚里士多德的文献在地窖里埋藏了将近一千年。早期的一些寺院法学者发现了亚里士多德，特别是他的辩证法和逻辑学，并用亚里士多德的哲学来研究法律的问题。这就导致了西方罗马法复兴，起点是12到13世纪波伦亚大学的罗马法研究运动。[29]

意大利是罗马法的故乡,也是日耳曼法渗透得较为薄弱的地区,因此意大利成为罗马法复兴的发源地和中心并不奇怪。西方历史上的第一所大学就是波伦亚大学,大学里有法律系。在12—13世纪的波伦亚,研究和学习法律的人数都在一千人到一万人之间。此后帕多瓦、佩鲁贾、比萨,以及奥尔良、布拉格、维也纳和海德堡都有了法律研究的中心。

早期罗马法研究的方法是注释,这种方法也叫做条文解释,也就是在《学说汇纂》文本的字里行间和空白处进行注释,其中最伟大的先驱是伊儿内留斯。到13世纪的时候,后注释法学派开始产生。这不仅仅是对法条进行注释,而是对它进行评论。大约在1250年,阿库修斯所作的《规范注释》成为《学说汇纂》的标准权威著作。早期的分析与综合的方法转为后期的经院主义的研究。11—12世纪的法学家试图将罗马法规则转变成逻辑严密并有一贯性的法律体系,而12世纪以后的法学家则将法律构建成一个整体。其实,查士丁尼时代的罗马法是不严密的,法律与法律之间有着冲突,法学家们的解释也相互冲突。注释法学的贡献就是重新建构罗马法,其中亚里士多德的逻辑和辩证法、神学家们的经院哲学起了关键性的作用。到15世纪的时候,罗马法已然成为欧洲共同体的法律,西方的法律共同体和法律的信仰已经初步形成。因此,后

波伦亚大学

人也称，通过罗马法的复兴，原来离散和矛盾的罗马法才走向精致与成熟。

罗马法的复兴从意大利开始，但是它并未终结。随着资本主义发展向西欧的转移，罗马法的研究中心也开始转移。13—14世纪的时候，在法国出现了很多大学，图鲁兹大学、巴黎大学、里昂大学也建立了法律系。15世纪开始，罗马法研究的中心转到了法国，到16世纪的时候，法国研究罗马法已经处于世界的前列。㉚ 16世纪以后，法国研究罗马法已经超过了意大利，取得了全欧洲的领导地位。法学家们以人文主义的方式按照当时的历史面目重新发现罗马法，并试图以"添加"罗马法的方式来揭示真正的古典法，其间著名的学者有库加丘斯、多内卢斯和法贝尔。到17世纪末18世纪初，人文主义的考据让位于自然法学的理性正义，罗马法在法国开花结果，拿破仑法典是罗马法的复兴的现代成果，形成了罗马法系传统。㉛

1804年法国有了民法典的时候，德国人也希望在德国有那么一个法典。法学家狄博特倡议要在德国制定民法典，但是德国的罗马法时代尚未到来。萨维尼研究了罗马法自中世纪到现代的发展，形成了系统、严谨和精细的《学说汇纂》版本，为1900年的《德国民法典》奠定了坚实的理论基础，他所倡导的罗马法学派，被称为"潘德克顿学派"。可以说，这个学派所阐释的法律，达到了20世纪韦伯所谓"形式合理性"的高度。

罗马法学家也热衷于研究罗马法对英国法律的影响。罗马法和现代英国法有着不同的发展轨迹，但是如果溯源，英国法同样可以追溯到罗马法：其一，罗马人占领过英国；其二，12世纪的注释法学的代表华卡雷斯在牛津大学讲授过罗马法；其三，起草并强迫英王约翰签订《大宪章》的坎特布里大主教兰柏顿，就是波仑亚大学的法律博士，是一位罗马法的专家。㉜ 美国人似乎对罗马法不感兴趣，美国的著作很少提到罗马法。不过，美国法学的开拓者们无不受到萨维尼著作的影响，我们可以通过霍姆斯的《普通法》看到这一点。

在西方学者眼里，资本主义、新教伦理和法治是联系在一起的。资本主义意味着西方的现代化，这个现代化在法律领域的反映，就是西方社会法律秩序与法治。西方特有的新教伦理，才能产生资本主义。东方社会缺少这种资本主义的精神，因此一直没有走向法治。在韦伯看来[33]，中国的儒家与道家产生不了资本主义。道家强调远离社会的生活，它追求的是成道成仙和长生不老，对社会生活采取一种排斥的态度。道家不可能去改变世俗的社会。儒家又过于参与世俗生活，没有与世俗保持一定的距离。所谓"学而优则仕"，书读好了就去做官，做官的理想是要改造一个旧世界、创造一个新世界，但在实际上，做官之后就忘掉了自己当初的抱负，他与世俗社会同流合污，自己变得更加世俗。在韦伯看来，西方的新教精神是积极地改造这个社会，东方的儒教的传统则是消极地适应这个社会。结果是，西方有了改造旧世界的自然法观点，而中国社会则没有这种革命的自然法理想。

到17-18世纪，为了证明资本主义和法治的合理性，启蒙学者们提出了近代的自然法律学说。这个学说构成了资产阶级革命和资本主义政治法律制度的理论基础。天赋人权、社会契约、民主自由、法治、分权、代议制，都是经由17-18世纪的学者们提出来的，荷兰的格劳秀斯、英国的霍布斯和洛克、法国的孟德斯鸠和卢梭、美国的杰斐逊和潘恩都是典型的代表。自然法理论成为一场世界性的思潮，是摧毁封建制度，建立起资本主义的理论指导。

五、大陆法系传统

从古罗马法一直延续所形成的大陆法系的传统，我们今天称罗马法系，或者称大陆法系、罗马-日耳曼法系。它起源于古罗马法，然后渗透到世界上其他的国家，法国法和德国法是其典型。中国从清末之后基本取法于大陆法系，因此中国法律也带有了大陆法系的特点。

宏观上看，大陆法系传统与英美法系传统相对，它有如下特点：第一，大陆法系直接渊源于古罗马法。我们已经作了较为详细的描述。《查士丁尼民法大全》、《法国民法典》和《德国民法典》是大陆法系的三个标志性成果。第二，大陆法系的法律渊源是成文法，重视法典的编纂，一般不承认判例为正式法律的渊源。第三，大陆法系中，立法机关主宰法律的活动，司法机关只是法律的适用者。这个特点决定了大陆法系政治法的特点，因为一部法典可以依照政治的目的凭空产生，并不一定要追溯到一个民族的传统。《查士丁尼国法大全》、《法国民法典》和《德国民法典》都是如此。第四，大陆法系要求法官遵从法律的明文规定，不能够歪曲法律。与此相反，英美法系则强调法官在法律活动中的主导作用。大陆法系的口号是"议会至上"，而英美法系的口号是"法官造法"。大陆法系有一个根深蒂固的看法，那就是法律为人民意志的体现。拿卢梭的话来讲，法律是公益的宣告。人民的意志通过议会来代表，而法官并非来自人民的选举，法律上的民主意味着法官应该严格依法办事，法律的依据是立法机关的成文法或成文法典。第五，在法律推理模式上，大陆法系的法官遵循法律推理的形式逻辑，要求法官从成文法的大前提出发将法律运用到事实的小前提，最后得出一个明确的、唯一的判决。因此大陆法系注重法律的明确性、肯定性、一般性和可预测性。

六、革命与宪政

在法国宪法性文献当中，首当其冲的当然就是《人权宣言》。1789年的《人权和公民权利宣言》，实际上就是法国大革命的一个政治宣言，它提出了一系列资产阶级的政治和法律原则。它是后来法国诸宪法的一个序言，是法国法律制度的纲领性文件，具有深远的国际影响。《人权宣言》的具体内容由17条和一个序言所组成，具体来说，第一条宣布"人生而自由和平等"。第二条说，"一切政治社会的目的是保障人的不受时间限制的自然权利。这种自然权利就是自由权和所有权"。第四条说，"自由是可以做不妨害他人的一切行为，因此，每个人天然权利的行使，只以确保社会其他成员享有同样权利的范围为限。

攻占巴士底监狱

这种限制只可以由法律决定"。第五条说，"法律只禁止有害于社会的行为"。第十七条规定，"所有权是不可侵犯的神圣的权利，任何人不得剥夺"。

1789年的法国大革命是一个阶级以武力彻底地摧毁了另外一个阶级。这个摧毁的过程历经艰辛万苦，反反复复，结果就使得法律也随之不断发生变化。在短短的90年里，法国产生了12部宪法，平均7年更换一次。对于宪法，人们有不同的理解。按列宁的说法，宪法是不同阶级政治利益妥协在法律上的表现。法国宪法的不断变化，说明了法国当时政治局势的不稳定。政治势力的变化，阶级力量的变化，当政者都要把新的政治利益变化转化为正式的法律，通过宪法表现出来。这样，就会不断出现废除或修改法律并制定新的宪法的现象，宪法变换其实就是一个政治的晴雨表。

从内容上看法国先后的12部宪法，法国人有的时候确立君主立宪

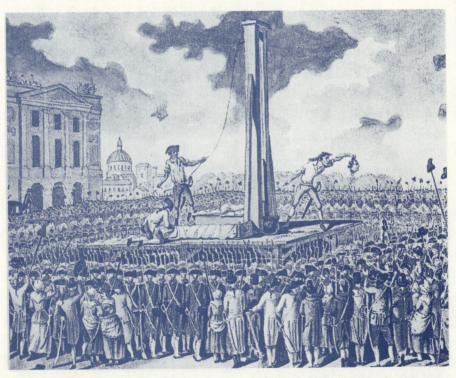

路易十六断头台

罗伯斯庇尔

制，有的时候确立帝制，有的时候确认共和制，有的时候确认独裁制。议会的形式也在不断地变化，有的时候采一院制，有的时候采三院制，有的时候采四院制。

1791年的宪法是法国革命结束之后国民会议通过的一个宪法。它把公民区分为消极公民和积极公民，消极公民是被剥夺了选举权的公民，积极公民则是有选举权的公民。人分为三类九等，反映了资产阶级平等和民主的局限性，彻底的法国大革命其实也并不彻底。1793年的宪法是雅各宾派的第一共和国宪法。雅各宾派是法国大革命中最暴力和最极端的一支，其领袖罗伯斯庇尔自称是卢梭的学生，而卢梭的理论口号就是"暴力支持暴君，暴力也摧毁暴君"。因此，这部宪法被后人称为18世纪最激进的宪法。

按照时间顺序，1795年的共和三年宪法削减了公民权和自由权，恢复了间接选举制度。1799年的宪法规定了拿破仑执政，1802年他被宣布终身执政。1804年的宪法宣布法国为帝国，拿破仑为世袭的"法兰西人的皇帝"。1814年的钦定宪章是波旁王朝复辟的产儿。1815年的帝国宪法附加法重新确立了1804

罗伯斯庇尔断头台

年的宪法。1830年，波旁王朝重来，有了七月王朝宪法。1848的宪法是法国第二共和国宪法，是19世纪欧洲民主宪法的代表之一。1852年的宪法是拿破仑侄子颁布的宪法，史称第二帝国宪法，为1799年宪法的翻版。1870年普法战争之后，第三共和国建立，1875年出台了由三个宪法文件《参议会政治法》、《政权组织法》和《政权关系法》构成的宪法，实行60年，是法国历史上寿命最长的宪法。第二次世界大战后，1946年法国通过了第四共和国宪法，这部宪法除了确认《人权宣言》的基本人权之外，增加了公民社会、经济和文化方面的权利。1958年，戴高乐主政，第五共和国宪法通过，这部宪法确立了法国"半总统制半议会制"的宪法体制。

另外值得一提的是，不同于大陆法系其他国家，也不同于英美法系国家，法国有专门的行政法，是现代行政法的发源地。法国行政法有着自己的特点。第一，法国有独立的行政法院系统，专门的行政法院审判行政诉讼，对比而言，英美法系涉及的行政权力的诉讼，则由普通法院管辖。第二，法国行政法的渊源来源于行政法院的判例。法国法是大陆法的典型，但是在行政法上，法国却带有英美判例法的特点，也就是说，法国行政法并不排除判例在法律上的地位。第三，法国行政法有独立的法律体系，它是法律的一个独立的部门。

如果我们从制度层面转到思想层面，那么可以说，法国的宪法思想主要来自启蒙学者的理论，特别是孟德斯鸠的理论和卢梭的理论。"每个人生而具有不可剥夺的权利"、"人类理性是人类的自然之法"、"自然法高于国家制定出来的具体法律"、"自然法的基础是人类本性之自由、平等、和平、追求财产、相互爱慕、过社会生活、同情心和相爱心"、"通过人民的授予权利以社会契约的方式建立国家"，"民主制体现了品德、贵族制体现了节制、君主制体现了荣誉、专制体现了恐怖"、"共和制是文明的社会制度，专制是应该受到谴责或应该被暴力摧毁的制度"，都是孟德斯鸠《论法的精神》和卢梭《社会契约论》的主导性命题。

不过，在最高权力的分类和权力分割问题上，两位学者存在着冲突。孟德斯鸠主张权力分立，而卢梭则反对权力分立，后史称集权制。在法国宪法史上，共和制采用分权说，而帝制和封建制则反对分权。孟德斯鸠的理论和卢梭的理论交替存在于法国的宪政史上。从理论上看，卢梭的理论比孟德斯鸠的理论更激进，卢梭暴力革命的理论指导了雅各宾派的实践，孟德斯鸠所倡导的分权又被认为是民主共和国的基石之一，卢梭的集权制反而又是对自由和人权的一种反动。从法国宪法史上看，共和制与孟德斯鸠的分权理论一致，帝制却符合了卢梭的集权制。

具体言之，孟德斯鸠考察了历史上的罗马制度和当时的英国政治，早年写了抨击法国专制主义的《波斯人信札》，后写了《罗马盛衰原因论》，他对罗马的共和制赞叹有加，而《论法的精神》则全面展现了他作

《论法的精神》

为启蒙思想家的政治法律理论。当时的英国被认为是一个自由的和民主的国度，而法国正好处于封建专制的顶峰时期。在《论法的精神》中，孟德斯鸠明确提出了权力分立的学说。他说，任何一种政治的权力，都有一种自我膨胀的性质，都会让自己的权力扩张到权力的极限。这种政治权力对于公民的自由来说，就是一种威胁。所以如果要保障人民的自由，就必须把政治权力分割开来，以权力来制约权力，从而保护人民的政治自由。

在此基础上，孟德斯鸠提出

卢梭

了三权分立的政治制度设想,他把政治权力分为立法权、行政权和司法权。立法权由议会掌握,行政权由行政机关掌握,司法权由法院掌握。三种权力相互分立,相互牵制。㉞

卢梭却正好相反,他认为主权是不可以分割的。他说,人们通过社会契约建立了国家,国家权力属于人民,人民的一般意志即为公意。公意至高无上,而意志不可以分割。如果把一个意志分割的话,它就不再是人民的一般意志了。卢梭在讲这个问题的时候,用了一个比较有趣的比喻。他说,分权学说论者就像一个日本的巫术师。日本巫术师在表演魔术的时候,把一个孩子肢解了,把这个孩子的肢体抛到天上去。过了一会儿,天上就掉下来一个完整的、活生生的孩子来。在卢梭看来,这是不可能的。㉟ 在卢梭那里,公意就像这个孩子,权力的分立就是把这个孩子给肢解了。被肢解的孩子是不可能复活的,同理,国家权力分割了,就不再是完整的国家权力。

卢梭手稿

对于法国革命,孟德斯鸠是启蒙,卢梭则启迪了罗伯斯庇尔,卢梭的理论有时候被称为法国革命的号角。孟德斯鸠和卢梭的理论影响不限于法国,通过法国人的殖民活动,革命的理论传遍了全世界。孟德斯鸠三权分立的理论与卢梭的人民主权理论是现代宪政的两大基石。同时,孟德斯鸠的《论法的精神》(或称《法意》)和卢梭的《社会契约论》(或称《民约论》),是在中国最早出现的西方启蒙文献,为中国戊戌变法和辛亥革命提供了理论上的支持。

七、拿破仑与《法国民法典》

拿破仑曾经说,他打了那么多大胜仗,但滑铁卢一战就使他在军事上的才能黯然失色。但是,如果说他能够在历史上留下一笔,让后人记得他的,那么就是他的民法典。这足以看出他对法律的重视程度。拿破仑法典是一系列法典的统称,包括民法典、民事诉讼法典、商法典、刑事诉讼法典和刑法典,其中最有名的是他的民法典。后来狭义的拿破仑法典就是指拿破仑民法典。据史料记载,拿破仑在制定民法典之际,曾经专门研究过罗马法。法学家们在起草具体法律条文的时候,拿破仑也提出过自己的看法。拿破仑有他个性的缺陷,他违反人道,反对自由,违反宗教,极端自私,但

拿破仑民法典封面

是这位著名的冒险家完成了查理曼大帝未完成的工作,并对欧洲的政治和法律加以改革。"据说他日里万机百忙之中曾参加委员会会议,亲自监视委员会的工作,甚至有时亲自制定若干条文","当他被放逐后,他成为大西洋南部中一个遥远的孤岛上的囚犯,他的权力被破毁了,他的帝国分裂了。但是他所感到满足的就是他不仅为法国而且为全世界制定了一种法律,并且这个世界也绝不能脱离了他的法律帝国的范围。在欧洲大陆上,从莫斯科到马德里间,拿破仑法典在今日是各种法制的基础,所有西属及葡属的美洲人以及美国的路易斯安那州都采用之"㊺。

具体地看,法国大革命之后,就一直着手制定民法典。不过,由于政治不稳定和党派争论,法律起草工作一直不顺利,康巴塞利斯领导起草的1793、1794和1795年的三个草案都没有成为法律。1888年拿破仑任命普勒阿默纳、包塔利斯、特朗舍和马勒维尔四人组成法典编纂委员会,经过四个月的时间,委员会完成了由36个单行法组成的法典草案。交由司法机关讨论并征求意见后,交付立法机关通过。当参政院审议后交由咨议院讨论的时候,草案遭到左派和右派的双重反对,结果以65票对13票被否决,立法院也以152票对139否决了草案。拿破仑采取了果断措施,1802年颁布法令,改组咨议院,清除反对派议员。减少立法程序,最后顺利通过了民法草案。1804年3月21日,法典被冠以《拿破仑法

拿破仑

典》公布施行。[37] 从内容上看，《法国民法典》在体例上采罗马法之《法学阶梯》，计有三卷，一为"人法"，二为"财产及其限制"，三为"取得财产的方式"。[38]《拿破仑法典》结构严谨、语言明确流畅。拿破仑自己的想法是让乡村的农民都能读懂。在今天看来，这是法律人的一个理想。一部法典都能够让普通百姓读懂的话，那么这个社会就离法治就不是很远了。但是，这却永远是一个幻想，法典因为其一般性永远远离社会生活，总为少数的社会精英所垄断，因此法典的语言永远是"法言法语"。

《法国民法典》贯彻了资本主义的个人主义观念，或者拿哲学名词来说，体现了近代资产阶级的理性主义精神。也就是说，法律的指导思想是：每个人都有意志的自由，他可以做自己不为法律所禁止的行为，也可以让相对人尊崇自己的意志。这个意志在法律上的表现就是，在所有权方面，他人应该充分尊重所有权人意志所在的所有权；在债权方面，有约定的情况下，债务人应该尊重债权人的意思履行清偿的义务。

首先，在财产权方面，法典第544条规定了"所有权是指以完全绝对的方式，享有与处分物的权利"，第545条规定，"非因公益使用之

拿破仑一世加冕

原因并且事先给予公道补偿,任何人都不受强迫让与其所有权"。这是《人权宣言》中"私有财产神圣不可侵犯"在民法中的具体化,它是私有制法律的一般原则。所有权是一种绝对的、完全的和不受限制的权利。它是一种对世权,任何人不得侵犯。第552条规定,"土地所有权包括地上与地下的所有权"。

其次,在契约方面,法典第6条、第1134条和第1156条规定了"个人意思自治":"任何人不得以特别约定违反有关公共秩序与善良风俗之法律","依法成立的契约,对缔结该契约的人,有相当于法律之效力","解释契约,应从契约中寻找缔结契约之诸当事人的共同本意,而不应局限于用语的字面意思"。个人意思自治是指,当事人在法律上有表示自己意愿的权利,他可以按照自己的意志来创设法律的权利义务。契约是特定双方当事人的权利和义务关系及法律地位只能够根据契约而产生,当事人的权利义务仅约束相对人。与所有权相反,债权是一种对人权。按罗马法的说法,契约是一种债,债就是一个法锁,这个法锁把特定的当事人的权利和义务连接了起来。按照《法国民法典》第1108条,一个契约由四个要素构成:当事人的同意、订立契约的能力、权利义务的标的和债的合法原因。

再次,在侵权行为方面,法典规定了过错责任原则。法典第1382条规定:"任何行为致他人受到损害时,因其过错致行为发生之人,应对该他人负赔偿之责任。"这一条被后人称为侵权法的核心条款,或称一般条款。一个人由于其故意或者过失行为导致了他人的损害,就应该对自己造成的损害予以赔偿,使受害人回复到侵权行为发生之前的状态。第1384条规定,任何人都得为自己负责之人的行为和负责看管之物的损害结果承担责任,由此发生雇主对雇员的替代责任、小学教师对学生和手艺人对学徒的替代责任。法典第1385条和第1386条规定了动物致害责任和建筑物致害责任。

不过,民法典在亲属、家庭和继承法律方面却具有保守性质。我们通常说,资产革命并不是彻底的,典型的例证就是家庭法,特别是夫权和父权的法律规定。《法国民法典》是19世纪早期的产物,这个时期妇女的法律地位并不高。从法律上的主体地位来说,丈夫是妻子的诉讼代表人。另外,按照基督教的传统,婚姻是不能够按照夫妻双方的意愿解除的。到拿破仑的时候,法律的规定还是如此。拿破仑为了与约瑟芬离婚，曾经在制定民法典的时候，特别作出了规定，确认了协议离婚制度。王朝复辟后，1816年民法典取消了协议离婚制度。1884年第三共和国又将其恢复。再有，《拿破仑法典》第900条规定，"在生前处分或者遗嘱处分中，规定不可能的条件，以及违反法律或者善良风俗的条件，均视同未予订立"。在很久的一段时间里，法国司法实践都忽视不可能、违反法律和善良风俗的条件规定，比如，立遗嘱人将遗产赠与受遗赠人，规定受遗赠人不得结婚或不再结婚，法院会认定遗嘱有效。只是到了1894年之后，法院才将"不得结婚或者不再结婚"条件当作违法或不道德，才认定上述附条件的遗赠遗嘱无效。㉟

《拿破仑法典》是资本主义社会第一部民法典，它用法律形式巩固了法国资产阶级的成果，反映了资本主义早期的个人主义。应该说，该法典与拿破仑个人密切相关。在此之前，法国的法律是混乱的，一直到1804年，拿破仑才通过一系列法典结束了封建法律的不统一性，建立起统一的资本主义的法律体系。

不过，《拿破仑法典》毕竟是19世纪早期的法律，不可避免地带有那个时代的局限性。当法国社会向前发展进入20世纪之后，《拿破仑法典》诸原则和规定不再适应社会的发展。法典所体现的理性主义和个人主义开始发生变化。1879年，法国有这样一个案件。一个叫Eduound de Goncourt 的人立下一遗嘱，指定了两位受赠人，遗嘱指令：他死后，两位受赠人要将他的财产全部出卖，以成立一个文学研究会。研究会有会员10人，每人每年得年金6000法郎，并每年将5000到10000法郎授予优秀的文学作品。立遗嘱人死后，遗嘱人的后代提出异议，他们称，根据民法典第906条第2款，"在立遗嘱人死亡时已经受孕的胎儿，有按照遗嘱接受遗产的能力"。在本案中，遗产的继承人是一个尚未成立的机构，在拟制意义上，类似于尚未"受孕的胎儿"，而且，法国当时没有法人之说，"文学会在他死亡的时候尚未存在，当然无能力接受他的赠与"。死者的子女希望法院判定遗嘱无效。初等法院和高等法院要是判定遗嘱有效，肯定与民法典的原则相冲突。在此情况下，法院采取了变通的做法，认定"文学会接受该遗产并非直接来自立遗嘱人，而是来自遗嘱人所指定的受遗赠人"，因此避开了民法典第906条。到了1900年后，巴黎法院确立了社团法人的法律地位，1902年，法院通过案例确认了慈善结构能够成为遗嘱的受益人，这才解决了上述案件的法律冲突。⑩

至于在意思自治方面，《拿破仑法典》同样存在问题，比如，契约以双方当事人意思为准，在借贷契约中，如果借款人借钱是为了开设妓院或者赌博，那么合乎当事人意愿的借款契约有效吗？再如，公务特许契约和集合契约的签订是否基于契约当事人的意志呢？这些问题都是拿破仑时代所无法解决的问题。要解决这样的问题，有待于20世纪的《德国民法典》的制定。

八、德国的兴起与"法治国"的形成

法兰克帝国在9世纪中叶分裂的时候，其中一个叫德意志。德意志是宏观上的一个概念，从内部来说，它也是帮派林立，呈现封建割据的状态，比较大的邦有萨克森、土瓦本、巴伐利亚、佛兰克里亚和洛林，另外还有弗里斯兰和图林根，以及奥地利。每个领地都有一个国王，全德意志有个帝国联盟的首领。帝国首领于11世纪初被教皇加冕为"罗马王"，12世纪被称为罗马人的帝国，15世纪被称为德意志民族神圣罗马帝国。

当法国统一的时候，德国还处于分裂的状态，直到1848年。德国是大陆法系国家，早期有日耳曼原始的法律，典型的有《萨克森习惯》（1221-1227）、《土瓦本习惯》（1275）和《马德堡法律汇编》（1444），后来更多地继受了罗马法。14世纪的时候，德国已经开始有了大学，其法律科目讲授寺院法，15世纪的时候，开始讲授罗马法。17-18世纪，与西欧国家同步，德国也有理性主义的人文学者将自然法的观念应用到了法律领域，其中突出的代表有普芬道夫和沃尔夫。在此指导下，1756年有了巴伐利亚的民法和1794年的普鲁士邦法。19世纪以后，罗马法的研究成为了德意志法学家们的重心，有了一批世界级的罗马法学家，萨维尼、普赫塔和耶林都是其中的佼佼者。萨维尼成为罗马法学家的精神领袖，他主攻罗马法中的《学说汇纂》，专门撰写了《中世纪罗马法史》和《当代罗马法体系》。这两部著作被认为是中世纪之后罗马法的典范作品，萨维尼因此成为德国19世纪显学之历史法学的领袖，他所研究罗马法的传统被后人称为学说汇纂学派或者潘德克顿学派。

德国1848年统一前，有了自己的一些法典，在民法领域主要有1794年的普鲁士民法典和1811年的奥地利民法典。也就是说，德国虽然不统一，但在各邦当中，各邦都有自己的法典。这两部民法典为后来统一的德国民法典奠定了基础。普鲁士民法典内容庞杂，恩格斯对它的评价是"启蒙的、宗法的和专制主义的"，而萨维尼对这一部法典评价颇高。1848年，普鲁士和奥地利相继发生了资产阶级革命，通过普鲁士王朝的战争，1871年德国以"铁和血"的方法实行了统一，建立了德意志帝国，政治领袖是那个俾斯麦。德国统一带有封建和军国主义的特征。我们的那位导师直接说，资产阶级革命有典型的三种形态，一个是英国那样不流血的革命，第二是彻底的法国的大革命，第三就是德国革命。这个时期德国的革命总体上看，封建因素和军国主义因素浓烈，民主和自由姗姗来迟。以"法治"现象为例，英美学者通常使用"法治"，而德国人则提"法治国"；英国的法治是基于英国人的传统内部发展而成的，而德国法治国则是自上而下通过外部权力而确立的。[41]

俾斯麦

在宪法方面，1848年统一后制定了联邦宪法，但并未得到各邦的认可。1850年有了《普鲁士王国宪法》，1866年普奥战争之后，次年有了《北德意志联邦宪法》。1870年，普法战争之后，1871年有了《德意志帝国宪法》。这部宪法是德国统一之后的全德境内的宪法，由俾斯麦一手包办，对后来日本的宪法颇具影响。1918年德国革命推翻帝制建立共和国，在魏玛制定了《德意志联邦宪法》。西方学者对此部宪法评价很高，认为它在制宪史上具有划时代的意义，是第一次世界大战之后许多国家制宪的范例。1933年希特勒纳粹上台后，通过了具有宪法性质的《消除国民及德国危险法》，简称《授权法》。第二次世界大战结束后，德国分裂成东西两个部分。位于西部的前联邦德国于1948年在美英法控制下起草和批准并于1949年施行了《德意志联邦共和国基本法》。1990年，德意志民主共和国加入德意志联邦共和国。当代德国宪法肯定了民主、法治、分权和人权等一系列的现代法律原则。值得一提的是，德国有专门的联邦宪法法院，处理联邦与州和州与州之间关于宪法权利和义务的难题。同时，当公民认为自己的基本权利受到公权力侵害的时候，在穷尽了所有救济手段而不甘之后，他可以向联邦宪法法院提起"宪法申诉"。有这样一个案例：原告曾经参与一次攻击坐落在莱巴西的军火库的军事行动，导致4名联邦陆军士兵丧身，原告被判定6个月的监禁。某电视公司以此事件拍摄了一部纪录片，原告在行将出狱之前，向法院提起诉讼，要求禁止播放此纪录片。法院审理后认为，纪录片涉及原告的内容基本属实，基于基本法规定的"言论自由"条款，法院驳回了原告的诉讼请求。原告不服，向宪法法院提起"宪法申诉"。宪法法院认为，言论自由应该得到保护，但是，基本法规定的"人格尊严"和"人格自由发展"同样应该得到保护。在本案中，按照专家证言，如果此纪录片放映，会使原告以后在社会上很难重新做人。法院采信这个专家意见，因此，撤销原判决，对电视公司下达禁止播放的禁止令。⑫

九、萨维尼与《德国民法典》

德国法是大陆法系的重镇，在法律传统方面：第一，严格遵循罗马法的传统；第二，注重立法和法典，并强调法律用语准确规范，偏好法律体系的整齐划一；第三，在成文法和判例之间，偏向于成文法。同时，德国法与法国法也存在着差异，我们可以通过《德国民法典》与《法国民法典》的比较来看这一点。其中典型的差异是，《法国民法典》源于《法学阶梯》，而《德国民法典》源于《学说汇纂》；《法国民法典》体现了19世纪法律的个人主义本位，而《德国民法典》则体现了20世纪法律的社会本位。

法国制定了民法典后，消息传到德国，德国部分学者兴高采烈，

萨维尼

呼吁德国制定自己的民法典，典型的代表是一个叫狄博特的教授。受到理性主义的启发，狄博特呼吁德国应该有类似于《法国民法典》那样的《德国民法典》。他发表了《关于德国制定统一民法典的必要性》一文，主张现代国家必须能够为它的国民制定法律，以理性的法律安排公民的生活。要完成德意志政治上的统一，就要消除德意志法律的多元和混乱。不过，他的呼声在法律保守主义的反对声中被湮灭。如同马克思曾经批判过的那样，德国是一个保守的国家，法国反封建的大革命不会在德国引起共鸣。狄博特的理论对手就是萨维尼。罗马法的熏陶，使萨维尼相信，法律有自己的生命，有自己内在发展的逻辑，它不受到政治的影响。他反对法国革命式的和政治式的立法活动，而相信罗马法的自身发展，或者说学术的内在发展。即使要有一部民法典，也不应该是为政治目的而作，即使法律也有政治的因素，但绝不是法国式的理性和革命，而是德国民族的意识和德国民族的习惯。为此，他撰专文批驳狄博特，《论当代立法与法理学的使命》成为德国历史法学的纲领性文献，直接影响了《德国民法典》的编订。

萨维尼是一个功底深厚的法律学者，他的占有权的理论、物权行为的理论、法律冲突本座理论、罗马法历史和他的法律历史哲学，在法律史上都有着深刻的影响。他的影响超越了德国疆域，对美国早期法官和法学家都有着影响。当中国法律人呼吁制定中国民法典的时候，也经常提起他的名字。

萨维尼认为，法国虽然制定了民法典，但是并不值得德国去学习，因为一个国家搬用另外一个国家的法律，往往是不会成功的。一个法律要具有生命力，就必须与这个民族的特性相一致。法律并不是自然法学家们比如卢梭和孟德斯鸠所讲的意志的宣告，而是如同一个国家的语言一样，是这个民族的民族精神的一部分。一个国家的法律融合在它的民族性格之中。法律不是被创造出来的，而是被发现的。法官和法学家的任务是从这个民族的习惯中去发现法律。对于习惯的总结和归纳，就是法学的任务。法律只能从自己的民族特点和民族个性当中慢慢发展和演化，而不是立法者贸然地制定一个法律来破坏原有的民族精神。法律的发展经过了习惯、学术法和法典三个阶段。一个民族从野蛮发展到文明之后，法学家就代表了这个民族的精神。立法不应该轻易使用，法典编纂需要政治的和技巧的两个方面的条件。政治条件是法学家能够找到这个民族的精神所在，技巧条件是法学家对罗马法的研究达到精深的水平。他说，就当时德国的情况来看，这两个条件都不具备。因为这个缘故，萨维尼反对立法，反对法典编纂。㊸

萨维尼与狄博特争论，折射出一个世界性的法律现象。当一个国家要制定自己现代法律的时候，激进的理性主义与保守的历史主义永远会发生冲突。美国制定法呼声高涨的时候，费尔德与卡特有过理论的交锋；日本明治维新的时候，断行派与延期派也有过冲突；中国清末修律的时候，沈家本和伍廷芳为代表的法理派与张之洞和劳乃宣为代表的礼教派也争论不已。直到今天，我们在学习西方的法律制度和保持自己民族特色的问题上，争论仍然在继续。

回到《德国民法典》上来，狄博特与萨维尼的争论，当然以萨维尼胜利告终，不过，《德国民法典》制定中的争论也并没有因此结束。萨维尼的历史法学在德国的影响，导致德国的民法典的制定延迟到了1896年，《德国民法典》的酝酿近20年。在这个意义上，马克思对萨维尼的批评用词是"反动的"、"落后的"和"腐朽的"。对萨维尼的保守主义，每个人的分析各不相同，其中，萨维尼的成长经历也是一种解释版本。他幼年就死了父母，虽为贵族出身，有大量的田产，但却是在父亲的朋友监护下长大的。他从小比较孤僻，沉默寡言，性格内向，冷漠严肃，身体虚弱，不过却好学，认真，勤勉。他治学严谨，与政治活动保持距离，这也许是他在与现实较远的罗马法领域有所成就的缘故。他做过柏林大学的校长,晚年的时候曾应邀担任过普鲁士的立法大臣,却如基希曼所言,萨维尼"这个伟人所能给予法学的最高奖赏是:当他享有立法权时他不制定法律"。⑭

　　理性之自然法学与保守之历史法学争论之后,围绕着《德国民法典》,又在历史法学内部有了日耳曼学派和罗马法派之间的斗争。日耳曼学派认为,法律的历史应该从其祖先日耳曼人的习惯中去寻找,而罗马法派则认为,德国继受了罗马法后,德国法的历史应该追溯到罗马法。1839年,瑞舍尔与维达尔创办了《德国法与德国法学杂志》,日耳曼学派开始对抗萨维尼和普赫塔的罗马学派。贝泽勒1843年的《民众法与法学家》提出了日耳曼学派的纲领。他"以事实反对虚构,以历史反对历史抽象"的口号,认定德国继受罗马法形成德意志的习惯法,是仰仗法学家的功劳,但是继受的同时,也使习惯法违背了民众的信念。民众法与法学家法无法协调,前者存在于民众的习惯中,后者则成了法律。德国继受罗马法是"民族的不幸",德国法的发展"受到阻碍和干扰",甚至被"压制"。因此,要消除对立、摆脱困境,就要"彻底改革法",最好的办法是"通过大的、结构性的立法活动"来实现,于是,通过立法、法典编纂消除矛盾是最有效的手段。⑮在民法典编纂过程中,罗马法学派代表有支持萨维尼和普赫塔信条的蒙森、格林、特尔和贝格尔,日耳曼法学派代表有贝泽勒、米特迈尔、布伦奇利、瑞舍尔和克里特斯,另外,温德沙伊德(Windscheid)和罗特(Paul Roth)游离于两大阵营之间。

　　1871年德意志帝国建立,1873年帝国立法权扩大到全部民法,为《德国民法典》编纂创造了条件。1873年,法典编纂委员会预备委员会成立,次年,第一委员会成立。法典编纂委员会在酝酿法典草案的过程中,意识到"必须在这个委员会中任命那些能够充分代表法学的人",温德沙伊德和罗特进入了编纂委员会。1887年,委员会提交了第一个草案,1895年,提交了第二个民法典草案,帝国国会1896年7月通过,8月皇帝批准,并定于1900年1月1日开始实行。

　　《德国民法典》有自己的特点。《德国民法典》和《法国民法典》是大陆法系下的两个典范。两者既有相同之处,也有不同之处。我们主要看两者的不同之处,1804年的《法国民法典》充分体现了18世纪末19世纪初的个人主义民法特色,而《德国民法典》则体现了

19世纪末20世纪初的社会化的民法特色。《法国民法典》以保护个人权利为重心，而《德国民法典》在个人利益与社会利益发生冲突的时候，更多地保护社会的利益。其中的缘故，我们可以说，《法国民法典》代表了19世纪的西方法律，《德国民法典》则代表了20世纪的西方法律；或者说，《法国民法典》是平等和自由精神下法国的作品，而《德国民法典》则是团体和合作精神下德国的作品。两个法典都有"私有财产不可侵犯"、"契约自由"和"过错责任"的原则规定，但是，《德国民法典》较之《法国民法典》则有更多变通之处。㊽

具体而言，原有的资本主义民法原则在《德国民法典》中得以保留。在财产所有权方面，《德国民法典》第903条规定：物的所有人在不违反法律和第三人权利的范围内，得自由处分其物并排除其他人对物的干涉。第905条规定，所有权及于地面上的空间和地下的地层。第929条规定，地产所有人可依据自己的意愿转让自己的财产。在契约自由方面，第145条规定：依要约成立契约者，因要约而受约束。承诺人对要约立即承诺，或者承诺期限内做出承诺，契约即宣告成立。在侵权行为方面，过错责任原则仍然是德国侵权法的一般条款，第823条规定，因故意或过失损害他人生命、身体、健康、自由、所有权或者其他权利的，侵权人承担赔偿的义务。第827条规定，无意识和精神错乱而处于不能够自由决定意识下的人，不承担侵权行为责任。第828条规定，未满7周岁的人对其发生的损害不承担责任，7到18岁的人和聋哑人对其认识和理解之能力缺失的损害，也不承担赔偿的责任。

不过，《德国民法典》在维护私有制的同时，又规定了一些限制。第905条后半段规定，所有权人不得禁止他人在不侵犯所有人相关利益的前提下对其土地上空和地下的作业活动。第904条规定，在紧急情况下，避险人可以有紧急避险权，所有权人不得禁止。第912条规定，土地所有权人对相邻土地权人负有容忍义务。我们可以说，《法国民法典》所规定的私有财产权，接近于一种绝对的权利，而德国法则在承认私有财产不可侵犯的前提下，如果为了重大的社会利益，可以适当限制个人的所有权。申言之，当一个社会进入了工业革命和现代化阶段的时候，铁路、公路、运河、电力和采矿必定要牺牲个人的绝对所有权，社会化必定取代个人主义。个人主义让位于法律的社会化，牺牲个人的利益满足多数人的整体利益，是现代化的必要代价。

社会化是一个历史发展的趋势，因为在一个现代化的社会里，每一个人都不能完全按照自己的想法去做事，必须要社会合作，所以法律应该保护一种社会整体的利益。个人主义只是一个理想，法律权利的实现必须要求个人之间的妥协。

在契约法方面，德国法仍然强调意思自治的原则，每个人都可以按照自己的意愿来处理自己的财产，都可以与他人平等和有偿地进行交换。不过，意思表示既可以是主观的想法，也可以是客观的行为。当主观意思与客观行为发生冲突的时候，意思表示就出现了瑕疵。《德国民法典》第133条规定："主观意图应该优先于客观表示"，这一条强调了意思表示的主观性；而第157条则规定："合同的解释要遵守诚实信用原则和交易习惯"，这一条又侧重于客观的行为。从历史的角度看，在德国法的早期，人们引用前一条强调意思表示的主观性，而在现代，人们引用后一条强调意思表示的客观性。也就是说，在德国民法的现代适用中，当事人的主观意思和客观行为所表现出来的意思不相一致的时候，以表现出来的意志为准，这里更多的是强调一种客观的标准。

另外，契约领域出现了"事实契约"的问题。我们讲，一个合同的实质是双方意思表示一致，这是个人主义的一种表现。但是，有些合同的存在，并不依靠当事人的意思表示，而是依赖实际的行动。比如，有这样一个案件，被告将车开进一家有明确收费标志的停车场，却拒绝给付停车费。他说，按照惯例和习惯，他有权在此停车，而且他根本就没有达成与停车场合同的意向。联邦法院在审理此案的时候认定，被告将车停放在停车场的行为，意味着事实上的契约已经形成。尽管被告强烈地表示了相反的意图，但是这并不影响合同的成立。[47]《德国民法典》第611条－第630条规定了劳务合同，但是，劳动法单行条例的纷纷出台，个人主义下劳务和工资的相互协议基本上为新兴的劳动合同所取代。银行、保险、大公司和联合公司设定的格式合同，工人罢工豁免责任，劳动法对劳动时间和工人年龄的限制，都超越了民事合同当事人自治的原则。格式合同与契约自由是相冲突的，格式合同只是体现了一方当事人的意愿，而另外一方当事人的意愿被忽视。按照传统的合同理论，工人罢工既是违约的行为，又是侵权的行为，但是当代合法的罢工又被法律和法院所认可。当然，在此类案件中，法学家们一直在争论，争论的焦点就在于19世纪个人主义与20世纪社会合作的冲突。

《德国民法典》规定了较多的共同条款，或者称为一般条款，以适应社会发展的需要。一般条款是指诚实信用原则，涉及善良风俗的弹性规定。《德国民法典》第138条"违反善良风俗的法律行为无效"的规定、第157条"法律的解释应遵守诚实和信用的原则，并考虑交易上的习惯"的规定、第242条"债务人有义务依诚实和信用，并参照交易习惯，履行给付"规定和第826条"违反善良风俗而造成的损害，承担责任"规定，都被认为是《德国民法典》的一般条款。这些弹性法条都会造成法官运用自由裁量导致法官造法。从理论上看，对于这些条款，传统的学者认为是对法治的一种背叛，而新一代的学者则认为是法律发展不可避免的趋势。在合同法领域，一般条款限制着契约自由的原则。因此，合谋犯罪、买卖毒品和放高利贷等，都被认为是违背社会道德的行为，如此订立的协议无效。1956年有这样的案件，一对年轻的夫妇在旧货商店以分期付款的方式购买了一套卧室家具。双方买卖合同约定，家具出现问题，商店负责维修。一段时间后，家具瑕疵开始显现，抽屉无法打开，表皮剥脱，商店修复也无法完全解决瑕疵，年轻夫妇不愿再支付未清偿完毕的货款，请求法院认定买卖合同无效，因为商店只规定了修复的义务，而没有设立夫妇退货或者商品降价的条款。联邦最高法院认为，只有修复而无退货和降价约定的合同，有悖于诚实信用原则，如此的合同应该无效。㊽再如，被告与原告签订房屋租用合同长达十年，原告经营珠宝买卖业务。1931年，被告将相邻的另外一套房产出租给另外一家珠宝商，原告提起了诉讼，要求撤销该租用合同，因为被告违反诚实信用原则，把相邻的房屋租给自己的竞争对手。法院支持了原告的诉讼请求。㊾另外，合同法中的"情势变更原则"也是诚实信用原则的一个应用。1912年，当事人签订了一个长期租赁合同，出租人以固定的价格向承租人提供暖气。到1920年的时候，暖气成本不断上涨，出租人要求提高供暖价格，双方意见不合，最后提交到法院。联邦最高法院支持了出租人的要求，提高了供暖价格，"因为不这样做，情势就会变得完全无法承受，从而成为对诚实信用原则和所有正义公平原则的嘲弄"。㊿

在侵权行为法领域，一般的原则是过错责任原则。这就意味着，每个人对自己的过错承担损害赔偿的法律义务。《德国民法典》第827条关于精神病人、第828条关于未成年人和聋哑人免责的规定，是合乎过错责任原则的，但是第831条和第832条则对雇主和未成年人、精神病人的监护人规定了严格的责任。第833条到第839条则对动物保有人和建筑占有人规定了严格责任。严格责任是对过错责任的一种否定。在严格责任下，举证责任发生转移。一般情况下，由受害人或者由原告来证明被告存在着过失，这就是所谓"谁主张谁举证"原则。而在无过错责任或称严格责任下，法律却不要求原告来举证，而是要求被告来承担举证责任，由被告来证明自己不存在过错。从这个角度来说，严格责任更多的是保护原告的利益，而过错责任保护的却是被告的利益。在德国民法中，这两种原则都出现了，也一直是今天民法学界所认可的两个基本原则，尽管两者之间存在性质上的差别。值得注意的是，德国法中的无过失责任原则，是通过许多单行法规来确立的，如1839年的普鲁士铁路法，而1871年帝国责任法将无过错责任推广到铁路运输之外的领域，比如野矿采石这些存在着风险的工业部门。

《德国民法典》对于世界的意义不亚于《法国民法典》，就我们熟悉的国家或地区来说，日本民治维新之后的民法典，就是参照当时的《德国民法典》第一草案起草的，中国清末修订民法典的时候，物权法和债权法是由日本的学者帮助制定的，其渊源来自德国法。今天中国的民法学者们热衷于制定民法典，而他们心中民法典的楷模，就是《德国民法典》。

十、刑事古典学派与刑事实证学派

18世纪，犯罪和刑罚占主导地位的思想是古典学派的理论。这是一场世界性的刑事法律启蒙运动，其中的代表包括英国的霍布斯和洛克，法国的孟德斯鸠和卢梭，意大利的贝卡利亚和卡拉拉，德国的普芬道夫和沃尔夫，以及康德、费尔巴哈和黑格尔。从性质和内容上看，他们属于同一时代同一学派的不同分支。他们主要的观点可以归纳为：犯罪是对自由意志的一种否定，罪行法定主义，反对法官解释法律，罪刑相适应，刑罚是对犯罪的一种惩罚、报复或者报应。进入19世纪之后，西方社会发生了巨大的变化，资产阶级国家和法律制度已经建立了起来，西欧各国都有了自己的刑法典或者刑法的单行条例；自然科学取得了长足的进步，达尔文的进化论，改变了人们对人类自身的看法，优胜劣汰生存竞争成为时髦的观点；社会科学也弥漫着所谓"科学"的精神，将自然科学中的方法应用到社会科学领域也成为时尚。这个时候在传统的人文科学领域，有两种理论深深地影响着法律理论工作者，它们一个是源于达尔文传统的斯宾塞的社会学说，一个是源于自然科学思维模式的孔德的实证主义。这种科学的思潮横扫着社会科学的全部领域，这样，一种新的刑法科学或者说科学的犯罪学得以产生，刑事法学开始了现代科学的时代。

1. 研究方法上的革命：从理想设计到实证分析

刑事古典学派以"自由意志"论为基础，主张刑法的报应性质，强调罪刑相适应，遵循一般预防的原则；而刑事实证学派则反对形而上学的自由意志论，主张保护刑或者目的刑，强调对犯罪个体的处理，遵循特殊预防的原则。一般预防强调犯罪的构成要件，而特殊预防则主要是区分不同的犯罪人类型。[51] 在具体的内容上，古典学派的理论建立在"自由意志"论基础上，而实证学派则建立在人类学以及对环境研究的基础上；古典学派研究犯罪的名称、定义及其法理学分析，而实证学派则研究特定背景下犯罪人的人格；古典学派不考虑犯罪的原因，把犯罪看成是已经完成了的事实，而实证学派从人类学的、自然的和社会的环境中寻找犯罪的根源；古典学派处理犯罪唯一的办法是"刑罚"，而实证学派则根据不同类型的犯罪人给予不同的处理最后达到预防犯罪的效果。[52]

最早发起这场革命的是意大利医生龙勃罗梭（Cesare Lombroso，1835—1909）。龙勃罗梭说，他的任务就是要把那些哲学放在一边，直接对犯罪人进行体质和心理方面的研究，将正常人与精神病人进行对比。[53] 除了龙勃罗梭之外，意大利的学者还有菲利（Enrico Ferri，1856—1929）和加罗伐洛（Raffaele Garofalo，1852—1934）。菲利说，19世纪是西方社会科学的时代，生理学和自然科学取得了巨大的进步，而反观社会科学，他认为还有很大的差距。"有必要发明一种更加准确地诊断这些社会道德疾病的方法"[54]，以对事实进行灵活具体的研究代替抽象的研究。1872年，切萨雷·龙勃罗梭的著作诞生，标

第四章 立法者／法典／逻辑／政治变革——大陆法系传统

志着实证派犯罪学的建立。自1872年至1876年，龙勃罗梭、加罗伐洛和菲利三人论著的发表，"在当时的犯罪学界引起了一阵骚动"⑤。加罗伐洛则认为，古典刑事学家们满足于抽象的理论，而缺乏实验的研究，他称他理论工作的"目的是在研究犯罪现象的科学中引入这种实验的方法"⑤。

这种新的研究犯罪的方法不仅仅局限在意大利，在德国有李斯特（Franz von Liszt, 1851-1919），在美国有塞林（Thorsten Sellin, 1896-1978）。在塞林看来，"传统的犯罪学是在公众对于犯罪这种社会病的急切关注和焦虑中形成的粗陋、肤浅的科学"。⑤为此，他提倡将自然科学的方法引入到犯罪学的研究，提出优于一般看法或者普通常识盖然性原理，使社会科学成为一种科学。

从贝卡利亚到黑格尔，他们的刑法的方法论都是古典哲学在法律学中的应用。他们的理想便是建立起一套刑法学的哲学体系，为了理论上的完整，他们牺牲了法律的特殊性，使得法学成为哲学的一部分。主观与客观，自由与意志，一般与抽象成为刑法学的核心名词。他们的理论抽象掉了犯罪与刑罚的个性，得出了刑法学的一般理论。其成功之处在于提出了一般的刑法理论，失败之处在于解决不了现实具体的问题。从思想史的角度看，他们试图提出一种普适的刑法理论，从哲学的高度理解犯罪与刑罚，由于这个缘故，他们的理论得不出肯定性的结论。⑤因此，古典学派的理论对于具体的犯罪问题，只能够得出大概的结论，甚至是相互冲突的结论，因为抽象理论与具体法律问题不存在着一一对应的关系。古典学派的理论只能够是似是而非的"哲学"而不能够是严密准确的"科学"。

古典学派的理论传统可以追溯到亚里士多德和阿奎那，到康德和黑格尔的时候，发展到了它的顶峰。到19世纪的时候，这种哲学上的方法受到了批评，这既与自然科学的发展有关，也与法学中实证主义与功利主义的兴起相关。打破"大一统"的古典哲学思维模式，确立法学自己的方法论，成为19世纪法学的主流学派。在这些19世纪的"科学"学派中，一个是边沁所倡导的功利主义刑法学，另外一个便是这里的实证主义刑法学。实证主义最终战胜古典哲学，被认为是思想史上的一场革命。按照实证主义鼻祖孔德的说法，人类思维的发展依次经历了三个阶段，那就是神学阶段、形而上学阶段和实证主义阶段。与此对应,古典刑事学派的方法论是刑法学中的形而上学,而刑事实证学派则是刑法学中的"科学"。

2. 研究内容上的变革:从研究犯罪到研究罪犯

意大利人感到自豪的是,他们有研究犯罪的悠久历史。18世纪古典学派的贝卡利亚被认为是现代刑法之父,而19世纪的实证学派的龙勃罗梭、菲利和加罗伐洛,被称为犯罪学"三杰"。三人之中,龙勃罗梭偏重于罪犯的人类学研究,菲利和加罗伐洛则侧重于社会学的研究。不同方法研究所得出的结论则是相同或相似的:古典刑事学派研究的是抽象的"犯罪",而实证学派研究的则是具体的"罪犯"。

在刑事古典学派那里,犯罪是对社会和政治权威的一种否定,是犯罪人"侵犯了给予他公共保护的[社会]契约。因此,法官对刑事案件的判决,都应该遵循三段论式的逻辑推理。大前提是一般法律,小前提是行为是否符合法律,结论是自由或者惩罚"[59]。而要做到这一点,就需要法律的明确性,法律的表达不能够含糊,他由此倡导成文法。他认为犯罪就是对"自由意志"的否定。[60] 于是提出了犯罪的主观和客观方面的要素。在这样的思路下,古典刑事法律强调犯罪的一般定义,强调每一类犯罪的犯罪构成。法官在进行判决的时候,从犯罪构成的一般规定演绎出特定犯罪的具体结果。

到了刑事社会学派的时候,这种形式逻辑的思维方式遭到了排斥。学者们不愿意探讨抽象的犯罪问题,而喜欢从个案中发现犯罪的特殊性,他们放弃了刑法哲学的研究方法,采用了社会学的研究方法。具体而言,刑事社会学派涉及如下这样一些问题。

第一,犯罪人的生理结构。

龙勃罗梭的《犯罪人论》,与其说是一部学术著作,不如说是一份调查报告,全书18章,最后两章是作者的理论总结,前16章全是作者实验调查和考据的结果。龙勃罗梭发现,罪犯中的头颅反常现象很普遍。从头骨的外缘周长角度看,犯罪人多数表现为小头畸形,很少表现为巨头畸形;与精神病人相比,此种情形较为明显,但与野人相比,则稍次之。犯罪人的身材高大。其中,纵火犯、诈骗犯和杀人犯体重较重,强奸犯和盗窃犯体重轻。抢劫犯、杀人犯和纵火犯身材灵活,体质强壮,而盗窃犯和强奸犯则身体虚弱。罪犯还有文身的习惯，这是一种返祖现象，因为文身是原始人和处于野蛮状态的人的独特习惯。[61]

第二，犯罪人的分类。

用社会学的方法对犯罪人做出更加细致和明确的分类，他们通常把犯罪人分为精神病人、天生犯罪人、惯犯、偶犯和情感犯等。[62]其独特之处是对精神病人和天生犯罪人的专门论述，因为在此之前，精神病人并没有与一般犯罪人区分开来。天生犯罪人则是这个时期特别的分类，因为是罪犯是天生的，所以犯罪是无法避免的，罪犯也是不可改造的。如果说，区分精神病人与一般犯罪人是实证学派对古典学派刑罚人道主义的进一步发展的话[63]，那么天生犯罪人的提出，则是犯罪学的一场革命。[64]

"精神病人"和"天生犯罪人"其实是龙勃罗梭的发现，他曾经做了大量的考据和总结工作，菲利也进行了进一步的分析。前者认为，精神病人与犯罪人交叉在一起，有时候很难将他们区分开来。犯罪人的行为像精神病人，而精神病人也在犯罪。让精神病人承受犯罪人的惩罚，是不人道的；让犯罪人假冒精神病人而逃避责任，又是不公正的。[65]后者说，对于社会责任而言，精神病人与非精神病人是同样的，精神病人既是精神病学研究的对象，同样是犯罪人类学和犯罪社会学研究的对象。"天生犯罪人"则是那些"具有某种遗传性精神错乱的罪犯"[66]，犯罪起源于人类的兽性本能，"同出生、死亡、妊娠一样，是一种必然的现象"[67]。天生犯罪人"既残忍蛮横又狡猾懒惰，他们分不出杀人、抢劫或其他犯罪与诚实勤劳之间的区别"[68]。一般偶犯是那些经受不住个人状况以及自然环境的诱惑而犯罪的人，他们与天生犯罪人的区别在于，偶犯是因为外部原因而犯罪，天生犯罪人因为内部倾向性而犯罪；对于偶犯来说，道德感几乎是正常的，但由于不能事先认识到其行为的结果而导致其屈服于外部的影响。

第三，犯罪的原因和规律。

在此基础上，实证学派考察了犯罪的原因和犯罪的规律。龙勃罗梭说，吉普赛人以盗窃闻名，阿尔巴尼亚则以土匪而闻名。希佰来人的犯罪要比其他民族居民的犯罪少，吉普赛人则"完全是犯罪种族的活标本，不断产生着犯罪的情欲和恶习"[69]。他认为，犯罪实质上是一种返祖现象。菲利则指出了两条犯罪现象的规律：犯罪具有周期性。

"最严重的犯罪稳定不变而比较轻微的犯罪持续增长。"⑩犯罪存在着饱和法则。每一年度犯罪多少显然都是由不同的自然和社会环境以及与行为人的遗传倾向和偶然冲动相结合而决定的,"在一定的自然环境下,我们会发现一定数量的犯罪"。⑪加罗法洛也试图从犯罪人的生理心理和道德异常、社会因素和立法因素来探讨犯罪人犯罪的原因。⑫

3．犯罪对策上的转向：从罪刑法定到社会防卫

以实证的视点考察犯罪,得出的结论与古典学派的看法是对立的。在古典学派看来,矫正犯罪的最主要方式是惩罚,而实证学派认为,犯罪是不可避免的,因此,犯罪不能够被消除,惩罚不能够消除犯罪,犯罪只能够被预防和被减少,因此,他们提出了社会防卫的理论,以社会防卫取代刑事惩罚。

古典学派的惩罚说,比如康德和黑格尔的"刑罚报应论",不过是古老"报复观念"和"同态复仇观念"的"镀金"。犯罪是对自由意志的否定,而刑罚是对犯罪的否定之否定。对于古典学派的自由意志论,实证学派持否定的态度。他们的基本命题是,犯罪要么是天生的,要么是自然社会经济造就的,犯罪不可避免,也不可消除,但是可以遏制。气候对犯罪有影响,虽然我们不能够改变气候,但是我们可以改变我们的法律,缓解气候对法律的影响。文明并不减少犯罪,但是我们也可以利用文明和科技的手段来遏制犯罪。为此,实证学派提出了一系列的改革方案：

第一,隔离犯罪人。

实证学派都反对监禁制度,因为"监狱是犯罪的学校,它教人实施最有害的犯罪和团伙犯罪"。即使要保留的话,也最好采用"独居制监狱"⑬,教以技艺、培养正义感和荣誉感,以及激发劳动的积极性。铲除犯罪最好的方法是,就是把他们"排斥出社会圈",比如死刑、流放和终身监禁⑭,"从身体上剥夺那些对社会无用的罪犯继续犯罪的可能性,将其从社会中剔除出去"⑮。具体地讲,"放逐到孤岛","终身拘留在海外惩戒营","不确定期限地拘留在海外惩戒营","不确定期限地禁闭在收容所"和"强制在公共性企业中劳动"。⑯应该说,这是达尔文和斯宾塞的"自然选择"和"适者生存"进化论在刑法中的表现。

第二，社会改革。

虽然刑罚不能够消除犯罪，但是我们通过社会的变革能够最大限度地减少犯罪。⑰在经济领域，实行自由贸易以消除或减少犯罪，提高酒的税率以防止酗酒，用硬币取代纸币以减少伪造货币罪，增加公务员的工资来减少贪污受贿罪，等等。在政治领域，协调政府和民众的关系，以减少暗杀、叛乱、密谋和内乱。在科学领域，"科学的发展迟早也会提供比刑罚镇压更有效的解决方法"。⑱其中，最为出色的设计是建立"刑事精神病院"。⑲通过刑事精神病院，既可以永久监禁精神病人、制止犯罪遗传和防止匪帮的形成，也可以预防罪犯伪装成精神病人以图逃避法律的责任。

第三，保安处分。

保安处分是"国家处分，其目的要么是将具体之个人适应社会（教育性或矫正性处分），要么是使不能适应社会者从社会中被剔除（狭义的保护性或保安处分）"。⑳典型的保安处分措施包括将无人管教但仍未犯罪的儿童和少年收容于教养所，将对公众有危险、但未犯罪的精神病人安置于精神病院。在古典学派看来，刑法的基本要求原则是惩罚罪犯行为而非惩罚人的思想。因此，保安处分本身是与罪刑法定刑法原则是对立的，因为保安处分并不要求有行为人的犯罪行为。

为此，实证学派一方面将保安处分纳入他们的刑法学，另一方面也试图调和古典学派与实证学派之间的冲突。他们认为，保安处分与报应刑如同两个相互交叠的圆圈。不同的是，报应刑是一种纯粹的威慑刑罚，纯粹的保安处分是一种犯罪的预防；相同的是，保安处分可代替刑罚，称为"与刑罚相互替代"，刑罚也可代替保安处分，称为"保安性之刑罚"。㉑刑罚与保安处分的并存，最后达到一个综合的刑罚体系。该综合的刑罚体系应当包含"刑罚被视为保安处分的亚种，并根据其所确定的目的刑思想，将刑罚作为与犯罪作斗争的武器"。㉒这种以"保护刑"或"目的刑"取代传统的"报应刑"，有时候被称为"关切目的"的"刑事政策"理论。㉓

如果说，18世纪的刑事古典学派奠定了西方现代的刑法学，那么我们可以说，19世纪的实证学派则开启了西方科学的刑法时代。如果说古典学派是刑法学在政治上的胜利，那么我们可以说，实证学派是刑法学在科学上的革命。

就法律制度而言，古典学派所倡导的资产阶级刑法原则为资产阶级国家的刑法制度所确认，成为世界性刑法的一部分。19世纪的实证学派，实际上是对古典学派理论的一种否定，两者之间存在着严重的冲突。如何协调两者在理论上的分歧？如何在一部刑法中融和两种对立的原则？这成为欧洲国家19世纪刑法领域的共同课题。龙勃罗梭和加罗伐洛只是学者型的人物，菲利虽然是个社会活动家，但在实践上并未实现他社会变革的理想，也就是说，他们对法律实践的影响并不突出。突出的是德国的情况，1870年，德国有了统一的帝国刑法典，此后，德国刑法典的修改提议与争议不断。1909年前后，刑法修改时引起了学派的争论，这也就是以比尔克迈尔⑭（v. Birkmeyer）为代表的古典学派与李斯特为代表的社会学派之间的争论。1909年的草案"没有代表某一个学派的观点"，"这部草案从古典学派的观点出发，但也向现代作出了一些妥协，从而考虑到了现实的情况"⑮。李斯特早在1882年就拟订了体现其"刑法中目的思想"的马堡计划，于1889年到1892年出版了《刑事政策的任务》。后经过他人的进一步发展，德国刑法渗透着新派的理论：第一，打破法定刑原则，对轻微的犯罪不科以刑罚，1924年的《刑事诉讼法》以及1923年的《少年法院法》都采用了这样的观点，而且在私法领域，加大罚金的适用，减少刑事诉讼。第二，给予偶犯缓刑处理，在德国各邦，自1895年就开始适用缓刑，《少年法院法》对青少年作出了统一的缓刑规定。第三，建立青少年福利救济和教养制度，以个性教育取代刑事报应。第四，立法与私法更多地考虑犯罪人的个性特征，1921年至1924年的罚金立法，罚金适用扩大，短期刑罚减少，缓刑广泛使用。第五，尝试实行不定期刑制度，或者由法官作出确定，或者由专门机构作出确定。第六，所有从事刑事司法的人员都要接受职业的培训。第七，除刑罚外，应该建立起一套完整的保安处分制度。⑯

在刑法学领域，从孟德斯鸠到贝卡利亚，从康德到黑格尔，刑法很难被称为一种"理论"或者"学说"。在孟德斯鸠那里，犯罪与刑罚只是用来解释他的理性主义和法的精神的，在康德和黑格尔那里，犯罪与刑罚的理论只是他们庞大哲学体系的一部分。贝卡利亚有自己的《论犯罪和刑罚》，但是就其内容上看，他只是以一种激情主义发表了近代犯罪与刑罚的原则宣言。刑法学的创立和理论的构架，是由19世纪的实证学派完成的。加罗伐洛的《犯罪学》"在犯罪学术史上第一次使用'犯罪学'概念，它的出版把犯罪学从其他学科中独立出来，从而形成一门新的学科"，[57]而"科学刑法学科"著作，恐怕还得是李斯特的《德国刑法教科书》[58]。在这部著作中，刑法被分为两个部分，一是犯罪，二是刑罚。犯罪是一种侵犯法益的严重的不法行为，是一种反社会的行为。从静态方面看，一个犯罪的构成应该考察四个方面的情况：行为、违法、罪责和可罚性。从动态方面看，一个犯罪还要考察其形态，比如既遂、未遂和中止，正犯和共犯，一罪和数罪。在他的刑罚论中，同时包括了刑事惩罚和保安处分。这种刑法学的体系，应该说在大陆法系传统的国家一直沿用至今。

　　同时也要看到，19世纪这种实证学派仅仅流行于欧洲大陆，对英美法系国家的刑法影响甚微。在美国，被视为"正统刑法哲学"的不是19世纪欧洲的社会实证学派，而是18世纪的理性主义和由19世纪边沁所创立的"功利学派"。[59]美国的学者也用人类学和社会学的方法研究犯罪和惩罚，但是，这种研究不再属于法律学，而属于人类学或者社会学。龙勃罗梭的天生犯罪人的理论，在美国深化为对人体结构的研究，对染色体的研究和生物遗传学的研究。[60]美国犯罪社会学研究，较少见到菲利、加罗伐洛和李斯特的名字，较多出现马克思和迪尔克姆（涂尔干/杜尔克姆）的名字。他们犯罪社会学之冲突论、越轨论、控制论、习得论和标签论等，与其说是法学的，不如说是社会学的[61]，他们延续了欧洲大陆社会学的传统，而不是欧洲大陆19世纪实证学派的传统。这就意味着，19实证学派的犯罪学，只是欧洲大陆法系犯罪学的起点，其影响力也局限于欧洲大陆。

---

① 孟德斯鸠：《罗马盛衰原因论》，婉玲译，商务印书馆1962年版。
② 莫里斯：《法律发达史》，王学文译，中国政法大学出版社2003年版，第167页。
③ 孟德斯鸠：《论法的精神》（下），张雁深译，商务印书馆1963年版，第214、218页。

④ 世界著名法典汉译丛书编委会：《撒利克法典》，法律出版社2000年版，第28-29页。
⑤ 同上书，第37-38页。
⑥ 莫里斯：《法律发达史》，第156-160页。
⑦ 伯恩斯：《世界文明史》（第2卷），商务印书馆1987年版。
⑧ 伯尔曼：《法律与革命》，贺卫方等译，中国大百科全书出版社1993年版，第363-369页。
⑨ 参见由嵘、胡大展主编：《外国法制史》，北京大学出版社1990年版，"法兰克"封建法相关内容。
⑩ 伯尔曼：《法律与革命》，第371页。
⑪ 孟德斯鸠：《论法的精神》（下），第244页。
⑫ 伯尔曼：《法律与革命》，第368页。
⑬ 同上书，第61页。
⑭ 世界著名法典汉译丛书编委会：《撒利克法典》，第9-17页。
⑮ 世界著名法典汉译丛书编委会：《汉谟拉比法典》第2条，法律出版社2000年版。
⑯ 伯尔曼：《法律与革命》，第67页。
⑰ 霍贝尔：《原始人的法》，严存生等译，法律出版社2006年版，第88-92页，248-249页。
⑱ 斯密：《欧陆法律发达史》，姚梅镇译，中国政法大学出版社1999年版，第30-33页。
⑲ 马林洛夫斯基：《初民社会的习俗与犯罪》，广西师范大学出版社2003年版，见许章润编：《犯罪 社会与文化》，第46-48页。
⑳ 复仇的经济学分析，可参见波斯纳：《正义经济学》，苏力译，中国政法大学出版社2002年版，第8章"报应刑以及一些相关的惩罚概念"。
㉑ 伯尔曼：《法律与革命》，第63-66页。
㉒ 孟德斯鸠：《论法的精神》（下），第241页。
㉓ 详细的描述参见伯尔曼：《法律与革命》，第13章和第14章"王室法"。
㉔ 同上书，第567-576页；斯密：《欧陆法律发达史》，第236-239页。
㉕ 孟德斯鸠：《波斯人信札》，第39页。
㉖ 莫里斯：《法律发达史》，第199页。
㉗ 斯密：《欧陆法律发达史》，第190页。
㉘ 莫里斯：《法律发达史》，第166-168页。
㉙ 伯尔曼：《法律与革命》，第167-169页。
㉚ 周枏：《罗马法原论》（上），第84-85页。
㉛ 参见斯密：《欧陆法律发达史》，第3章第39-44节"罗马法之复兴与继受"等。
㉜ 莫里斯：《法律发达史》，第209页。
㉝ 参见第三章之六"新教伦理与资本主义"。

㉞ 参见孟德斯鸠：《论法的精神》（上），第2卷第十一章"规定政治自由的法律与政制的关系"。
㉟ 卢梭：《社会契约论》，何兆武译，商务印书馆1980年版，第37页。
㊱ 莫里斯：《法律发达史》，第198页。
㊲ 由嵘主编：《外国法制史》，北京大学出版社2000年重排本，第189-190页。
㊳ 旧版参见：《拿破仑民法典》，李浩培译，商务印书馆1979年版。新版见《法国民法典》，罗结珍译，中国法制出版社1999年版。
㊴ 狄骥：《拿破仑法典以来私法的普通变迁》，徐砥平译，中国政法大学出版社2003年版，第96-97页。
㊵ 同上书，第104-105页。
㊶ 昂格尔：《现代社会中的法律》，第175-185页。
㊷ 霍恩等：《德国民商法导论》，米键译，中国大百科全书出版社1996年版，第25页。
㊸ 参见萨维尼：《论当代立法与法理学的使命》，许章润译，中国法制出版社2001年版。
㊹ 雅科布斯：《十九世纪德国民法科学与立法》，王娜译，法律出版社2003年版，第55页。
㊺ 同上书，第80-81页。
㊻ 参见《德国民法典》，郑冲等译，法律出版社1999年版。
㊼ 霍恩等著：《德国民商法导论》，楚建译，中国大百科出版社1996年版，第85页。
㊽ 同上书，第95页。
㊾ 同上书，第151页。
㊿ 同上书，第154页。
51 李斯特：《德国刑法教科书》，徐久生译，法律出版社2000年版，第25-26页。
52 菲利：《实证派犯罪学》，郭建安译，中国人民公安大学出版社2004年版，第141、153、155、156、159、178、199页。
53 龙勃罗梭：《犯罪人论》，黄风译，中国法制出版社2000年版，第1页。
54 同上书，第121页。
55 同上书，第126-128页。另外，在他的《犯罪社会学》中，有着相似的说法，见菲利：《犯罪社会学》，郭建安译，中国人民公安大学出版社2004年版，第99-101页。
56 加罗法洛：《犯罪学》，耿伟等译，中国大百科全书出版社1996年版，第6页。
57 索尔斯坦·塞林：《文化冲突和犯罪》，许章润、幺志龙译，见《犯罪：社会与文化》，广西师范大学出版社2003年版，第84-85页。
58 在法理学领域，美国现实主义法学和批判法学对古典的法学有着尖锐的批判，方法论上有详细和严格的分析与论证，可参见Duncan Kennedy, "Form and Substance in Private Law Adjudication", 89 *Harvard Law Review* 1685-1778（1976）.
59 贝卡利亚：《论犯罪与刑罚》，黄风译，中国法制出版社2002年版，第35页，第13页。
60 黑格尔：《法哲学原理》，范扬等译，商务印书馆1961年版，第98页。

(61) 这些资料均来自龙勃罗梭《犯罪人论》中文译本，这里不一一注明页码。
(62) 菲利：《犯罪社会学》，第119页。
(63) 关于精神病人、疯人院的建立和在人类历史上的地位，可参见福科在《疯癫与文明》（刘北成等译，生活·读书·新知三联书店，1999年版）中细致和精彩的分析。
(64) 古典学派与实证学派有着很多的区别，其中根本的差异可以通过“天生犯罪人”概念表现出来。比如，古典学派认为罪犯是可以矫正的，因为罪犯可以通过惩罚和教育得到矫正，被否定的自由意志可以被恢复，而实证学派认为罪犯不可以被教育，教育只能够被误用而导致更多的犯罪；再如，古典学派认为惩罚应与教育相互结合，刑与罚比例相称，而实证学派认为最有效铲除犯罪的方法是死刑和放逐；最后，古典学派强调惩罚应该在犯罪行为实施之后，即所谓法无明文不为罪，而实证学派认为防卫应该在犯罪人正式实施犯罪行为之前，即所谓社会防卫理论。其中区别的原因都可以这样去找：古典学派认为犯罪是自由意志受到了破坏，而实证学派认为犯罪是天生的，因为是天生的，所以教育和改造是没有用的，所以消除的方法就是消灭犯罪者本身。
(65) 龙勃罗梭详细地分析了两者的差异，比如，精神病人很少因为个人感情用事而犯罪，犯罪人则比较经常地感情冲动而犯罪；精神病人痛恨所有的人，而犯罪人从来不杀自己喜欢的人；精神病人不掩盖自己的罪行，犯罪人总是在掩盖犯罪，与其他犯罪人吹牛除外；精神病人喜欢“写诗”、“作画”等夸张的活动，犯罪人则喜欢过懒散的生活。对精神病人来说，杀人是目的，对犯罪人来说，杀人是手段；精神病比较容易出现在30到50岁之间，而犯罪主要发生在20到30岁之间。参见龙勃罗梭：《犯罪人论》，第273-280页。
(66) 菲利：《犯罪社会学》，第120页。
(67) 龙勃罗梭：《犯罪人论》，第319页。
(68) 菲利：《犯罪社会学》，第122页，第135页。
(69) 龙勃罗梭：《犯罪人论》，第211页。希伯来人和吉普赛人是欧洲颇有特色的两个民族，龙勃罗梭如此抬高一个民族贬低一个民族，在学者中并不多见，或许因为龙勃罗梭自己是犹太人？与种族原因相联系的是他的犯罪遗传原因论。他列举统计资料后得出的结论是，酗酒、残暴、卖淫和精神病都是可以遗传的，而这些因素就是导致犯罪的重要原因。种族原因论和遗传决定论，也许是后来龙勃罗梭受到批评的重要方面，他过于看重了“天生犯罪人”，也许他不会预料到，他死后30年左右，也就是第二次世界大战的时候，他所称道的希伯来人与他所鄙视的吉普赛人，都被德国纳粹视为天生劣等民族。
(70) 菲利：《犯罪社会学》，第151页。
(71) 同上书，第163页。
(72) 参见加罗法洛：《犯罪学》，第二编第一章“犯罪异常”，第二章“社会影响”和第三章“法律影响”。
(73) 龙勃罗梭：《犯罪人论》，第348页。

㉔ 加罗法洛:《犯罪学》,第197-198页。
㉕ 李斯特:《德国刑法教科书》,第7页。
㉖ 加罗法洛:《犯罪学》,第365页。
㉗ 参见菲利《犯罪社会学》中文版译者前言"认识菲利";另外参见塞林:"恩里科·菲利:他的一生及其学术",许章润译,载译者主编《犯罪:社会与文化》。
㉘ 菲利:《犯罪社会学》,第204页。
㉙ 龙勃罗梭:《犯罪人论》,第367页。
㉚ 李斯特:《德国刑法教科书》,第401页。
㉛ 同上书,第402页。
㉜ 同上书,第27-28页。
㉝ 陈兴良:《刑罚的启蒙》(修订版),法律出版社2003年版,第246页。
㉞ 一译为"毕克迈耶",见马克昌主编:《近代西方刑法学史略》,中国检察出版社2004年版,第237页。
㉟ 李斯特:《德国刑法教科书》,第89页。
㊱ 同上书,第14-20页。
㊲ 参见储槐植在加罗伐洛中文版中的"中文版序",见加罗伐洛《犯罪学》。
㊳ 参见陈兴良:《刑法的启蒙》,马克昌主编:《近代西方刑法学说史略》。另外,李斯特的《德国刑法教科书》中文版是依据1931年施密特修订的版本,而不是1919年李斯特的原版,有时无法区分李斯特的观点与施密特的补充。
㊴ 胡萨克:《刑法哲学》,谢望原等译,中国人民公安大学出版社2004年版,第8页。
㊵ 刘强编著:《美国犯罪学研究概要》,中国人民公安大学出版社2002年版,第100-113页。
㊶ 同上书,第五章。

第五章

法官／判例／经验／历史传统
——英美法系传统

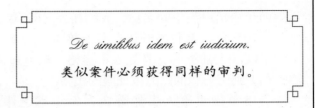

> *De similibus idem est iudicium.*
> 类似案件必须获得同样的审判。

遵循先例与陪审团是英美法系不同于大陆法系的显著特色。法官遵循先例一方面延续着历史的传统，一方面创造新的法律。"理性之人"的标准与陪审团的事实判断将法律与民族传统联结了起来。政治博弈与集团利益影响着法律，但政治争斗只是隐性地存在于法律的运作之中。

一、英国法的缘起

日耳曼人南侵欧洲之前，克里特人居住在不列颠。在罗马人的统治时期，他们走向开化。日耳曼人进入欧洲大陆的时候，其中被称为盎格鲁撒克逊人的一支从北德意志进入不列颠。早些时候，盎格鲁撒克逊人区分为盎格鲁、朱特氏、撒克逊和法里森各部落，后世统称为盎格鲁撒克逊。盎格鲁撒克逊人被认为是日耳曼人中最野蛮、最残暴和最恶劣的一支，同时代的法兰克人、哥特人、汪达尔人和匈奴人，在野蛮程度上都比不上盎格鲁撒克逊人。他们所到之处，土地被荒芜、城市被摧毁，罗马影响下的文明衰落了。盎格鲁撒克逊人统治200年之后，不列颠由野蛮和黑暗再次进入文明的时代，从那个时候起，不列颠开始起用英伦的名称。大约在公元827年，英伦王国建立。此后到公元1066年，基督教开始在英伦传播，丹麦人也争夺过它的王位。不同于欧洲大陆上的日耳曼人，盎格鲁撒克逊人并没有封建主义，也不存在受到压迫和抑制的被征服的民族。

盎格鲁撒克逊人虽然野蛮，但也不乏伟大的能力，其中有两个国王以大立法家名号称世，一个是阿尔弗雷德大帝（Alfred the Great），另外一个是爱德华（Edward the Confessor）。阿尔弗雷德建立起了英国最初的法律，他借用了爱尔兰的布累罕法（Brehon Laws），855年游历罗马时，他也深受罗马法的熏陶。对于盎格鲁撒克逊法律的描述，现代的法学家总结了七个特点。第一，法律起源于古代的风俗；第二，古代典故以口头方式传述；第三，法律严格遵循固定的程序；第四，法律缺少责效力或执行力；第五，司法功能未与立法和行政相分离；第六，法律内容甚为简单；第七，法律主体以家族为主要单位。就法律的目的而言，盎格鲁撒克逊法律以和平为最高目的，法律纠纷的理想解决方式是双方的和解。①

公元1066年，诺曼底公爵威廉带领古斯堪的纳维亚海盗和北海海盗征服了不列颠，建立了黩武的专制主义，英国一度成为欧洲最为专制的国家。盎格鲁撒克逊人被剥夺了土地和财产，甚至失去了他们的自由。威廉创立了皇家法院（Aula regia），内有一个首席法官代表国王。不久，有了主刑事审判的王室法庭（Courts of King's Bench）、主民事审判的民事高等裁判所（Common Pleas）和王室财政法庭（Exchequer），诺曼法语是法庭的官方语言。此后，英国有两套法律制度并存，一为罗马传统的盎格鲁撒克逊法，二为罗马法翻版的诺曼法。诺曼人在与法国人或高卢人融合中得以开化，北欧海盗的习气消失，演变为一个出色的种族。这样，在英国，盎格鲁撒克逊人仍然粗野不驯，食物粗糙，豪饮劣酒，诺曼人则表现得温驯、儒雅、自我克制，既有高卢人的机敏，也有诺曼人的力量和意志。其间，法律的变化可以归纳为：第一，土地的个人所有权取代了部落或家族所有权。第二，教会的神父如同国王、贵族、自由人、农奴或佃户一样，是社会的一个阶层。教会法的因素渗透到了英国法，宣誓在法庭上被采用。到亨利一世的时候，英国有了独立的教会法庭。神职人员有不受普通法院审判的特权，在相当长的一段时间里，一个人只要会读书、写字，他犯罪后就可以免于惩罚。国王的令状制度和陪审团制度，都出自诺曼人的发明。第三，诺曼人强化了"国王赐予安宁"的概念。犯罪是对王国安宁的侵犯，因此应该由国王的法庭来审判。涉及王国安宁的案件，管辖权归王室法院。②

到亨利二世登上王位的时候，英国的普通法开始形成。

1．普通法

诺曼底公爵征服英国以后，一方面加强了集权的统治，一方面又缓和了与被统治者的矛盾，公开保留盎格鲁撒克逊人原有的习惯。这种分散的习惯法既不利于加强中央集权，也不利于国家的统一。于是国王设立了中央的司法机关——王室法院，派出巡回法官定期到各地进行巡回的审判，并对各地方的司法和行政活动进行监督。

在亨利二世执政时期，他进行了司法改革，扩大了巡回法官的权力和管辖范围，削减了领主的审判权。他派出巡回法官到英格兰各地代表自己为人民申冤，实际上就扩大了自己的司法管辖权。早期的法律中，国王在审判方面的权力是很小的，主要涉及土地的纠纷和犯罪案件。最后，很多法律的管辖权都纳入王室法院，其中比较典型的是财产诉讼方面的管辖权和侵权行为诉讼方面的管辖权。巡回法官的制度，被认为是英国普通法产生的最初方式。③

巡回法官在各地审判案件的时候，除遵循王室法令外，主要依据当时的习惯法。如果习惯法跟王室的利益不相抵触的话，习惯法可以成为判案的依据。当巡回法官巡回各地回到伦敦的时候，他们常常互相交流信息，互相切磋，彼此承认对方可以作为以后审判同类案件的依据，在全国具有法律的效力，这就是所谓判例法的产生，英国历史上的判例制度由此形成。

在强大的中央政权的支持下，经过长期的巡回审判实践，盎格鲁习惯法和诺曼底习惯，以判例的形式统一起来。大约在公元13世纪，全英国适用的共同习惯法形成，这就是普通法。这里有必要解释一下"普通法"（Common Law）一词的含义。普通法有多种含义、第一，英国早期的法律。这也就是国王派自己的大法官到全国各地审判形成的判例，这些判例通行于全英格兰。全英格兰共同的法律称为普通法。第二，英美法的通称。这是普通法的引申意义，英国形成了普通法之后，通过殖民活动把这套法律的传统推广到自己的殖民地，因此，英联邦继受英国法传统统称为普通法法系，也就是后来所谓的英美法系。第三，通行于一个国家的习惯法。早期的法兰克、西西里、法兰西、德意志都有自己的普通法，甚至是中世纪的罗马法，也被日耳曼各族视为他们的普通法。或者说，在制定法确立之前，通行于这些国家的共同法律，历史上称为普通法。

普通法是一种判例法，普通法的规则和原则都包含于大量的判例之中。学者在这些判例形成的过程当中，不断地抽象、整理编纂、归纳和注释，这使得英国法学家的地位颇为突出。不过，在英国，法学家与其说是法学家还不如说是大法官，英美法注重法律的实践，而不注重法律的抽象理论。可以说，英美法系的法律，实际上就是法官的法律，或者说是由法官创造出来的法律。在这一点上，英美法与大陆法形成很大反差。大陆法系强调立法的作用，依赖立法机关所制定出来的法律，政治家和法学家更加重要一些，而普通法系国家，法官的地位却更加重要，法官是普通法的支柱所在。

英格兰早期的法学家一般提到三个人物。第一个是格兰威尔（Ranulph de Glanville），他是诺曼英籍主教，在亨利二世手下当了10年的大法官（1180-1190）。他所著《英国法律与习惯法》（Tractatus de Legibus et Consuetudinibus Regni Angliae）被认为是英国的第一部法律著作，共有14卷。此书以王室法院的判决为依据，把王室法院的诉讼程序记录了下来。史书记载，格兰威尔与亨利二世私交很好，亨利二世热衷于与他讨论法律问题。第二个是布拉克顿（Henry de Bracton），他是亨利三世的大法官（1265-1267），他所写《英国的法律与习惯》，与格兰威尔的著作不同，该书不仅讨论程序问题，而且阐发法律的原理。他以罗马法中的《法学阶梯》为蓝本，广泛地探讨了动产方面的法律。在封建社会下，法律主要涉及不动产及其租赁的法律问题，动产法并不发达。布拉克顿补救了这些缺陷，这就使得他的著作在数百年的时间里被认为是标准的法律读本。第三个是利特尔顿（Thomas de Littleton），他是一个执业律师和法官。在爱德华四世执政期间，他担任了民事高等裁判所14年多的法官（1466-1481）。他所著《土地法》探讨不地产保有法律问题，是后来柯克和布莱克斯通著作的根据。在1470–1628年间，他的作品被认为是解释英国普通法的权威著作。④

2．衡平法

"衡平"（Equity）这个概念我们并不陌生，在古罗马这个概念已经有了。不少的法学家把罗马法与英国法进行比较，梅因就是如此。梅因在探讨古代法的时候，就认为罗马法与英国法的发展模式是一样的。衡平法类似于罗马时期的裁判官法或是大法官法，大法官法应用"公平"和"正义"（justice）来判案：当市民法无法解决纠纷的时候，或者按照市民法处理纠纷导致不公平的时候，那么裁判官可以根据公平正义的方式，绕过市民法的规定，直接判决，史称为衡平。⑤

公元12–13世纪，英国的手工业和商业有了较大的发展。随着商品经济的发展，出现了许多普通法所没有规定的社会关系和社会现象，或者虽然有规定，但是如依其处理便会产生不公平不合理的现象，因此就需要有新的法律予以调整。其一，普通法的诉讼程式刻板和僵化，导致百弊横生。其二，根据普通法，当事人向王室法院提起诉讼，必须向国王或大法官领取开审令状。不同的诉讼理由，就有不同类型的开审令状，由此决定不同的诉讼方式。如果已有令状目录中找不到相应的令状，当事人的权益就得不到保护。如果申请的令状不合适，诉讼必定失败。比如，按照普通法之侵权法，只有直接的身体伤害，才能够构成侵权行为，假定出现间接的伤害，当事人就申请不到令状，他就无法来救济自己的权利。其三，普通法的陪审制度不适用于许多案件，比如监视继续行为之诉、慈善事业之诉、稽核账目之诉和多方面争诉之诉。其四，普通法缺乏强有力的执行能力。⑥如同庞德所言，法律的发展总是滞后的，社会的发展却总是超前的。⑦例如，依普通法之合同法，双方不是以暴力威胁所制定的合同，合同就一律有效。但是，精神威胁下所发生的合同，如果它不可撤销，那么就存在着不合理。在这样的情况下，这就必须有新的法律对当事人进行救济。按照古代以来的习惯，比如日耳曼人"君主不受法律格式所拘，他可以以公道而裁判"，盎格鲁撒克逊人"倘若普通法太过严酷，可向君主求平反"，臣民因此可直接要求国王保护。国王就把这些案件委托给御前会议，由御前会议的秘书长也就是大法官来处理。枢密院

(chancery)设官,为"君主良心的保护者"(keeper of king's conscience),衡平法院(Court of Chancery)由此产生。到爱德华三世的时候,英王下令所有衡平案件归枢密使(chancellor)受理,他行使非常法律管辖权(extraordinary jurisdiction),以区别于普通法的寻常法律管辖权(ordinary jurisdiction)。⑧

早期的衡平法并无系统,也无限制,直到19世纪,衡平法院系统才告完成。而且,在普通法与衡平法之间一直存在着激烈的争斗。典型地,1603年,王室法院的柯克与衡平法院的埃尔斯密尔(Lord Ellesmere)及总检察长培根之间的争斗和仇视,一直是英国法律历史上的传奇故事。到1873—1875年英国司法改革的时候,《司法法》才合并了普通法院和衡平法院。

3.制定法

13世纪末14世纪初,英国出现了国会,国会开始有了立法的活动。制定法的起源一般要追溯到英国的《大宪章》和《权利请愿书》。英格兰的民族意识开始觉醒,英国人不愿意把自己的民族仅仅当作一个领地、村庄和庄园的集合,而愿意建立起一个具有主权的中央集权国家。英国国王的暴虐无道和无耻淫荡的生活,导致了贵族、僧侣和人民的不满。坎特布里大主教发起了反对国王专断权力的运动,汤姆斯(Thomas d Becket)大主教被亨利二世暗杀了,他的后继者红衣大主教兰柏敦(Stephen Langton)却强迫亨利二世的儿子约翰王签订了《大宪章》。

到13世纪的时候,国王与贵族、男爵和自由人之间达成了政治上的妥协。《大宪章》保护贵族们不受到专制国王的侵害,其中有三点被认为具有法律史上的意义:其一,

《大宪章》

教会应该有自由；其二，伦敦市及帝国各城镇享受以前所有的权利和特权；其三，除国法或贵族之法裁判之外，自由民不得被剥夺生命、自由和财产。作为回报，"国王不得为非"成了英国的宪法惯例。这个宪法惯例意味着，国王是主权者，他具有法律上的豁免权，不能够成为法律诉讼的被告，不能够在"他自己的"法院中受到审判，以此来维持主权者的特权和尊严。尽管如此，英国贵族、自由民与国王之间的斗争从来都没有停止过。亨利三世是约翰王的儿子，当他违反《大宪章》的时候，雷斯特伯爵西蒙（Simon de Montfort）控制了国王，召集国会。臣民不能够控告国王，但是他们可以提出权利请愿书。从14世纪查理一世开始一直到1628年，反对国王的权利请愿活动一直在发生。国王不能够成为被告，但是他的内阁大臣们却要为国王的不当行为承担相应的法律责任。土地和财物被非法剥夺、违约所致的损害赔偿和公众服务所造成的损害，受害人可以得到法律上的赔偿。到光荣革命结束的时候，君主立宪制下的国王只是一个虚职的国家象征。"国王不得为非"惯例仍然有效，但是实质性的内容则大打折扣，国王不承担法律责任，但是总检察长、法人团体和公务人员则要替他受过。后来有学者认为，实际上这个时候的市民阶级还不足够强大，《大宪章》并不是人民跟君王之间的一种契约，而是贵族与英王之间的一种契约。《大宪章》是英国中世纪最重要的一部制定法，内容广泛，涉及国王与贵族的关系、等级制、不动产、债务关系等。国王的权利受到了比较大的限制。到爱德华一世的时候，国会立

《大宪章》原件

法颇多。爱德华一世是亨利三世的儿子和王位的继承者，他在位35年（1272-1307），颁布了二十余件法律，被认为是英国的查士丁尼。⑨

英国的判例法传统，使得制定法只居于法律活动中次要的地位。英国有了制定法，意味着英国法律在形式上出现了两个法律渊源：普通法和衡平法都是法官法，而制定法却是国会法。一般认为，议会制定的法律实际上是所谓人民的意志，但是法官却是国王任命的，法律的实施体现更多的是民族传统。在大陆法系，制定法的地位是至高无上的，这来源于卢梭的所谓人民主权说，在英国，议会的地位并不是那么高⑩，在法律发展中，更重要的还是法官们，所以判例的地位高于制定法。从制定法和判例法的效力上看，当二者发生冲突的时候，制定法的效力优于判例法。这种说法主要是一种理论上的推论。在实践中，判例法的作用更直接。制定法只有通过法官在审判实践中适用重新肯定之后，才进入英国法的体系，如果不经过这个过程，制定法就不能成为真正的法律。这是普通法系的一个典型特点，立法机关的意见只不过是一种参考性的意见，起一种指导作用。只有通过法律适用，立法机关的文件才成为法律渊源一部分。以后的法官或者是下级法院的法官，才能够遵循上一级法院的法官或者本级法院以前的判例，来作出自己的判决，这构成了普通法的精神。

二、柯克与布莱克斯通

自1641年到1688年，英国贵族与新兴的资产阶级达成了协议，英国资产阶级革命告一个段落，史称1688年的"光荣革命"。之所以称为"光荣"，是因为英国革命是没有流血的革命。在这里，普通法与大陆法在革命和法律变化的模式上不一样，在大陆法系，一场革命导致一种新的法律制度，而在美英法中，革命并不中断法律。法律随着民族特性慢慢向前延续和发展，英国法如此，美国法也是如此。

给封建的法律加上资产阶级的含义，英国法是通过如下方式来实现的。第一，英国法官和法学家用17、18世纪的精神来解释普通法的一些古老原则，使其适用于资本主义经济发展和政治利益。第二，通过审判实践，以判例形式把资产阶级法律和符合资产阶级利益和要求的一些法律制度和法律原则，吸收到普通法中来，以推进普通法的资本主义化。比如，曼斯菲尔德勋爵（Lord Mansfield，1705-1793）就是通过这样的方式把商法并入到普通法，成为普通法的一部分。第三，制定一系列新的法律和条例，作为对旧法的补充。

这个时期古典自然法学在英国的典型代表是霍布斯和洛克。然而，这两个思想家带有更多的哲学色彩。自然法学对法律的改造，实际上是通过法官们来完成的。其中典型的有两个人，一个是柯克，一个是布莱克斯通。

柯克（Edward Coke）在伊丽莎白、詹姆士一世及查理士一世时声势极盛。他于1606-1613年充当民事高等裁判所大法官，1613-1616年充当王室法院的大法官，还曾经担任过总检察长和议会议员。1628年，他出版《柯克法学原理》(Coke's Institutes)，本书以利特尔顿著作为根据，解释了英国的普通法，被认为是此后两百多年最伟大的作品。他精通普通法，对法律的定义为法官们所遵从。他重权在握，才干出众。

柯克与《柯克法学原理》

柯克

柯克的传奇故事颇多，一是他与埃尔斯密尔和弗朗西斯·培根之间的争斗。柯克是普通法的大师，主掌王室法院，埃尔斯密尔提倡衡平法，为和平法院的管理者。两人本来就有私仇，普通法与衡平法之争使他们俩的矛盾更加尖锐。在一宗借款诉讼中，被告向原告借款，后按时归还了借款并索要了收据，被告丢失了收据，原告向王室法院提起诉讼，要求被告偿还借款。在法庭上，被告无法证明债务已经清偿。王室法院判定原告胜诉。诉讼之后，被告又找到了那收据，但是无法从王室法院那里得到救济，因为王室法院在那场诉讼的判决是终审判决。被告于是向衡平法院提起诉讼，要求暂缓执行王室法院的判决。衡平法院支持了被告。柯克大为光火，认为衡平法院干涉了王室法院的诉讼。双方互不相让，争执交到了国王那里。这个时候，另外一个比埃尔斯密尔更有影响力的人物出场，那就是大哲学家、大著作家、大法学家和大政治家的弗朗西斯·培根。培根当时担任总检察长，之后出任衡平法院的大法官。培根也是衡平法的支持者，是一个精通罗马法的学者，同时也是柯克的对头。在这个案件中，他支持了埃尔斯密尔。国王祖护培根和埃尔斯密尔，支持了衡平法院的判决。此事被认为是英国国王在司法管辖权最后行使国王的特权。争执的结果，是柯克失意引退，辞去一切职务。后来他又重返国会，反对查理一世的专制，同时对培根阴毒地攻击，与培根结下世仇。⑪

柯克的第二个传奇故事是他于1603年对罗利（Wlter Releigh）一案的审理。罗利后来被称为"英国历史上最勇敢、最博学、最有才华的绅士",应该说是与柯克的审判中所表现出来的"冷酷无情、卑鄙狠毒"相对应的。罗利被指控犯有叛国罪,但是指控方没有任何不利于他的证据。柯克拟定了一个陪审团的名单,接着对罗利进行近似于"捕风捉影的证据、匿名信、没有证人的控告、造谣中伤和诽谤"的审判。下面摘引几句柯克在法庭上控告罗利的言论:"我会证明你是一个魔鬼,你虽然长着一张英国人的面孔,却有西班牙的心","你是有史以来最名副其实的大叛徒","你是一条毒蛇,是一个卑鄙的叛徒","你说够了没有?国王拥有最后的发言权","国王的安全与你所解释的不吻合。在上帝面前我要提出抗议,我从来未见过有谁犯了叛国罪后比你还嚣张的","再没有比你更卑鄙无耻、毫无良心的叛徒","为了揭露你的恶毒罪行,我不得不使用这样的言辞","你这个可恶的家伙,你将会因你的傲慢而被全英国人唾骂"。陪审团在15分钟后作出了罗利有罪的判决,判处死刑缓期执行。罗利被囚进伦敦塔,一度被释放出狱,不过,最终又被带到法庭判处死刑。此案持续了14年,柯克也因为此案当上了民事高等裁判所大法官及后来的王室法院的大法官。⑫

第二个人物叫布莱克斯通(William Blackstone),这个人名的中文的翻译比较多,有时翻译为布拉克斯顿,有时翻译为布拉克斯通,有时直接翻译为"黑石先生"。英国是一个判例法的国家,法律并不存在于法典之中,而是存在于浩如烟海的判例之中。零散和混乱的英国法,需要有人把以前的判例和法律制度整理归纳,形成一整套容易为人们掌握系统的知识。这个工作是由布莱克斯通来完成的。1765年,他出版了《英国法释义》(Commentaries on the Laws of England)。这本书被认为是普通

布莱克斯通

《英国法释义》

法的基本读物，是优美的、引人注目的普通法著作。此书为作者于1753年在牛津大学讲座内容编辑而成，有四卷，第一卷涉及国家组织和家庭关系，第二卷涉及不动产和动产，第三卷涉及司法程序，第四卷涉及犯罪和刑罚。此书出版后，英国法律教育便开始由法律伦敦四学院⑬的实习教育，发展到大学法学教育。在英国，《英国法释义》并没有像柯克的著作那样享有三百多年的权威地位，但一直是各学校普通法及律师们的初级读本。美国采用了普通法体系之后，布莱克斯通的《英国法释义》也被引进到了美国。美国早期的法官和律师以及法学家们都以布莱克斯通理论为蓝本，之后才慢慢地形成了美国自己的法律制度和它的法学体系。

产业革命之后，英国在19世纪的上半叶是世界上最先进的国家。英国法律的变化，可以从如下几个方面来看：第一，整顿和改革旧的繁琐的诉讼程序，对普通法和衡平法进行了一系列的改革。第二，精简和改革了旧的、分散的和重叠的法院组织。其中重要改革是1875年颁布的《司法条例》，依此条例，英国废除了王室法院、衡平法院、民事高等法院和财政法院，创立了统一的最高法院。该法院由一个上议院院长兼任的大法官（Lord Chancellor）担任院长，首席大法官（Chief Justice of England）居其次。最高法院下设若干分庭，包括衡平、王座、民事、遗嘱和海事诸庭。法院内还设一上诉法院，由大法官、首席大法官和三个上诉法官审理上诉案件。第三，在实体法方面制定了大量的成文法。19世纪末，有了《票据法》、《合伙法》和《货物买卖法》等商事法。20世纪初有了《教育法》、《社会保障法》和《救济贫困法》等社会法。1911年的《国会法》对贵族院的权力进行了限制，规定财政方面的议案只由平民院提出通过；贵族院不得否决平民院的议案。在机构方面，1934年，英国成立了法律修改委员会，由法官、律师和学者提出法律修改的建议报告，1952年更名为法律改革委员会。到1982年时，该委员会已经提供了23份法律报告。

三、遵循先例与陪审团

如前所述，大陆法与英国法的差别存在于法典／先例，立法者／法官，逻辑／经验，政治／习惯和演绎／归纳等方面。这里，我们看看其核心差别的遵循先例和判例的具体内容。一般地讲，英国法官全依仗于先例（precedent），由先例而后产生判例（case law）。

遵循先例之判例法，追溯到亨利三世时的布拉克顿。他在担任法官期间，每天都将当日判决录入日记。死后，其日记编辑成册，成为一部先例汇编。此后，律师们仿效，将出庭的案件事实、争论焦点和判决结果录成报告。年终印刷出版，称为《年鉴》（Year Book）。爱德华一世到亨利八世期间，法律年鉴一直延续下来。亨利八世后，年鉴停刊，此项工作由著名律师继续，以编辑者名字命名。到18世纪的时候，律师公会会员专门撰修判决报告。于是，各法院自有法律的报告。1865年，法律报告编写由法律委员会承担。

通俗地讲，判例就是前任法官或者上级法官对一个具体案件所做出来的判决，后继的法官或下级法院应该遵循先例中的法律原则和规则。这不同于大陆法系，在大陆法系国家，一个法官碰到一个具体案件的时候，首先想到的是法典如何规定，然后按照法典的规定衡量本案件，遵循的思路是法典一般规定到案件特殊事实的一个三段论推理的模式。张三杀了李四，法官面对此案，法典的规定是推理的大前提：故意杀人应该判处死刑；张三杀人的事实则是推理的一个小前提；最后是一个结论：张三应该被判处死刑。英美法系的法官则不然，当法官碰到一个具体案件的时候，他首先想到的是此类案件以前法官的判决。前任法官或上级法官在审理的那个案件中，事实如何？与本案件是否相似或相同？那样的事实下有哪些规则？这个规则是否可以运用到本案？遵循先例的基本含义，就是先前判决中的法律的规则和原则，对以后同类案件具有约束力，换言之，高级法院的判决对低级法院处理同类案件有约束力；同一法院的判决对以后的同类案件有约束力。⑭

判例法是法官在长期审判活动中积累而成的，因此法官造法使得法官地位显赫，英国法因此有"法官法"之称。与大陆法系比较而言，英美法的法官影响力超过法学家甚至政治家，法官是深受人们尊重和向往的职业。⑮前面提到的格兰威尔、布拉克顿、利特尔顿、柯克、布莱克斯通和曼斯菲尔德，后人也称他们为法学家，但是，这五个人物与其说是法学家还不如说是法官。英国历史上还有很多为人称道的法学家，比如边沁、奥斯丁、

边沁

戴雪、梅因、梅特兰、波洛克等，但是，他们基本上都是纯粹的学者。比起上面的那些法官来说，他们在法律实务方面要逊色很多，他们对英国法律的影响不是实践上的，而是理论上的。边沁是英国功利主义之父，他并没有做过法律的实务，他对英国法律的影响并非他的功利主义，而是作为社会活动家对英国法律改革的鼓噪。英国19世纪的司法改革和立法运动，据说都源于他的社会呼吁。奥斯丁是英国分析法学派的倡导者，他希望英国学习普鲁士的法律，改变英国法的混乱，创立罗马法那样统一有序的法律体系。他曾经做过律师，承担过刑法委员会的工作，但是都不成功。戴

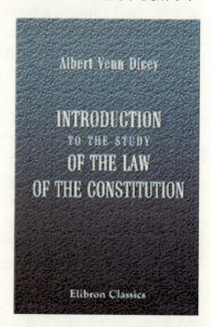

《英宪精义》

雪所著《英宪精义》或称《英国宪法导论》，是对英国宪法的一个经典的总结。他们对后世学者的影响大于他们对当时律师和法官的影响。

英国法与罗马法的关系，是历史学家们喜欢谈论的问题。我们说，大陆法基本上就是罗马法的延续，而英国法受罗马法的影响则是间接的。盎格鲁撒克逊占领不列颠之前，不列颠处在罗马人的控制之下，诺曼人与高卢人又给英国注入了罗马法的普通法，注释法学家华卡雷斯去英国讲过学。18世纪英国普通法吸收西欧商法，其渊源也是罗马法。如果说，大陆法系接受罗马法的方式是从体系、原则到概念术语的全盘接收，那么可以说，英国法则是吸收了罗马法的某些原则和思想观念。在英国法的后期发展中，英国法摆脱了罗马法的影响，通过巡回法官的工作，英国人按照自己的习惯发展出了自己的法律，按照20世纪英国哈耶克的说法，英国法是自生之法，而非外在的强加。

典型地，英美法中的陪审团制度是英国法不同于大陆法的独特之处。陪审团源于法兰克王室，用以追索王赋，诺曼人进入不列颠后，将此制带到英国。1075年，英国发生一宗国王与教会的土地纠纷案件。法官在审理的过程中，命令郡民选出12个代表，使他们宣誓后提供事实证据。这便是英国12人陪审团的开端。早期的陪审团实际上是以证人的身份出席审判的。到亨利二世的时候，陪审团与令状制度结合了起来，成为司法程序的一部分。陪审团先是适用于民事诉讼，后扩展到刑事诉讼，陪审团就案件所涉事实问题作出判断。经典的描述是："证人由陪审团来充当，由经过正式宣誓的官员从发生纠纷的近邻中选出12名有一定财产的上等人，他们与双方当事人都没有什么利害关系，可当庭接受质问和提出反对，并在宣誓之后着手审理案件。"⑯

14世纪初，英国一个上诉案件的图画中有如此景象：高坐在法官席上的是国王的法官，列席的还有其他的法官。一审陪审团的12个人当中，三位死亡，两位缺席，上诉审中出现的七位陪审团成员全都穿着绛红色的长袍，边上镶着洁白的白鼬毛皮，据说这象征着法官的地位。站在法官席后面的是法官的庭吏，他们都穿着肃穆的黑底杂色长袍。庭吏们都戴着高级律师白帽，他们享有在国王面前免脱帽的特权。他们在法庭上所拥有的唯一权利就是陈述意见，也就是说，普通法院要听他们的意见，后来他们称为律师。二审的24位骑士陪审团成员全部到庭，都穿着高贵的长袍，佩带着宝剑。一审陪审团的七个陪审团成员像犯人一样垂手站在被告席上。在庭吏的陪同下，被上诉人到庭，于是庭审开始。法庭上发言的人都使用诺曼法语，年鉴中的记录用语也是诺曼法语。但庭审程序记录的书记员用的却是拉丁语。上诉人的庭吏对一审的判定提出异议，被上诉人作口头抗辩。被上诉人提出自己的诉讼请求，大法官给出简单的答复。大法官向24人的陪审团对被告和一审陪审团的意见作出明确的回答，并给出具体的赔偿数额。[17]

陪审团的价值在于它把法律与普通的民众结合了起来，一个方面，法律的判决依据普通人的判断和尺度，另外一个方面，陪审团塑造了普通人的政治素质。这就使得英国人普遍具备了欧洲大陆人所不具备的自治政府的能力。陪审团的代表性质，是英国议会形成的一个制度渊源。后来，英国的清教徒将此制度带到了北美，地方自治与陪审团成为了美国早期民主的象征。[18]

通过广泛的殖民活动，英国法渗透到世界上的其他国家和地区。当英国成为一个"日不落帝国"的时候，它的法律制度也在世界各地开花结果，最后形成英国法的体系。其中，比较成功的，有美国法、澳大利亚法和加拿大法，香港地区的法律也是如此。

四、美国法律的由来

美洲大陆原著人是印第安人，他们遵循着原始社会的生活习惯。对于印第安人部落的原始法律，美国20世纪30年代法律现实主义开始关注，后来的法律人类学家又试图从印第安人的传统习俗中发现现代法律制度的起源。

有这样一个案件，A与B是同村人，一天B到A的屋子里面去想借他的一匹马。A没有在家，B就把自己的弓箭放到醒目的地方，牵走了一匹马。当A回来时，发现少了一匹马，看见了B的弓箭后，明白了是B把他的弓箭抵押在他那里借走他的马。时间过了许久，B没有把A的马还回来。A就去找部落的一些首领们，若干人所组成的首领们管理着部落里的公共事务，他们是部落中德高望重和主持公道的人。A对首领们说，B把我的马牵走了，留下弓箭，但是他一直没有还，现在A要找回自己的马。首领们派人去找B，找到了B后，B也并不否认拿走了A的马。他说他当初拿着弓箭来借马，是因为他需要这匹马来去打仗。离开本村后，B一直在奔波，好在运气不错，现在发财了，可以还给A的马了。不过，A原来的那匹马死了，B有两匹自己的马，A可以选择其中的任何一匹。B回到了村里，到了A所居住的地方，当着首领们的面，B愿意把两匹马都还给A。A说，B能够回来，他就很高兴了。A挑选了一匹马，把B的弓箭还给A。B与A和好如初。

法律人类学家认为，这个故事本身就意味着早期法律的一些萌芽。当军事首领说，"现在我们将创造一个新的规则，即非经许可不得牵走他人之马。如果不经过同意拿走了别人的东西，我们将仔细检查并令物归原主；如果企图据为己有，我们将给他一个惩罚"[19]。现代借用合同关系的诸要素、权利义务关系的实现、争议解决的方式和程序都包含其中。当自己的权利得不到实现的时候，人们就找到一个共同的权威来解决他们之间的纠纷，于是就有了法律制度及其诉讼制度。但是，早期印第安人的习俗并未成为美国后来的法律，1492年哥伦布发现美洲之后，欧洲殖民者涌入，到1732年的时候，大西洋沿岸建立起了13个殖民地。

早期殖民地的法律并不是很多，最早就追溯到英国清教徒之普里茅斯的《五月花号公约》。中世纪主权与神权的矛盾冲突在英国也一直存在，英国对于清教徒的迫害也甚为强烈。柯克对罗利的死刑审判，历史学家也认为是英国对新教徒迫害的一个例证，因为罗利的罪名就是要推翻伊丽莎白的统治，英王反对罗利所遵从的新教。英国的清教徒在国内很难生存下去，于是就逃离英国。他们坐上一艘叫做"五月花号"的船，漂洋过海到了美洲大陆，慢慢地建立起自己的殖民地，美国开始进入现代的社会。

殖民时期的法律可供考据的材料不多，美国法究竟是英国法的继受，还是依照《圣经》原则而生的新型法律？还是根据殖民地特定情况创造的法律？学者们也争论不休。[20] 通常的说法是，清教徒适用着英国的法律，不过，《圣经》中的正义和公平原则同样具有法律的效力。晚些时候，各殖民地议会有时候也颁布自己的成文法，典型的是1639年的《康涅狄格基本法》和1648年的《马萨诸塞一般法律》。

英国与殖民地之间的矛盾冲突，导致了独立战争。美利坚的各殖民地希望建立起自己的国家，排除英国的殖民统治。13个殖民地联合起来，1776年发表了《独立宣言》。《独立宣言》的起草人是杰斐逊，他是弗吉利亚州的代表，后来做过华盛顿的国务卿，也当过美国总统。1781年，《邦联条例》生效，1787年，美国召开制宪会议，1789年美国国会正式宣布《美利坚合众国宪法》生效。此后，《人权法案》通过，各州也相继制定了州宪法。在合众国早期，美国法律制度的走向面临着选择，是继续适用英国法，还是采用法国法模式，政治家们一直存在争议。美国建国者们对英国法的态度是复杂的，一方面，他们痛恨英国的殖民控制，另一方面，这个时期美国上流社会的律师们却都有英国式法律教育的背景。可以想象，一批接受了英国式法律教育的人采用大陆法系传统的法律，既是不利的，也是不方便的。最后，美国还是采用了英国法。布莱克斯通的《英国法释义》在美国出版，其销售量与在英国的销量持平。美国本土法官肯特的《美国法释义》和斯托里的宪法和私法论著，也加快了美国普通法化的进程；到19世纪30年代，普通法已经成为美国法的基础；到19世纪中叶，

《独立宣言》

普通法得到初步的确立。霍姆斯大法官于1881年出版《普通法》的时候㉑，美国普通法已经基本成型。从法律传统上看，大陆法系的法典派失败了，普通法派成功了，"血比水浓"，美国法仍然是英国法的延续。㉒

霍姆斯

与此同时，在美国呼吁制定法典的，也不乏其人。1811—1871年间，英国的边沁就曾经建议美国总统麦迪逊、各州州长和"几位美利坚合众国的公民"制定一部完整的美国法典，但并没有得到支持和响应。1847年，美国律师菲尔德（David. D. Field, 1805—1894）主持纽约州法律编纂委员会，先后编纂《民事诉讼法典》、《刑法典》和《政治法典》等五部法典，称为《菲尔德法典》。南北战争之后，南方奴隶庄园制被废除，美国走上了工业化的道路，法律伴随着产业革命不断发展。㉓ 1878年，美国"美国律师协会"致力于"统一各州法律"。1889年，"统一州法全国委员会"组建，1892年正式成立，主要任务是起草并向各州推荐成文法。

具体来讲，美国法律统一和系统化的趋势从20世纪30年代就开始了。对单行法规的整理编纂，于是有了《美国法典》，1964年予以修订。美国联邦立法达15卷，1973年有了系统的联邦条例汇编。判例的搜集、整理和归纳构成了美国最高法院判例汇编，一共10卷。1952年统一州法律委员会与美国法学会合作拟定了《美国统一商法典》。到1968年，除路易斯安那州外，法典被各州所采用。在民间，美国法学会为了促进法律的统一化和系统化，编纂了一系列的模范法典或称标准法典，1931年有模范刑事诉讼法典，1942年有了模范证据法典，1962年有了模范刑事法典。美国法学会是一个民间的组织，其整理成果并不具备法律的效力,但是从实践上看,美国法学会的文件和美国学者的看法都可以被法官在判决书当中采用。美国法学会编撰出版的"法律重述",将司法方面的浩繁判例加以整理综合,然后按照法典的形式分编章条款汇编成册,供法官在判案的时候参考,在实践中起到了重大的作用。参与整理的人,包括知名法官、律师和法学家。到1971年的时候,法律重述达25卷,其中重要的有合同法卷、侵权法卷、信托法卷和代理法卷等。[24]罗斯福新政后,经济立法和社会立法增多,新兴的法律部门同时包含了私法和公法的性质。到1965年的时候,美国有了89件社会福利性的法案。[25]

五、美国法与英国法"血浓于水"的关联性

美国对英国法的继受,英美法与大陆法的差异,前面已经阐释很多,这里不用赘言。这里,通过两个具体法律制度的变迁,看看美国法与英国法的关联性。

在侵权法领域,有一个法律制度称为"与有过失"。与有过失是台湾学者的叫法,我们称"受害人过错"或"过失相抵",日本人称"过失相杀"。这个制度的现代规则是,被告对原告实施了侵权行为,如果原告有过错,那么法官在判决的时候,应该按照受害人的过错比例,减少被告的赔偿数量。

在英美侵权法中,这个制度要追溯到1809年英国的一个判例。在德比大街,晚上八点的时候,夜幕降临,但人们依稀还可以看到一百码以外的情形。被告为马路旁边一所房子的主人,他在翻修他的房子,其中脚手架的一根柱子伸展到了德比大街的马路上,突出的柱子并没有完全阻隔大街,大街的另外一半是畅通的。原告骑着马飞奔而来,原告的马速和傍晚的光线使他没有看清楚伸展出的柱子,他猛地撞到这个柱子,从马上摔了下来,严重受伤。原告把被告告上了法庭,理由是,由于被告翻修房子时阻碍了街道的通行,原告受伤。被告的行为导致了原告的损害,因此要赔偿原告的损失。被告的抗辩理由是,在此案中,不能说被告的柱子撞倒了原告,而是原告自己不关心自己的安全,是原告在傍晚时分骑马速度太快才造成了损失。也就是说,并不是被告的过错导致了原告的损失,而是原告自己的过错导

致了他的损失。法院判定被告胜诉。理由是，在德比大街这样繁华、行人众多的街道上，快速骑马本身是一种过错。原告应该能看到那根柱子而没有看到，那就是原告的过错，原告有过错就得不到法律的支持。㉖

美国侵权法中"与有过失"的案件追溯到这个案件，也一度采用过这项制度。到了19世纪后半期的时候，美国产业革命已步入黄金时期，英国法律的原则遇到了困境。因为在劳工损害案件中，工人受伤通常有工人自己的过错，英国法中"与有过失"规则"要么赔偿，要么不赔偿"的简单处理方式不利于对劳工的保护。于是，美国的法官们改造了这个原则，那就是，即使原告有过错，他也同样可以得到补偿，只是他所得到的赔偿数额应该按照他的过错比例相应地减少。"与有过失"转变成"比较过失"。

美国法中的严格责任同样要追溯到英国法。英国严格责任第一案是，原告是一个矿业主，被告是一个磨坊主。磨坊主让独立建筑承包商在自己的土地上修建一座水库，建筑承包商发现了地下废弃的竖井但未有效地填埋。水库修成之后灌上水，水沿着水库下面竖坑流入了邻居矿业主的地下，淹没了矿业主的地矿。矿业主状告磨坊主，英国的贵族院以4比3的票数支持了原告。这个案件被认为是英美法中现代严格责任的第一案。㉗此案在英国和美国都有诸多的争议。侵权法的一般规则是过错责任原则，在本案中，被告并无主观的过错。让无过错的被告承担责任，与侵权法的原则不符。但是，工业风险要求侵权法改变原有的规则，严格责任最后在英国确立了下来，但是本案件所形成的严格责任规则被控制在严格的范围之内。此案件所形成的规则同样引进到了美国，产业革命带来的损害风险也改造着美国法。20世纪早期，美国的侵权法同样遵循着过错责任原则，但是到20世纪中期的时候，美国侵权法承认了严格责任。在这个过程中，英国矿业主状告磨坊主所设定的严格责任为许多美国法院所采纳㉘，只不过被美国法纳入了"高度危险作业"而产生的严格责任的范畴。

可以说，美国法的历史来源在于英国法，不过，美国人按照自己的状况发展了美国法，与英国人的保守不同，美国人更多地以实用主义发展法律，对英国的普通法进行了建设性的改进。

六、美国法与英国法的断裂

英国法与美国法都以判例法为特征，但是，两者之间的差别甚为明显。英国人保守，美国人开放；英国法传统道德至上，美国法则充分体现了法律上的实用主义。与英国法对比而言，美国法的不同之处可从如下几个方面表现出来。

第一，美国具有联邦法律和州法律两套法律体系和两套司法体系。

简单地讲，一个国家法律结构的形态要么是单一制，要么是联邦制。单一制的国家只有一个最高的主权，只有一部宪法和一套完整的法律体系，英国就属于此类。在这样的国家里，法律趋向于一致性和稳定性。联邦制的国家则不同，总体上有一个联邦政府的存在，联邦之下有自治的州，美国则属于此类。国家主权只有一个，但是，联邦和州都有自己的宪法和完整的法律体系，都有自己的司法系统。联邦和州之间存在着利益的冲突和对抗，州与州之间的法律，也存在着差异性。

州法之间司法管辖权相互不干涉，每个州对自己州内的法律事务具有排他的独立与自治权。在联邦与州之间，司法管辖权的争执贯穿着美国法律史。在美国法律史的早期，州的独立性大，联邦宪法没有规定的权力，都由各州享有和行使。但当美国经济发展至需要有全国统一法律制度和法律管辖权的时候，联邦与州的法律冲突就会显现，一般讲，联邦权力的扩张是美国法发展的一般趋势。在管辖权划分上，涉及各州共同利益的案件，比如民权问题，或者涉及多个州的法律问题，由联邦法院来管辖，而在涉及财产、合同、侵权行为和犯罪等问题的地方，都由州法院来管辖。美国司法结构是双重的，州有初审法院和最高法院，有的州还设有上诉法院；联邦法院也有初审法院、上诉法院和联邦最高法院，后还出现了巡回法院。

第二，美国的成文法相对较多，历史传统延续与法律变革因时而定。

判例制的国家强调遵循先例原则，法官的判决对于以后的法官和下一级法院的法官具有约束力。法律的延续是靠着判例中的原则、规则和理念来维系的。判例是由法官发现的，而不是由立法机关制定出来的。美国与英国不同，美国产生得比较晚，其成文法比较多。美国建国的时候，就有一部成文的宪法，到19世纪以后特别是进入了20世纪之后，美国成文立法大增，范围也很广，其中典型的有联邦的模范刑法典，统一商法典和反托拉斯法，每个州有各自的成文法典。法官创制法和政治、经济和社会立法开放式地匹配社会的发展。以至于有法学家说，美国法不再是严格意义上的判例法了。

第三，美国司法权独立，法院享有司法审查权。

美国宪法明确规定了三权分立的制度，实现了孟德斯鸠权力分离制衡的理想。在三权中，宪法确立了司法机关与行政机关和立法机关的平等地位，在成文法条层面上使司法机关处于前所未有的优越地位。不过，三权分立在实践上的实现，或者说司法权与立法行政权取得平起平坐的地位，要等到美国宪法制定后的15年。1801年，美国总统亚当斯卸任之前，签署委任状，任命马伯里等人为哥伦比亚特区治安法官，委任状没有及时发出。第二天杰斐逊就继任了总统，立即命令国务卿麦迪逊停止发放委任状。马伯里根据1789年的《司法条例》，要求联邦最高法院签发强制令，命令麦迪逊给他发委任状。联邦最高法院的首席法官马歇尔并没有能够让马伯里当上法官，但是在这个案件中，他确立了美国的司法审查制度。因为《司法条例》与宪法相冲突，所以应属无效。以司法的权威来挑战国会的立法，法院因司法审查权有了一般意义上的立法权。当然，如果我们仔细考究历史的细节，我们就可以看到，在这个案件中，与其说马歇尔为美国宪政而战，还不如说他是为了个人私愤和党派的争斗，造就了美国的司法审查权。马伯里没有拿到法官的任命书，是作为前国务卿的马歇尔失误，当他做了联邦最高法院首席大法官之后，他要对新的国务卿麦迪逊还以颜色。马伯里等人被任命为联邦和州治安法官，

马歇尔

并不是这些法官候选人多么的才华过人,而是联邦党人在失去议会席位和总统宝座之后抢占最高法院席位的权力血拼。通过权力分立以保障人民自由的法律制度,演变成了个人私欲和党派争斗的精巧技艺。

第四,法律功能主义导致遵循先例的灵活性。

英国法中的遵循先例是较为硬性的,但美国的遵循先例并非严格。法官认为在适当的时候可以改变先例,可以确立新的规则。在美国法的历史上,保守主义与功能主义一直在争斗,18世纪下半叶,法律功能主义成为了主导的司法理念。"法律应该促进社会的发展","不能够让历史埋葬了现代人"是法律实用主义者的口号。从这个意义上讲,英国人要保守,而美国人要激进。这也是英国法律停滞不前,而美国法一直保持世界领先地位的原因所在。20世纪30年代的联邦大法官卡多佐在评论美国司法哲学的时候指出,法官所审理的案件分为三个类型。在简单的案件中,遵循先例足以处理手边的案件;在全新的案件中,法官创造着法律;在两者之间的所谓"疑难案件"中,法官必定要行使自由裁量权。在后两种案件中,法官遵循先例是要大打折扣的。要使法律合乎社会的新情况,就要在先例中找到新法律发生的根据。即使是打着遵循先例的旗号,实际上却也在改变着法律。特别是在联邦最高法院那里,他们从来都没有严格受到先前判决的约束,改变原有的规则是常见的事。

第五,通过法律诉讼的方式处理政治问题。

美国被认为是一个法治水平高的国家,是与它经常将政治问题转化为法律问题,从而以"和平"方式解决政治争端的方式密不可分的。美国历史上大规模的战争并不多,除了独立战争和南北战争之外,美国的历史都在和平中延续,政治问题的法律化功不可没。种族平等运动、青年运动和女性主义运动,无不通过法律上的较量,最后以"法律平等"问题的方式解决。

以种族平等问题为例,美国是一个多民族多种族的国家,除了白人之外,还有黑人和其他有色人种。占主导地位的是来自欧洲的白人,种植园经济带来了非洲的黑人,产业革命带来了亚洲的黄种人及其他有色人种。白人与有色人种不可避免地存在种族主义纷争,南方3K党横行,20世纪60年代马丁·路德·金发起了黑人民权运动,法律平等与种族歧视一直是美国宪法的热点问题。

1787年的宪法并没有废除农奴制度，内战以后有了黑人法典，黑人受到的歧视还是比较严重的。早期的法律确立了"隔离但平等"的原则，也就是说，白人和黑人在人种上是不同的，不同种族的人有不同的生活习惯，因此种族隔离有其合理性。公共汽车区分白人座区与黑人座区，学校区分为白人学校和黑人学校。隔离避免冲突，虽然隔离但是也遵循了平等。拿亚里士多德分配的正义与矫正的正义理论也可以解释这一点，有色人种与白人人种不一样，可能就存在天

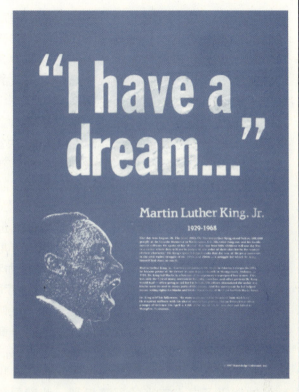

马丁·路德·金《我有一个梦想》

然的不平等，不平等就应该把他们分开，隔离体现了分配的正义；但是，黑人和白人都是人，把他们区别开来分别对待，又是一种歧视，歧视又是不平等。要消除这种不平等，就需要有民权的法律，平等就意味着矫正的正义。

　　"隔离但平等"被废除要追溯到1954年的布朗案。一个姓布朗的黑人牧师，有一个适龄上小学的女儿。她不能够就近入白人小学就读，而必须走过若干街道，穿过昏暗的隧道，坐上拥挤的校车，然后到黑人小学去上课。布朗于是联合美国有色人种协会向政府发难，开启了美国历史上的黑人法律平等运动。在黑人律师看来，黑人和白人都是美国的公民，种族隔离就是一种不平等。种族隔离对黑人造成的自卑、缺乏自信和糟糕的教育，既是对黑人的一种压迫，也会导致社会

更加不公。但是，政府的律师也有自己的理由，让自卑感的黑人与优越感的白人一起上学，既与美国20世纪50年代的社会现实冲突，又会导致黑人更加的不自信，对黑人的特殊保护是对黑人另外一种意义上的歧视。隔离并不导致歧视，反而是对黑人的特殊保护，因此隔离并非不平等。而且，美国在通过14条宪法修正案的时候，许多州政府同时批准了白人公立小学，因此，从立法者本意上考察，隔离并不违反平等。此案一直打到了联邦最高法院，9名法官4：4打了个平手，未投案的首席大法官不知所措，后来郁闷而亡。新任首席大法官通过政治的技巧而非严格法律的论证，说服了最高法院，支持了布朗。美国的黑人终于在基础教育中获得了与白人一样的均等受教育的机会。[29]

黑人在法律上达到了白人的平等地位，但是并不因此消除黑人因肤色带来的先天不足。1971年，一个叫德芳尼斯的美国犹太裔学生申请华盛顿大学攻读法学院，其大学成绩和能力考试成绩高于大多数少数民族的学生，少数民族的学生被录取了；德芳尼斯却被拒绝了。据查，法学院入学委员会有一位黑人教授，有一位偏向黑人的白人教授。如果德芳尼斯是一个黑人，或者是一个墨西哥裔人，或者是一个菲律宾裔人，或者是一个印第安人，那么他足以被法学院录取。德芳尼斯以第14条修正案之"法律平等保护"状告华盛顿大学，主张对黑人的特殊保护侵犯了白人正当的平等权利，此案同样打到了最高法院。此案与上面的布朗案正好形成对比，在布朗案中，法律支持了黑人，法律的平等用来帮助了社会弱者；在德芳尼斯案中，偏向黑人的行为又被白人认定为歧视了白人，法律的实质扶助又被称为违反了法律上的平等。两种情形都以第14条修正案之法律平等为依据，法律平等于是处于尴尬的境地：法律追求形式上的平等，实际上强化了人们实质的不平等，法律追求实质上的平等反过来又冒犯了法律形式上的平等。换言之，当法律实质性地偏向弱者的时候，强者认为法律违反了平等；当法律平等对待强者和弱者的时候，弱者认为法律偏袒了强者。[30]

七、宪政：分权、法治和人权

英国法被称为近代宪法之母。按照戴雪的总结，英国宪法有三个特点：其一，议会至上；其二，法治；其三，宪法惯例。

英国的宪法为非法典的形式。宪法性文件既有众多的单行法，也有不少的宪法惯例。在单行法方面，有1215年的《大宪章》、1628年的《权利请愿书》、1679年《人身保护法》、1689年的《权利法案》、1701年的《王位继承法》和1911年和1949年的《议会法》等。在宪法惯例方面，有前面已经说过"国王不得为非"的惯例。与美国宪法比较而言，英国宪法被称为柔性宪法，因为宪法的修改相对比较容易，而不像美国的宪法那样，修改非常困难。

在国家制度方面，英国采用了议会与君主并存的君主立宪政体。光荣革命之前，国王处于主导的地位，革命之后，英王的权力是虚的，它成为了一个象征和符号，真正的权力掌握在议会和内阁手上。不过，现代社会的君主制度与古代社会的君主制度是有区别的，现代的君主制与其说是专制，还不如说是一个传统，英国如此，日本也如此，至于说他们与中国古代中国皇帝的区别，有一种说法是日本的天皇和英国的国王讲究一种血缘的延续，以及相伴而生的家族荣誉，不像中国古代的皇帝，中国的古代皇帝以军事上的成败为标志，"王侯将相宁有种乎？"只要有足够的实力，谁都可以当皇帝。当然，孟德斯鸠的看法不同，他把一个人的统治分为专断的专制和依照法律统治的君主，由此，一个人的统治有专制制度和君主制度的区别。

议会是英国的最高立法机关，议会有两个分支，一是由贵族构成的贵族院，二是由选民选举出的平民院。㉛平民院与资产阶级革命有关联，而贵族院则与世袭和国王嘉奖相关。立法权由两院共同行使，财政大权掌握在平民院那里，贵族院没有否决权。就司法权方面来说，贵族院又是最高的审判机关。对英国议会权力的形象描述，19世纪的宪法学家戴雪经典表达为：除了不能把男人变成女人，或者女人变成男人之外，英国的议会无所不能。㉜或许，20世纪之后，戴雪的说法落伍了，因为如今男人变女人和女人变男人并非像19世纪那么艰难。内阁由平民院多数党组阁，内阁成员为平民院议员，首相是平民院多数党的领袖。内阁集体对议会负责，称责任内阁制。

英国法院具有司法独立权，法官在审判案件的时候只服从法律，不受到其他外在权威的束缚。英国司法独立较早；1689年的《权利法案》和1701年的《王位继承法》都明确宣布了司法独立，规定了司法机关只服从法律而不受行政机关和任何个人干涉的原则，而且还确立了法官的终身制。当然。英国的权力分立并没有截然的界限：行政机关源于议会，英王也被认为是议会当中的一个组成部分，贵族院是最终的审判机关。孟德斯鸠三权分立理论源于英国的制度，但是并非英国制度的复制，英国从来都没有严格的三权分立的制度。

美国1787年宪法之前，有两部重要的宪法性文件。第一个宪法性文件是《独立宣言》，1776年7月4日由十三个州的代表在费城召开的第二届大陆会议上制定而成。《独立宣言》的主要内容涉及三方面：第一，宣告天赋人权。每一个人生而平等，都享有造物主赋予他们不可转让的权利，包括生命、自由和追求幸福的权利。第二，宣告人民主权的原则。国家的主权应该由人民来掌握，按照社会契约的方式建立政府，政府的目的就是为保护人民的天赋权利。第三，列举英国的28条罪状，宣布美利坚脱离英国而独立。《独立宣言》是17、18世纪世界范围内激进的宪法文件之一，被认为是西方近代民主和人权的法律典范。

第二个宪法文件是《邦联条例》。美国建国后，建国者们在建立"一个国家"还是建立"若干独立国家"的问题上存在着分歧。1777年邦联通过、后于1781年由各州批准的《邦联条例》是两种观念的一种妥协。国家结构形式为邦联，各州享有各自主权、自由和独立。最高的权力机关是一院制的国会，无权向各州征税，也无权管理各州的商业贸易。邦联没有统一和常设的行政机关和统一的司法机关。实际

戴雪

上，《邦联条例》确立了13个独立的国家。但是，邦联制与联邦制的争论并没有结束，当汉密尔顿等联邦党人兴起并发挥影响力的时候，美国最后才确立了联合的联邦制的美利坚合众国，而非由13州构成的13个国家。㉝

1787年的美国宪法是世界上最早的一部成文宪法。宪法规定美国是一个联邦制的共和国，与邦联制比较而言，邦联制是松散的集合，整体上不是一个主权的国家，而联邦制虽然也承认各州有自己一定的自主权，但从总体上讲它是一个主权统一的国家。联邦有统一的议会、宪法和统一的武装力量。在联邦的权力与州的权力相互关系上面，宪法明确规定，宪法授予联邦的权力，属于联邦所有；如果没有明确授权，则归各州所有，实际上，美国州的权力很大。从美国宪法史来看，有两类案件一直是美国联邦最高法院审判的主题，一类是所谓的"正当法律程序"案件，另外一类就是联邦和州关系的案件。联邦的权力，采取列举的方式，各州的权力，则采取概括的方式，也就是说，没有明确授予联邦的权力，都归各州自己保有。

在国家权力的分配上，美国采取了严格的三权分立制度。议会有财权，总统有军权，法院有裁决权。孟德斯鸠的理想实现了，汉密尔顿等联邦党人功不可没。1787年宪法并没有规定公民的基本权利。建国的时候，杰斐逊为首的民主派与汉密尔顿为首的联邦党人在民主和共和问题上存在着分歧，联邦党人占优势。直到1789年，美国的《人权法案》才以修正案的形

汉密尔顿

式，规定了公民的基本权利。宪法修正案的文本具有同等的效力。㉞ 宪法修正案一直在增加和撤销，有些修正案其实没有起到太大的作用，比如说第十八条（禁酒令），后来被取消了。经常被引用的修正案有第一条（宗教自由和言论自由），第五条（生命、自由和财产），第六条（公正审判），第八条（禁止残酷之刑），第十条（州自治权），第十三条（禁止奴役），第十四条（正当法律程序）。㉟ 以"正当法律程序"来保障自己的宪法性的权力，这在美国的宪法实践中尤为突出。我们可以通过下面三个案件，来看宪法修正案如何在具体案件中运用。

案件一：忏悔火曜日狂欢节期间，新奥尔良警察局的一个警察小组，在大街上逮捕一个男孩。其中一个叫霍姆斯的警察看见一个叫谢林伏特的游客正在用照相机拍摄该事件。当谢林伏特拿起相机拍照时，霍姆斯用他的警棍打击照相机和谢林伏特，结果打碎了相机，相机的碎片砸到了谢林伏特的脸上，划伤了他的前额。谢林伏特与逮捕行动无关，他也没有以任何方式干涉警察的活动。

1981年，为了寻求补偿及惩罚性赔偿，谢林伏特对霍姆斯警察提起了诉讼，声称霍姆斯剥夺了他的联邦宪法权利。联邦区法院认定该警察的行为完全是不合适的，判定中止该警察执行公务一段时间。但是，法院认定警察殴打的行为不具有那种野蛮暴力的性质，而达到剥夺他人宪法权利的程度。原告不服，上诉到联邦第5巡回法院。

上诉院法官拉宾认为，按照美国法典第1983节的规定，身体的侵犯在一定的情况下既可以构成侵犯他人的宪法权利，也可以产生民事上损害赔偿的问题。公民人身不受到侵犯的权利，由宪法第十四条修正案之"正当法律程序"来保护。拉宾法官分析道：一个法律的执行者使用了不合适的力量，造成了他人的人身伤害，这本身即是一种未经正当法律程序剥夺受害人自由的行为。当然，州官员侵犯了他人的人身权，也并不都会违反宪法第十四条修正案。拉宾法官说，在这一点上，区法院的看法是正确的。州政府行为导致的轻微伤害只会发生侵权行为的权利要求，而没有达到违反宪法的程度。要确定人身伤害是否达到违宪的程度，就要弄清所使用力量的大小、伤害的严重程度和官员的主观动机。如果官员的行为导致了严重的损害，与职务行为的要求绝对的不相匹配，是一种恶意而不仅仅是粗心或者不理智，那么他的行为就是一种滥用公共权力、有违良知的行为，这种行为就可以根据1983节的规定发生赔偿的责任。暴力的程度和身体伤害的程度，要依案件的具体事实来决定。拉宾法官声称，判例法对此并不存在一个清晰的界限，这需要对案件进行个别的平衡。比如，对民众暴乱的控制和对威胁生命情况的处理，不同于在和平游行下所采取的行动。

拉宾法官分析了这个案件的具体情况后宣布：警察的暴行是无正当理由的和不正当的。显而易见，谢林伏特是公共大街上的一个旁观者，他想记录下警察不想被记录下的东西。对谢林伏特的攻击不仅仅是带有偶然性的小摩擦，那种力量可能导致失明或者其他永久性的伤害。因此在本案中，我们认定：被告对原告的身体伤害足够严重，足够与职务行为不相称，他故意和不正当地滥用了警徽和警棍。这样，被告的行为就超出了一般侵权行为法的界限，而是对他人宪法权利的一种侵犯。拉宾法官说，原告有权利获得赔偿，其中包括照相机的价值和医疗费用，以及区法院认为适当的精神赔偿。而且，按照1983节的规定，也允许判定惩罚性赔偿。法官最后的结论是：撤销区法院判决，发回重审。㊧

案件二：本案原告萨利文是美国阿拉巴马州蒙哥马利市的政府官员，负责管理和监督该市警察和消防等部门。被告《纽约时报》曾刊登一则巨幅整版广告，号召大家捐款。在这则广告中，被告宣称马丁·路德·金所领导的争取民权的黑人学生运动是和平和理性的，但此一和平理性的行为却遭到了蒙哥马利市警察的骚扰和威吓。本广告中虽然没有指名道姓，但是指出该市负责警察局的官员应该对此事负责。原告认为该广告所指称的官员就是指他，被告的行为构成了一种间接诽谤侵权行为，致使原告的名誉受到了损害。因此，原告向法院提起了名誉损害诉讼。

蒙哥马利初等法院判决原告胜诉，裁定被告对原告构成了名誉损害，陪审团判给原告50万美元的损害赔偿。被告不服，上诉到阿拉巴马州最高法院，但阿拉巴马州最高法院维持了原审法院的判决。被告不服，最后上诉到美国联邦最高法院。最高法院指出：根据宪法第一修正案，记者有言论的自由，而按照阿拉巴马州的诽谤法律，一个人的名誉也不应该受到损害。因此，作为一个政府官员，原告只有证明了被告在刊登那则广告的时候知道其内容不属实，被告才构成诽谤。

但事实上，原告没能证明此点，所以也不能获得赔偿。最高法院法官布伦南说："按照阿拉巴马州法律，只有当被告具有'实际恶意'的时候，或者说'明知道错误或者因疏忽而出错'的时候，被告才应受到惩罚。而且，这种赔偿是一种惩罚性的赔偿，而不是一般的补偿赔偿。"布伦南法官认为原审陪审团没有区分这两种赔偿的差别，因此也没有考察被告是否具有"实际恶意"。另外，按照"实际恶意"标准，原告所提供的证据并不能够"从宪法上支持有利于他的判决"。因此，布伦南法官建议改变原陪审团的裁判，将此案发回阿拉巴马法院重审。另外一个法官哈伦也同意布伦南法官"明知道错误或者因疏忽而出错"标准，指出："在没有进行深入思考的情况下，我不会去阻止一个警察、一个职员或者其他什么小公共官员提起一种名誉损害的诉讼。但是，萨利文提出的证据不能够充分地证明他的诉讼请求。"本案的结果是最高法院推翻了阿拉巴马州最高法院的判决，裁定《纽约时报》对原告未构成诽谤侵权。㊼

案件三：原告约夏出生于1979年，在年仅两岁的时候，他因父母离异而与父亲生活在一起。1982年，原告的父亲与第二任妻子离婚后，其第二任妻子向警察举报原告的父亲经常虐待原告。县政府组织一个"儿童保护小组"调查和研究后，认为没有足够的证据证明原告的父亲存在虐待行为，因此，县政府没有插手此事；同时，该小组相应地也采取了一些保护措施，比如，让原告加入一个学前项目，要求原告父亲的新女朋友搬出该住所。此后，该小组的人员多次去原告家里探视，发现原告身上经常有伤痕，也没有去上学前项目，其父的新女朋友也没有从家里搬走。但是，该小组并没有采取进一步的实际行动来保护原告。1984年3月，5岁的原告因重伤而陷入具有生命危险的昏迷状态，医院的脑外科专家证明原告系因头部外伤而导致脑出血，造成全身瘫痪，余生不得不在医院里度过。

原告和其生母将县政府、县社会服务部及其工作人员一起告上了法庭，诉称他们没有履行美国宪法规定的正当法律程序义务。初审法院作出了有利于被告的判决，上诉法院维持判决。原告上诉到了美国联邦最高法院。原告认为，依照美国第十四条宪法修正案："未经正当法律程序，任何州……都不得剥夺一个人的生命、自由和财产。"因被告没有提供充分的保护措施来防止原告父亲的暴力，所以剥夺了原告免于伤害的自由。针对此案,美国联邦最高法院首席大法官理奎斯特代表最高法院多数作出了判决。

理奎斯特法官首先分析了第十四条宪法修正案,认为正当法律程序并没有给州政府设立一种肯定性的义务。也就是说,第十四条宪法修正案只是禁止州权力侵犯公民的生命、自由和财产,从其本身含义上看,它并不要求州政府采取积极行动来保护公民不受其他公民的侵犯。历史地看,美国也没有如此地扩展第十四条宪法修正案含义的先例。此修正案和第五条宪法修正案的目的,是防止"滥用权力和压迫"。就本案而言,州政府没有保护原告免于私人的暴力,仅就这点而言,不应认定州政府违反了正当法律程序条款。

其次,就本案涉及的第八条宪法修正案,即"禁止残酷和非常规的惩罚"而言,州政府对监禁的罪犯有提供充分的医疗看护的义务。从现实当中的先例来看,该修正案的适用要求州与公民之间存在"特殊关系",也就是州政府的事前行为剥夺了该公民的自由,比如精神病院的病人和监狱里的罪犯。原告诉称受虐待儿童与州政府已经形成了特殊关系,因此,州政府没有采取保护措施就违反了正当程序条款。但是,理奎斯特法官认为,第八条宪法修正案及先例也帮不了原告,因为只有当州政府将一个人置于它的监护之下,违反该人的意志将他予以扣留的时候,宪法才设立相应的义务来保护该人的安全和一般的福利。本案中,原告一直在其父的监护之下,州政府并没有成为其个人安全的永久性保证人,因此,州政府并没有宪法上的义务来保护约夏。最后,首席大法官的结论是:维持下级法院的判决。⑧

八、占有权、占有时效与不法侵害

土地是封建社会最主要的财产,理论上讲是属于英王所有。只有国王才具有绝对的所有权,英王将土地授予他人,其他人只是这个土地的持有者或者租借者,也就是今天的所有权与使用权的分离。按照一定的条件和期限,封臣们来占有使用土地和土地上的收益。享有土地的这些条件,总称为土地的保有条件。个人能享用土地权,在英国法中叫地权或者地产权,他们所保有的土地只是英王的租产,承租人都是英王的租户。英国占有权制度同样起源于亨利二世。

在罗马法部分，我们论及过物权法与物之本性的关系。一般认为，财产起源于先占，指蓄意占有无主的财产，目的在于将财产据为己有，比如，猎人捕获野兽，河流淤积形成土地，树木的自然生长等。这种制度来源于万民法或者自然法，现代人继承了这种理论，并且将自然的假说进一步扩展。他们假定在人类早期的确存在着一个无主物的先占时期，通过先占，无主物成为个人的私有财产。布莱克斯通的说法是：根据自然法律和理性，凡是第一个开始使用无主物的人即在其中取得一种暂时所有权。只要他使用着它，这种所有权就继续存在；当人类数量日益增加之后，就需要有一个永久的所有权的概念，也就是物件的实体拨归个人所有。财产起源是：一切所有权都是因时效而成熟的他主占有。这个概念包括三个要素：第一，"占有"，也就是身体的把握；第二，"他主占有"，也就是对世的绝对占有；第三，"时效"，也就是他主占有不间断地持续一定的期间。

法律史学家的看法则不同，在他们看来，古代的制度是共同所有权而不是个别所有权。即使存在类似于财产的东西，它们也和家族权利及亲族团体权利有联系。梅因的看法是："私有财产权，主要是由一个共产体的混合权利中逐步分离出来的个别的个人权利所组成的。"㉙

从共同所有权到个别所有权的分离，实际上就是财产法的发展过程。古代家族的财产是不可分割的，随着社会的发展，人们通过各种方法消除对于物件使用和自由流通所加的障碍。其中主要的方法之一是对于财产的分类：将一种财产定位于较贵重的财产，限制其移转和继承；将另外一种财产定位于不贵重的财产，免除这种财产

梅因

上的种种限制；再经过一定时期的改革，贵重财产变成了不贵重的财产，由此可以移转和继承。财产法的历史就是"要式交易物"和"非要式交易物"同化的历史。欧洲大陆的"财产"史是罗马动产法消灭封建土地法的历史，在英国，动产法威胁、并吞和毁灭着不动产法。⑩

"时效取得"是指，凡是曾被不间断地持有一定时期的物即成为占有人的财产。占有的期限依物的性质而定。"时效取得"的条件，首先是善意的他主占有，即占有人必须认为他是合法地取得财产，其次是物转移给他时的形式为法律所承认。"时效取得提供了一种自动的机械，通过了这个自动机械，权利的缺陷就不断得到矫正，而暂时脱离的所有权又可以在可能极短的阻碍之后重新迅速地结合起来。"⑪现代法学家对于"时效"的看法，起先是嫌恶，后来是勉强赞成，最后几乎为所有现代法律制度普遍采用。

我们看具体的英国案件。对土地不法侵害的本质是对"占有权"的一种侵犯，称为"非法入侵"或者"非法闯入"。非法闯入者既可被诉诸刑事起诉，又可被法院禁止令阻止再次侵入，还可以直接被土地占有人武力驱逐。在一个案件中，原告是一条公路旁土地的所有人，而且还对公路享有占有权，被告是相邻土地上的驯马师。被告为了观察马匹的竞技状况来回横穿马路达两个小时。判决的结果是，被告横穿公路数小时，这不是对公路的通常和合理的使用，被告滥用了他通行的权利，因此被告是一个不法侵害者。⑫在另外一个案件中，原告在加纳获得一块土地，但他没有实际地占有，而是按照习俗用一些柱子做了标记。若干年后，被告在该土地上建筑施工。判决的结果是，原告能够在不法侵害案中取胜，法庭认为"最少量的占有"就足够了。⑬

对动产的不法侵害是直接地和非法地损害或妨碍他人的动产，包括四种形式：第一是物品的侵占，也称藏匿；第二是对物品的不法侵害；第三是导致物品损害；第四是其他对物品或物品利益的侵犯。比如，一个士兵在他驻扎的征用房间里发现了一个有价值的胸饰。房子的主人从未占用过它，也不知道该胸饰真正的所有人。判决的结果是，在这种情况下，发现者为士兵，他比房子的主人更有权主张权利。⑭

依照美国法，侵占更多强调被告是否对该物有着"实质性的控制"，以及他是否"打算这样去做"。盗窃是一种简单的侵占，一个人把另外一个人的物当做自己的物毁坏，也是侵占，物品保管人把一个人所存的外套错误地给了另外的人，也是侵占。被告诚实相信盗窃犯，而购买了赃物，被告也是一种侵占。就实质性控制财产而言，侵权行为法重述222节A列举了几个参考的元素：第一，控制的时间和程度；第二，被告所言财产权的目的；第三，被告的诚实信用；第四，所发生的损害；第五，所发生的费用和不便利。

财产法也有自身的发展，按照传统的普通法，侵占的对象仅仅局限在有形的动产，因此土地和无形财产（比如纸币）都不能够成为侵占的对象。现在，这个情况发生了变化，侵占的对象已经扩展到了股票、证券和其他有效证券上。随着科学的发展，出现了一些新的情况。一个医生在给病人治疗的过程中，从病人身上抽取了血液和血细胞。医生将一个血液单元（unit）卖给了血库，用另外一个单元开发出一种独特的细胞线（line of cells），后者可以做成一种药物，颇具有商业的价值。医生没有告诉病人，却与另外一个人一起将其产品申请了专利，以求商业利益。后来病人起诉了该医生。法庭上的问题是：医生的行为是否构成一种侵占？血液是否是一种财产？加州最高法院认为，从血液细胞中开发出细胞线，开发成为一种商业产品，这种行为"不是"侵占。法院似乎想说，病人身体的组织一旦离开了他的身体，病人就不再有一种财产的利益，而且，这里还涉及对社会大众有益的医疗事业的发展。法院说，在这样的情况下，医生有向病人公开事情的真相的忠诚义务。判决的最后结果是，不构成侵占，但是医生要对病人给予经济上的补偿，但其数额比抽取物所具有的商业价值要低。[45]

九、合同的相对性与约因

一个契约成立需要一些必备的条件：第一，要约和承诺；第二，约因；第三，当事人责任能力；第四，形成法律关系的意图；第五，当事人意思表示真实；第六，契约标的不违法。[46] 第二因素为英美契约法所特有，其他因素为两大法系共有。英美法系和大陆法系之间的区别，就在这个第二个因素上，它有时候翻译成"约因"，有的时候翻译成"对价"。约因是契约产生的原因，对价就是合同双方当事人之间有一种利害关系的存在。一方得利，一方受损，就产生一个对价，有了这样一个损害和获益的模式，那么就有了一个对价，有了对价才可能存在一个合同。㊼这样，一个合同的本质意义在于：双方当事人达成"合意"，合同权利义务关系只约束具有"法律关系"的双方当事人，双方之间存在着利益关系。

合同效力仅及于合同当事人，非合同当事人不得对合同提出自己的权利要求。法律上称为合同的相对性。我们通过一个1842年英国的著名案件来看这个问题。被告与英国邮政总局签有合同，他为邮局提供送邮件的马车，合同还约定被告有义务维修马车。原告是一个马车夫，他在一辆由被告提供的马车上工作。那一天，马车在行驶中发生故障，原告从座位上摔了下来，造成腿的终生残疾。他把被告告上了法庭，理由是被告没有履行合同维修的义务而导致马车的失事。

法院判定被告胜诉，阿宾格勋爵认为，原告提起诉讼的唯一理由是：被告是合同的一方当事人，因此只要有人在使用该马车时候受伤，他就要承担责任。勋爵说，如果这样的诉讼可以成立的话，那么肯定会有先例的存在；但是除了小客栈老板之类例外规则之外，实践上从来没有发生过相似的案件，有足够的证据和权威不支持这样的诉讼。

原告声称这份合同是以邮政总长的名义签订的，而这样身份的人具有法律的豁免权，因此原告只能够从被告那里获得法律的赔偿。勋爵则认为这绝对不是一个必然的结果，原告得不到任何的法律救济。他说，"这些当事人之间不存在着合同上的法律关系；假定原告可以起诉的话，那么对任何一个乘客或者任何一个路过的人而言，只要他被损坏的马车所伤，他都会提起类似的诉讼。如果我们不把合同的责任限定在合同的当事人之内，就会发生无限度的最可笑和最粗暴的结果"。

勋爵说，也还存在这样的情况，一个当事人对公众承担一种责任，履行一项公共义务，那么，即使是他的雇员或者代理人的过失导致了伤害，他也承担责任。只要发生了公共的侵扰，他就要对受害人承担责任。但勋爵说，这种案件的真实理由是一种公共义务的责任，或者是实施了一种公共侵扰的行为。法律有时候也允许一类案件从合同的责任转化为侵权行为责任；但是，如果不存在公共义务或者没有实施一种公共的侵扰，那么所有这样的诉讼将都是一种合同的诉讼。这样，一个马车夫可以提起赔偿诉讼，但是，一个无利害关系人，或者说一个没有建立起合同法律关系的人，却也不能够维持这种诉讼。勋爵说，本案中的原告不能够提起合同的诉讼，假定邮政总长免除了被告的合同责任，而原告提起合同的诉讼，那么原告的情况会是怎样呢？无论如何，他的诉讼请求都会失败。如果允许这种诉讼的存在，那么我们就是在做一项不公正的事情，因为，被告已经满足了其雇主的要求，他们之间所有的事情都调整完好，他们之间的合同问题都妥善解决，在这样的情况下，我们不应该在他们之间确立一个侵权行为诉讼来而挑拨他们的关系。另外一个叫阿德森的法官则对这个案件有一个精彩的评论："唯一稳妥的规则是：将获得补偿的权利限定于合同的当事人；如果我们走出了这一步，那么我们就没有理由不走出50步。"最后的结论是：判定被告胜诉。⑱

约因制度有一个发展的历史，大体上经历了三个发展时期。第一个时期是"得益—受损"说。比如说我卖一个杯子给你，本来值两块钱，我卖你二十块钱，你愿意支付二十块购买我这个杯子，这种情况下，契约得以产生。有一方得利，有一方受损，就构成了本合同的约因。从什么意义上来说，存在着受损呢？杯子本来是两块钱，你花了二十块钱，对于你来说，虽然得到了这个杯子，但是你是多花了十八块钱得到的，这就是受损。另外一个方面，作为我来说，两块钱的杯子，我卖出了二十块钱，多得了十八块钱，我是受益的。如果我和你之间有这种得益—受损的关系的存在，这个合同才得以成立。如此理解的得益与受损是早期的说法。

第二个时期是"互惠"说。后来的说法发生了一些变化，什么叫受损、得益？有些合同当中并不存在同时受损—得益的情况，有可能是双方都是得益的。这是20世纪之后的观念。同样举这个杯子的例子，杯子值两块钱，但是我二十块钱卖出去了，很难说对方花二十块钱买我这个杯子，他肯定就是受损的，也许他认为他还是受益的。对于我来说，两块钱买进二十块钱卖出，我肯定受益；而从对方来讲，他愿意花二十块钱买这个杯子，对于他来说这是不是就是受损的呢？很难说，也许他认为我所用的杯子，里面存在的价值比这个杯子本身的价值要高出很多，也许我对杯子估价二十元本身就是估价低了，也许这个杯子是耶稣最后晚餐上用的杯子。这个观点比较新，用现在时髦的话说叫双赢，现代经济学称边际效益。这个杯子我两块钱买进，对于我来说，如果超出了两块钱，我就愿意卖，因为超出两块钱的任何一个点，我都是受益的。而对于对方来说，他对这个杯子的估价远远超过两块钱，比如二十块钱，所以他愿意用二十块钱买这个杯子，这样的交易对他来说也是值得的。这样，二十块钱买这个杯子，对他来说也是受益的。在这种情况下，就不存在一方受损一方受益的情况，原来对价理论无法解释，于是就出现了对价的第二个含义：不要求一方受损另外一方获益，而是要求双方之间有一种"互惠"的关系。我想钱，你想杯子；你想杯子，我就把杯子卖给你，你把钱给我，我与你都得益了。基于这种互惠的关系，约因也得以成立，这是约因的第二个发展阶段。

第三个发展阶段更加复杂，称之为"禁止反悔原则"。一个合同并没有包含双方的利益，但是一方诚实地相信了另一方，如果被信赖一方不履行当初的许诺，那么信赖方会发生损失，这种情形也可产生一个有约束力的合同。这种理论产生得比较晚，出现于20世纪30年代。基于禁止反悔原则的约因对传统合同法是一个致命的打击，因为它突破了原有约因的界限。

从美国法中，我们也可以发现约因和合同相关性法律问题。我们先看一个1809年的案件，原告夫妇与被告共同拥有一艘叫做"海上仙女"的船，双方各占一半的股份。该船要从纽约驶向北卡罗来纳，原告与被告曾经两次谈论过保险的事情。被告向原告夫妇保证他会去购买保险，但是他实际上没有去买，最后该船在卡罗来纳海岸失事。原告对被告提起诉讼，诉讼理由是被告没有购买保险。一审法院判定原告胜诉，被告要赔偿原告该船一半的股份利益，被告上诉，其理由是他购买保险的许诺不存在着约因，因为缺少约因，他就不应该补偿原告。首席大法官肯特代表法院作出了判决。

肯特认为，在这个案件中，被告提出要购买保险完全是一个自愿的行为。那么问题是：一方当事人委托另外一方当事人去履行某种商业行为，后者不收报酬地去做但实际上他根本就没有去做，在这样的情况下，一个诉讼是否能够成立呢？他说，如果该当事人有约定这样去执行该商业行为，由于没有尽到合理注意的义务做错了事，对相对方当事人造成了损害，那么这个当事人要对自己的错误行为承担责任，这种诉讼就可以成立。但是，如果被告根本没有去做，那么这种诉讼就是一个不作为的诉讼。

肯特说，同类著名的先例表明：按照普通法，一个受托人不计报酬地为另外一个人做一件事，如果他没有去做，那么他就不承担不作为的责任；只有当他试图这样去做但出现了错误，他才承担责任。换言之，即使发生了特别的损害，他也只对"错误行为"承担责任，而不对"不作为"承担责任。接着，大法官比较了大陆法系与普通法。他说大陆法系有一种委任契约的理论，这种理论承认这类契约存在着衡平的利益，它贯彻了一种诚实信用的原则，英国的琼斯勋爵也曾经想把这种理论嫁接到普通法，但是他并没有成功地移植到英国法中。肯特说，我不怀疑罗马规则的完美公正性，但是它本身的确也存在着许多民事法律所不能够实现的道德权利。这些权利决定于个人的道德良知，是一种不完整义务的权利。

肯特表示，琼斯勋爵在这个问题上的立场也并不一致，在一个案件中，他说：如果一个人同意于某一天为我建一所房子，但是他没有建造这个房子，那么我就可以因为他的不作为而提起一个诉讼，法律结果正如同他错误地建造了那所房子一样。这里，勋爵没有提及约因的问题；但在另外一个案件中，他又认为不作为的诉讼要成立，就需要他们之间存在着约因。肯特说，在本案中，更好的参考意见是一个叫佛罗威克首席大法官所举的例子。他说，假定我与一个木匠约定建一所房子，我给了他20磅让他某天给我建房，但是他没有去建，那么我就有一个很好的理由确立一个诉讼，因为我已经支付过金钱；如果没有金钱的支付，就不会有法律的救济。另外，如果他建房子的方式低劣，也会存在一个诉讼。对不作为来说，如果支付了钱财，就会确立一个诉讼。

肯特假定，如果本案中的被告是一个专职的经纪人，他的工作就是为他人购买保险，那么本案的情况就会不一样。因此，最后的结论是：作出有利于被告的判决。㊽

这是早期的美国合同案件，该案件强调了约因中"利益"因素，到20世纪20—30年代的时候，情况就发生了些许变化。我们看一个发生于1928年的案件。

被告是一家自来水公司，它与市政府签订供水合同。依照合同，被告为该市供水、冲刷下水道和向街道洒水，为学校和公共建筑提供水源，为城市消火栓供水，还以合理的价格向市内的家庭和工厂供水。在合同的有效期内，一栋大楼着火。火势蔓延至临近的原告仓库，烧掉了仓库及库内的货物。原告称，被告当时及时地得到了火势通告，但它没有提供或疏于配给充足和大量的水源。在火蔓延到原告仓库之前，被告提供的水也没有足够的压力来制止、抑制和熄灭火势，结果导致原告的损失。而按照合同和现有的设备，被告完全可以提供充分和大量水源以及必要的压力来遏制火势蔓延。原告称，因为被告没有履行它与市政府的合同条款，原告受到了损害，因此被告要赔偿原告所受到的损失。被告提出异议，初审法院支持原告，后上诉到纽约上诉法院，卡多佐大法官出具了法律意见书。

卡多佐总结说，原告提起诉讼的理由可以归结为三个方面：第一，被告违约导致了原告的损害；第二，依照普通法，被告的行为是一种侵权行为；第三，被告违反了成文法。卡多佐依次予以分析。

首先，原告不能够以被告违反合同而提起诉讼。大法官说，一个城市没有法律上的义务来保护他的居民不受到火灾的损害。依此前提，即使立约人未按照他与城市的合同为消火栓供水，社会大众的一个普通成员也不能够提起一个合同责任的诉讼。例外的情况是，如果合同的目的是要给立约人加上一种责任，这种责任是讲，只要立约人违约而造成了损害，他既对城市负责，也要对公众的个人成员承担责任，那么社会的一个普通成员才可以提起合同责任的诉讼。但大法官说本案中没有证据证明这一目的存在。从更宽泛的意义上讲，我们可以说城市的每个合同都是为了公共的利益。但是，要使一个非合同正式当事人的个人有权利提起诉讼，就必须要求这个利益不是偶然的和次要的，而应该是主要的和直接的，这种主要性和直接性要达到立约人应该对该个人承担赔偿责任的程度。如果不是这样，那么这种责任就会扩展到不合理的限度。比如，一个人立约人为一栋大楼提供原料供暖，假定大楼的一个来访者发现没有原料，那么立约人也不对这个来访者承担违约的责任。

其次，原告也不能够依普通法的侵权行为法提起诉讼。大法官说，一个古老的说法是：一个行为人即使是不计报酬地作出一个行为，如果他的确做了，那么他就要负有一种注意的义务。原告就是根据这个原则提起了诉讼。在这个类型的案件中，我们通常区分"错误行为"和"不作为"。在一个涉及不履行合同责任的案件中，不作为既有可能导致侵权行为责任，也有可能导致合同的责任。这时我们必须要弄清危害合同关系行为的性质，如果一个行为达到了这样的程度：不作为不是消极地减损了一种利益，而是积极地或者肯定地造成了伤害，那么就不再仅仅是一种合同的责任。因此，一个医师即使在免费动手术的时候过失地没有给手术工具消毒，或者一个工程师没有切断电源，或者一个汽车制造商没有充分地检查，他们都要承担侵权行为责任。疑难的问题永远是：不当行为人的行为是否达到了导致伤害的程度，或者其不作为是否极大地阻碍了善德的实现。卡多佐说，本案原告要我们判定：被告与市政府有合同的事实就意味着它要对城市的每个成员承担责任，如果不提供充足的水源，被告就要承担侵权行为责任。但是我们认为如此扩展责任范围是不合适的。比如，一个煤炭零售商没有及时给商店供煤，我们不能够认定他要对商店的每个顾客承担侵权行为责任。最后，卡多佐也否认原告可以依照成文法对被告提起违反成文法的诉讼，最后的结论是否定原告的诉讼请求。㊿

这是一个美国的名案，在判决书中卡多佐既分析了合同当事人对第三人的合同责任，也分析了合同当事人对第三人的侵权行为责任。在合同责任方面，合同当事人一般不对第三人承担责任，其理论的根据仍然是强调"合同法律关系"的重要性，也就是说，如果原告不是合同的当事人，他就不能够要求立约人对他承担赔偿的责任。在侵权行为责任方面，如果立约人积极的过失行为导致了第三人的伤害，他有可能承担责任；如果立约人的不作为间接地导致了第三人的损害，他一般不承担责任，因为他没有法律上的注意义务。

十、过错责任与严格责任

美国有一个著名的侵权法的学者，名字叫普罗赛，他是美国侵权法重述第二版的主持者。他在侵权法著作中发了一个感叹，他说：什么叫侵权行为，我们一直想做这个工作，想把侵权行为界定下来，但是我们都没有成功。如果说我们做了很多的工作，取得一点小小的成绩，那么这个成绩是什么呢？成绩是这样的：要么我们扩大了侵权行为的含义，使侵权行为包含了一些不应该属于它的东西；要么我们缩小了侵权行为的概念，使侵权行为漏掉了很多应该属于它的东西。㊾

这个描述很修辞化。首先，范围太大而包括了不该属于它的东西，比如说，犯罪是不是侵权行为呢？我们说犯罪本身，既是对受害人的侵犯，也是对国家的侵犯，对于受害人的侵犯叫侵权，对于国家的侵犯叫做犯罪。如果认定犯罪属于侵权行为，那么就扩大了侵权法的范围。

其次，范围太小而漏掉了很多的东西，比如说新近出现的"纯粹的经济的损失"。一个会计师事务所，出具了一个关于第三人的资产证明，但这个证明本身是虚假的。原告根据这个会计师的证明，去跟这个第三人签订一份合同，合同签完了之后第三人破产，原告受损。原告状告会计师事务所。会计师出具资金证明的行为对原告是不是侵权行为呢？早期法律不认为是侵权行为，但是，英国在1946年左右确定这是一种侵权行为。

英国的学者也有一个界定。萨尔蒙德曾被认为是英国侵权法的权威，他说，侵权行为实际上是一个未清偿的赔偿，发生于法律的运作，被告对原告予以赔偿，侵权不是由合同产生的责任，也不是由于信托产生的责任，也不是由于犯罪产生的责任。具体而言，萨尔蒙德认为侵权法的特点是：第一，它是一个需要清偿的民事责任。第二，它是一种法律本身的运作，而不是双方的合意。一个合同要产生责任必须有个合同的存在，侵权行为的发生并不需要有这样一个法律的前提。第三，从否定方面看，侵权法不同于刑法，不同于犯罪，也不同于合同法，也不同于信托法。㊿比如你在英国打了一辆车，出租司机闯红灯，被警察发现，一着急撞到了电线杆上，车辆毁损人受伤。在这种情况下，这个出租车司机会产生多种法律责任。比如，违反交通规则在英国是一种犯罪行为，他承担刑事责任；出租车司机没有把你送到目的地，他就是一种违约，他对你要承担违约的责任；你受伤了，司机对你承担人身损害民事赔偿的责任，是关于人身方面的侵权行为。另外一个方面，他把出租车撞到了电线杆上，把车撞坏了，那么这个司机跟出租车公司之间，又发生一个侵权行为，对于出租车公司的财产导致的损害，他因损坏的汽车向出租公司承担财产损害的赔偿责任。

早期的英国侵权法，就是不法侵害，分为三种：对土地的不法侵害，对动产的不法侵害和对人身的不法侵害。不法侵害指直接的和暴力性的侵害。

后来的发展出现了间接和随后的损害赔偿，又称为无名的诉讼。比如，你邻居很烦你，拿棍子打你脑袋，这就是人身不法侵害。假定他不直接打你，而拿一根棍子夜晚放在你们家门口，他知道你下半夜都会出来上厕所。晚上三点钟，你睡得迷迷瞪瞪起来上厕所的时候，一出门一脚踩在这个棍子上面，你摔倒而受伤。这里，他并不是拿着棍子直接打你，而是拿棍子绊你，把你绊倒了之后你受伤了，你们之间不存在一种直接的关系，他没有使用一种力量，但是确实导致了你的损害。你邻居同样要对你的损害承担责任。

侵权法的原则也有一个发展的过程，侵权法强调被告主观上的过错，因为他有道德上的可谴责性，他因此承担侵权行为责任。典型的案件就是1932年的 Donoghue v. Stevenson一案。在这个案件中，Donoghue太太与一位朋友去一家咖啡厅。朋友给她买了一瓶姜啤酒，Donoghue太太喝掉后发现在不透明的瓶子里有一只腐烂的蜗牛。Donoghue太太见后焦虑不安，以致身体不适。她起诉了制造商，认为他们有责任去发现啤酒里的异物。贵族院简单多数认为，制造商有责任采取合理的注意。Atkin勋爵说，"你要爱你的邻居"的规则变成了一种法律，即，你不得损害你的邻居。律师所面临的问题是："谁是我的邻居？"这有严格的答案，即，你必须采取合理的注意去避免某种作为或不作为，你要合理地预见可能损害你邻居的行为；在法律上，"谁是我的邻居？"这个问题的答案似乎是，这些人受我行为的影响是如此的紧密和直接，以至于当我打算去做或不做某种行为时，我应该合理地考虑这种行为所发生的结果。也就是说，法律上的"邻居"就是被告行为所关联到的原告。Macmillan勋爵说，过失侵权行为的分类从来都不是封闭的。这种责任的基本原则是，被主张权利的当事人对主张权利的当事人负有责任尽到注意的义务；主张权利的当事人应该能证明，由于被告行为的结果，他已遭受了损害。Macmillan勋爵认为，在本案中，两个相对的法律原则发现了交合之处，每一个原则都想要优先。一方面，已经确立的原则是，非合同当事人的任何人都不能因合同而提出权利要求；另一方面，同样已经确立的原则是，合同之外的过失为因该过失受到损害的当事人提供诉讼的权利。这里"过失"是指技术上的法律意义，即，所负的过失责任。如果存在合同关系，那么在当事人之间会产生违反合同的诉讼，但是，这一事实不能排除这种情况：基于合同的诉讼权利和基于过失的侵权行为诉讼权利可以共存。其中最好的例子是，受损害的旅客起诉铁路公司的权利，它既可以基于"违反了安全运输的合同"，也可以基于运送中的"过失"。⑤

工业革命后，与过错责任相对的严格责任产生。典型的案件就是前面我们提到过的Rylands v. Fletcher案。此案所确立的规则称为"绝对"的或"严格"的责任原则，即构成侵权行为不要求被告方存在过失，或者被告缺乏注意，或者被告具有不当的目的。

该案的案情是，被告雇用一个独立承包商在被告土地上建一座水库。被告不知道、也不能合理地发现，在该地点存在有废弃和不再使用的矿山竖井。当水库灌满水时，与该水库相邻的属于原告的煤矿被水淹没。由于各种原因，原告不能提起"不法侵害"，"侵扰"或"过失"的侵权行为诉讼。最后发现，只有他能够在此案中确定被告的责任是严格的或绝对的，他才可以使被告承担相应的责任。贵族院最终支持了这种说法，即确定了一种侵权行为责任的独立的和显著的形式，从那时起，这条原则就被称为Rylands v. Fletcher案中的原则。一般说来，Rylands v. Fletcher一案确立了一条新"规则"，但是不能说此案确立了绝对责任的"原则"，因为在此前，绝对责任在英国至少已经存在了300年。

该规则首先由Blackburn J.提出，他于1866年在Court of exchequer chamber听证会上，就Rylands v. Fletcher一案发表了看法："我们认为，真实的法律规则是：为了自己的目的，将可能会产生不幸的任何物带进、聚集和保持在他的土地上，如果它泄漏，他就必须承担发生危险的责任；如果不是这样的，那么它泄漏的自然危险所导致的所有损害本身就是明确的。他可以表明该泄漏是由于原告的过错，或者该泄漏是由于自然的结果，或者是神意行为，来为自己开脱；但是，本案没有这种情况发生，所以没有必要调查何种理由是充分的。正如上面陈述过的，一般规则似乎是，合乎原则的就是正当的。一个人的草坪或农作物被邻居家逃跑的家畜吃掉，或者一个人的矿被邻居家的水库之水淹没，或者一个人的地窖被邻居家卫生间的污水侵蚀，或者一个人的日常生活被邻居家碱性物的气味和讨厌的气味弄得不健康，那么即使他自己没有任何过错，他都要受到谴责。似乎合理和正当的情况是，邻居将某物带进了他自己财产范围内，这件物不是天然地存在那里，只要它被限定在他自己财产范围内，它就对他人不存在损害；但是，如果他知道它进入其邻居家里就会发生损害，那么，如果该邻居没有成功地将它限定在他自己财产范围内，他就应被强迫支付充分的赔偿。"

在贵族院，Cairns L. C. 勋爵说，本案必须确立的原则，对我来说似乎极其简单。被告被视为场地的所有人或使用人，他们在场地上建造了水库；被告也许会合法地使用该场以做任何具有目的之事，比如，对土地日常性的享用，我称之为对该土地的自然使用。如果存在水的任何积聚，或者发生在水面，或者发生在地下，只要是因为自然规律的作用，水积聚起来并且流进了原告所占用的场地内，那么原告就不能抱怨自然规律所发生的结果。如果他希望保护自己，那么他应该在他的场地和被告的场地之间留下或插上一些栅栏，以此来防止自然规律的运作而发生的结果。另外一个方面，如果被告不是对其场地的自然使用（natural use），而是希望为了我称之为非自然使用（non natural use）的目的而使用场地；将非天然生长或放置在那里的物品带进场地，非自然地引入大量地上水或地下水，水泄漏并冲进了原告的场地，那么在我看来，被告要承担他们风险行为所发生的责任；如果在其所为的过程中发生我所指的恶，即水的泄漏和流进原告的场地及损害了原告，那么其结果，按照我的看法，被告要承担责任。该案在1868年最后处理完毕时，这个观点被贵族院采纳。㊾

十一、对抗制与理性人标准

从中世纪到现代社会，诉讼制度先有神判，后有决斗，最后有通过公共权力诉讼的制度。在诉讼制度中，早期有纠问式的诉讼制度，后有辩论式或对抗制的诉讼制度。教会法和日耳曼法采纠问制，英美法采辩论制或对抗制。现代人认为，辩论式比纠问式好，因为在涉及自己法律上权利的时候，最好的方式是双方当事人提出自己的看法，拿出自己的证据来，互相辩论。法官只是起一个旁观者的作用，谁说得有道理，我就支持谁；谁说出的道理有利于这个社会的进步，与社会习惯相一致，那么就采纳谁的意见。主导的角色是双方当事人和他们的律师。在纠问式诉讼中，法官不再是一个旁观者，而是诉讼的积极的参与者和主导者。法官主持诉讼的进程，对案件的事实有调查之权，在有必要的时候，法官还有讯问惩治之权。在一定程度上讲，纠问式突出了国家的权力，而对抗制突出了当事人的意志。英国首先确立了辩论式的诉讼。1695年，当事人可以请律师来辩护，一般认为这种允许控告人与被告之间实行辩论的制度，是英国辩论式诉讼的开端。1836年，英国实行了普遍辩论式的诉讼制度。在这个时候，法官只是扮演仲裁人和公断人的角色，并不主动去调查案件的事实。法官是一个消极的旁观者，不参与到当事人争论之中，因此不同于积极主动的行政机关。

  前已说明，陪审制是英美法的典型制度。历史上区分有大陪审制和小陪审制。大陪审制类似于古希腊时期的那种公诉制度，全体人民组成了一个审判机关，代表人民对于犯罪者提出指控并判定罪行。大陪审制后来演化为现代的议会制度。小陪审制一直流传下来，到今天的英国法和美国法中一直都存在。12个普通的社会成员组成一个陪审团，在刑事案件中，他们决定被告是否有罪，犯罪的标准是社区中"普通人的标准"或者"理性之人的标准"。对陪审团的裁决，法官应该遵循。霍姆斯说，"从社会从事实际活动的人中挑选出12个人，他们能够为法庭作出基于日常经验上的事实判断"。⑤托克维尔在考察美国民主制度的时候，认定陪审制度体现了地方自治和真正的民主。在英国，1164年亨利二世发布了克拉林顿敕令，规定王室巡回法院在各地审理土地纠纷案件时，应该从当地的骑士和自由民当中，挑选12名知情人做证人。经宣誓后，他们向法官提供证言，作为判决的依据，以代替过去的神明裁判。这12名证人就是后来的陪审团，这被认为是最早的陪审制度。

  陪审团由案件所发生的社区中的12个普通人所构成。他们并没有接受过专门的法律训练，但是他们有作为市民的生活常识。犯罪与否，被告行为合法与否，应该来自社会普通人的经验判断。在私法方面，法官负责法律问题，陪审团负责事实问题。一个典型的例证是在名誉损害的案件中，什么样的行为构成名誉损害，这里面既包含有法律问题，又包含有事实的判断。张三说李四是一个骗子，张三是否构成名誉损害？从法律上讲，就要看张三的陈述是否损毁了李四的名誉，具体要看，李四的社会评价是否减低？李四周围的人是否会因此不愿意与之交往？但是，"损毁名誉"、"社会评价降低"和"朋友的回避"都需要有事实的判断，法律问题的厘清，就需要有事实的判断。这些事实并不是由法官说了算，并不是由法律来规定什么情况下是一种名誉损害，而是由陪审团来进行判断。如果陪审团按照自己的常识判定"张三说李四是一个骗子"构成了对李四的一个名誉损害，那么接下来又回到法律的层面。法官按照名誉损害的规则最后判定被告是否承担侵权行为责任。在英美法系当中，把事实问题与法律问题区分开来，法律问题由专家的法官判处，事实问题由陪审团中的普通人常识判定。两者的结合导致法官的聪明才智和老百姓的常识的融和，判决既体现了专家的聪明才智，又体现了百姓的生活经验。这可以说是普通法的魅力所在，不同于大陆法系中以政治上的权威来判定百姓行为的性质。

---

① 庞德：《法学肆言》，雷沛鸿译，见《庞德法学文述》，中国政法大学出版社1995年版，第117-119页。
② 赞恩：《法律简史》，孙运申译，中国友谊出版公司2005年版，第145-156页。
③ 参见伯尔曼：《法律与革命》，贺卫方等译，第525-538页，中国大百科全书出版社，1993年。Dobbs, *Torts and Compensation*, 2nd, West Publishing Co.1993, p572-573.
④ 莫里斯：《法律发达史》，王学文译，中国政法大学出版社2003年版，第217-222页。
⑤ 参见梅因：《古代法》，沈景一译，商务印书馆1959年版，第二章相关内容。
⑥ 庞德：《法学肆言》，见《庞德法学文述》，第136-137页。
⑦ "法律必须稳定，但又不能静止不变"，乃是庞德《法律史解释》（华夏出版社1989年版，第1页）的第一句话。
⑧ 庞德：《法学肆言》，见《庞德法学文述》，第136-138页。
⑨ 布莱克斯通：《英国法释义》第1卷，游云庭等译，上海人民出版社2006年版，第98-105页。

⑩ 但是，19世纪的戴雪认为议会至上是英国宪法的三大特点之一，议会除了不能够把男人变成女人或者把女人变成男人之外，无所不能。参见其《英宪精义》（雷宾南译，中国法制出版社2001年版），不过，他的看法是从宪政角度提出的，在具体的法律实践中，即使是立法机关的制定法，要成为普通法的一部分，也需要法官在个案中进行具体地适用。
⑪ 莫里斯：《法律发达史》，第231-233页。
⑫ 赞恩：《法律简史》，第202-206页。
⑬ 英国的法学教育要追溯到爱德华二世，一群法律学生在神殿中集中居住，这是骑士勋章充公得来的财产，其中分为中殿和内殿，另外一些学生居住在林肯学院，晚些时候有了格雷学院。参见赞恩：《法律简史》，第199页。
⑭ "普通法的原则就应是：除非存在明显荒谬性或不合理，否则先例和规则必须被遵循"，参见布莱克斯通：《英国法释义》，第83页。
⑮ 这种情况在美国也许更为突出，比如说，霍姆斯被认为是美国20世纪最伟大的法学家，他从哈佛大学毕业之后有两个职业选择，一是去哈佛大学当一个法学教授，二是去纽约当一个上诉法官，他没有犹豫就去当法官了。他父亲以此为自豪，不断向他的朋友夸耀。
⑯ 赞恩：《法律简史》，第174页。
⑰ 同上书，第167-169页。
⑱ 托克维尔：《论美国的民主》，董果良译，商务印书馆1988年版，第314-318页。
⑲ 霍贝尔：《原始人的法》，严存生等译，法律出版社2006年版，第23页。
⑳ 弗里德曼：《美国法律史》，苏彦新等译，中国社会科学出版社2008年版，第18-19页。
㉑ 参见霍姆斯：《普通法》，冉昊等译，中国政法大学出版社2006年版。
㉒ 参见施瓦茨：《美国法律史》，王军等译，中国政法大学出版社1990年版，第11-19页。
㉓ 参见霍维茨：《美国法的变迁：1780-1800》，谢鸿飞译，中国政法大学出版社2004年版。
㉔ 施瓦茨：《美国法律史》，第230-231页。
㉕ 同上书，第282-283页。
㉖ Butterfield v. Forrester 11 East. 59, 103 Eng.Rep.926 (1809)
㉗ Rylands v. Fletcher, (1866) L. R. 1EX265; Court of Exchequer Chamber (1868) L. R. 3H. L. 330.
㉘ 施瓦茨：《美国法律史》，第217页
㉙ Brown v. Board of Education,347 U.S. 483(1954).
㉚ 德沃金：《认真对待权利》，信春鹰等译，中国大百科出版社1998年版，第295-299页。
㉛ 布莱克斯通：《英国法释义》，第176-181页。
㉜ 戴雪：《英宪精义》。
㉝ 施瓦茨：《美国法律史》，第27-29页。

㉞ 同上书，第33-36页。
㉟ 第14条修正案（1868）："各州不得制定或实施剥夺合众国公民之特权与特免之法律"，"未经正当程序，不得剥夺任何人生命、自由和财产"，"平等保护"。见汉密尔顿等：《联邦党人文集》，程逢如等译，商务印书馆1995年版，"附录"，第465-472页。
㊱ Shillingford v. Holmes ,United States Court of Appeals, 5th Circuit, 1981.634 F.2d 263
㊲ New York Times Co. v. Sullivan, Supreme Court of the United States, 1964. 376 U.S. 254, 84 S.Ct. 710, 11 L.E.d.2d 686.
㊳ Deshaney v. Winnebago county dept. of social services, Supreme court of United States, 1989. 489 U.S. 189, 109 S.CT.998, 103L.Ed.2d 249.
㊴ 梅因：《古代法》，第153页。
㊵ 同上书，第155页。
㊶ 同上书，第163页。
㊷ Hickman v. Maisey (1900)1 Q.B. 752; 82 L.T.321
㊸ Wuta-ofei v. Danquah(1961) 3 All E.R.596
㊹ Hannah v. Peel(1945)K.B.509;(1945)2 All E.R288
㊺ Moore v. Regents of the University of California 51 Cal. 3d 120, 271 Cal.Retr,146, 793 P.2d 479 (1990)
㊻ 杨桢：《英美契约法论》（修订版），北京大学出版社2000年版，第5-7页。
㊼ 参见Peter Bebson：《合同法理论》，易继明译，北京大学出版社2004年版，第172-205页。
㊽ Winterbottom v.Wright ,10 M.& W. 109, 152 Eng.Rep.402 (Exch.Pl.1842)
㊾ Thorne v. Deas 4 Johns(N. Y.) 84 1809
㊿ R.E.Moch.Co. v. Rensselaer Water Co. Court of Appeals of New York,1928. 247 N.Y. 160, 159 N.E.869
㉛ William L. Prosser , The Law of Torts, (4th edition) , p1, West Publishing Co.1971.
㉜ Salmond & Heuston, Law of Torts,(19th edition), p15 Sweet & Maxwell, 1987.
㉝ Donoghue v. Stevenson [1932] A. C. 562 House of Lords
㉞ Rylands v. Fletcher，(1866) L. R. 1EX265; Court of Exchequer Chamber (1868) L. R. 3H. L. 330.
㉟ 霍姆斯：《普通法》，冉昊、姚中秋译，中国政法大学出版社2006年版，第106页。

结　语

一

　　一个民族在确立现代法律制度的时候，都会碰到是选择大陆法系传统还是选择英美法系传统的问题。日本在明治维新之后，选择了德国法，美国在独立战争之后，选择了英国法。其中的理由，我们通常说，日本当时是一个封建的国家，选择德国法是因为德国也是个封建因素浓厚的资产阶级国家，而美国是英国的一个殖民地，它们存在着天然的"血缘"关系。这不能够说不对，但是理由也不能够说是充分的。按照法律史学家们的考据，当时的日本和美国法学家都有过取舍何种法律传统的争论，当时法学家的受教育背景决定了法律移植的结果。当时日本的法学家基本上都有德国法教育的背景，而美国当时的律师们大多接受了英国式的法律教育。中国法律的现代化，我们一般追溯到清末修律。清朝廷在预备立宪和修律之前，也曾派五位大臣出访西欧、北美和东洋，考察的结果之一便是"远法德国近采日本"政策，日相伊藤博文对载泽的所谓"贵国数千年来为君主之国，主权在君不在民，实与日本相同，似宜参用日本政体"，为清"立宪"和"修律"定下了基调。1908年，沈家本奏请"聘用日本法学博士志田甲太郎、冈田朝太郎、小河滋次郎、法学士松冈义正，分纂刑法、民法、刑民诉讼法草案"，从此，制定民法典的工作正式展开，其中松冈义正起草总则、物权和债权三编，中方修订法律馆和礼学馆起草亲属和继承二编。1911年，《大清民律草案》编纂完成，中国有了概念上的现代民法体系，从这个时代开始，这种传统至今也没有发生根本的变化。

当然，民法并不是日本本土的东西，它要追溯到德国法，而德国民法又延续了古罗马帝国的《学说汇纂》。古罗马的法学家为什么将侵权行为法纳入到民法体系？学者探讨得少，不过，从那个时代开始，侵权行为法理所当然地成为了民法的一部分。也是基于这个原因，大陆法系下的侵权行为法学具备了大陆法系法学的一般特点。这个特点，19世纪英国奥斯丁曾经以普鲁士法律教育为例进行了描述。他说，普鲁士的法律学生所学习的是法律的一般原理，学好了这些一般原理之后，就可以应用逻辑的方法解决所有法律的具体问题，而不用顾忌法律应用中的细枝末节。他的意思大概是在讲，大陆法系的特点便是它的一般性、抽象性和肯定性，一个没有接受任何法律系统训练的人都可以用相对短暂的时间来掌握法律的大体内容。其实，这个特点本身却也蕴涵了它自身的致命缺点，这些缺点至少有二：第一，从法律的一般规定到法律实践的特殊个案，存在着许多中间的思辨过程，这个思辨过程如果没有法律规则的约束，就有可能导致法官或者法学家的滥用；第二，大陆法系法律体系的完整性和法学的理论一致性，导致了法律及其法学的封闭性，也就制约了法律的发展。以法国民法之侵权法为例，1804年的《拿破仑法典》总计2281条，而侵权行为部分区区5条，而1999年版本的《法国民法典》总计2283条，侵权行为法部分只增加了3款，另加1条"有缺陷的产品引起的责任"计18款。可以说，大陆法系的侵权行为法的一般性牺牲了法律实践中的个案性，法律的完整性牺牲了法律的进化与发展。为了弥补大陆法系的这些缺点，就需要我们学习英美法，英美法的特点正好弥补了大陆法系的这两点不足。拿美国大法官霍姆斯对普通法的描述来说，法律不是别的，它是"对法官将作出什么判决的一种预测"，"法律的生命在于经验而不是逻辑"。

英美法是一个以个案形式发展起来的法律分支，法律规定不能够从成文法典中寻找，而只能从法官先前的判例中去发现；法律理论不存在着准确性和一致性，相似的案件可能存在着相互冲突的法律规则。一个大陆法系的学者会觉得,英美法仅仅涉及法律的适用,而没有法律的理论,因为英美法的理论是支离破碎的,是浅薄的。这种怀疑是可以理解的,但是也存在着误解,因为其一,英国的经验主义传统和美国的实用主义传统本来就是对大陆法系形式主义和概念主义传统的一种否定,其二,我们还没有开始阅读英美法的理论文献。法典/先例,规范/规则,形式/实质,逻辑/经验,等等,形成了两大法系的差别,但是超越这种逻辑两分法的路径必然存在,这就是法律的理论,就是千差万别的实在法律中所体现的法官和法学家的法律智慧。

二

science of law和legal science,我们都可以称为法律科学,这两个词我们现在都用,在不严格的意义上讲,它们都是通用的,它们之间的差异,我们很少探讨,它们各自的含义是什么,也许需要我们去查阅12-13世纪注释法学的文献。[①] 从学者的广泛讨论之中,我们只能够说法律科学从西欧中世纪开始。学者们试图从古罗马法中找到关于法律理论的潜台词,希望把法律现象作为一门独立的学科来对待和研究。注释法学所代表的罗马法复兴运动,标志着法律科学成为一门科学。与这两个词接近的还有jurisprudence一词,它来自拉丁文,是所谓关于法律的知识,在罗马法学家眼里,它是关于正义和不正义的科学[②],而到了19世纪的边沁和奥斯丁那里,Jurisprudence获得了新的含义,也就是法理学,边沁将它与立法科学相对,是对法律的一种阐释,是一种描述[③];奥斯丁的任务就是要将法律学作为一门科学来研究,法理学就是关于法律的一般理论。[④] 整个分析法学的任务就是要确立科学的法理学,正好与大陆法系国家学者喜欢用的philosophy of law相互对应。而按照马克思主义经典作家的看法,法学是社会发展到特定阶段的产物,是与商品经济和与之相应需求适应,与法学家阶层的出现而相伴而生。[⑤] 法学产生于古罗马,还是产生于中世纪,还是产生于分析法学?三种不同的说法各有各的理由,谁也不能够说服谁。如果我们把法学界定为法律的知识,那么法学应该产生于古罗马;如果我们把法学界定为关于法律系统的科学知识,那么法学产生于中世纪;如果我们把法学界定为关于法律的形而上之学,那么法学产生于

19世纪，也许起源于康德和黑格尔，也许起源于边沁和奥斯丁。

法学与法学家是联系在一起的，由此而提出的问题是：什么是法学家？从事过法律工作的人就是法学家吗？如果如此的空泛，那么像英格兰的亨利二世和法国的拿破仑那样的政治家也可以称为法学家了，因为亨利二世的名字是与英国普通法联系在一起的，英国的王室法的创立，令状制度的形成，陪审团的创制，诉讼形式的理念，都与他有着密切的联系⑥，而法国民法典的起草修改和通过，没有拿破仑是不可以想象的⑦。不过，我们还是应该把他们从法学家的阵营排除出去，因为法学家是职业法学者的团体，应该与现实的政治保持一定的距离，或者说，不能够让政治的利益来左右法学自治的和有机的发展。

随之而来的问题是，专司法律的人是否可以称之为法学家？倘若如此，那么法学家应该要从古罗马开始了，帝国初期的萨宾派和普鲁库鲁斯学派就可以构成历史上最早的法学家集团了，更不用说那些解答法律问题、提交法律文书、其著作后融为《查士丁尼国法大全》的帝国五大法学家了。但是，这样的法学家与我们今天所期望的法学家毕竟存在着巨大的差距，他们对法律的认识尚停留在对法律具体问题的解答上，远非那种理论体系、明晰概念原则的法律科学。⑧与其称之为法学家，我宁愿称之为法律家，也就是类似于中国历史上的那些律学家。

这种法律家存在于世界上任何一个国家。就西方国家而言，古罗马的盖尤斯、帕比尼安、乌尔比安、保罗和德莫斯蒂努斯，英格兰的格兰维尔、布拉克顿、柯克和布莱克斯通，法国的包塔利斯冈巴塞莱斯，德国的温德夏德，等等，所有这类法律家都在西方法律史上留下了宝贵的遗产，都为各国的法律发展建立了不朽的功绩。但是他们不是法学家，或者准确地说，他们不是法哲学家，他们对法律没有或者缺少必要的哲学思考，没有提出关于法律的一般理论，也很难说他们将那个时代法律的理念融合到他们的法律实践中，他们对人类的法律遗产也并非高于中国古代的李悝、商鞅、薛永升和沈家本。他们一方面是法律的专家，一方面同时是政治的官僚，当政治与法治精神发生冲突的时候，他们牺牲了法律成全了政治。或者，他们有着职业的精神，将他们的毕生精力贡献给了法律活动，他们对具体的法律制度有着精深的理解，可惜的是他们没有形成对法律的一般理念，没有系统的法律的理论，没有自己对于法律的一般理论，我们就不能够称他们为严格意义上的法学家。一个典型的例证是英国的梅因和梅特兰，对于英国法的知识和贡献，梅特兰高于梅因，但是对法律理论的贡献梅因高于梅特兰，中间的原因也许在于梅因不仅仅研究了古代法，而且在此基础上提出了法律发展的一般模式，提出了"从身份到契约"的一般命题，比较了古罗马法、英国法和东方法律的古代制度，提出了东西方法律发展的不同模式。法学家不仅仅是法律家，而应该是那些有思想的法律家，那些能够在人类思想史上留下一些印记的法律家。法律家出产的是法律，而法学家出产的是法律思想。

　　法学家仅仅指法哲学家，还是包括专门学科的法学家？截然区分两者似乎会遭人反对与攻击。真正的法学家应该既对法律活动有着专门的知识，也对法哲学有着独到的见解。格劳秀斯之自然法与国际法，孟德斯鸠之理性主义与宪政理论，萨维尼之历史法学与罗马法，霍姆斯之实用主义与普通法，波斯纳经济学与侵权法，等等，都是法哲学与法律部门法绝妙的结合。法哲学之哲学与法学，哪个在先哪个在后？这是一个先有鸡还是先有蛋的问题。抽象地讲，法哲学提供指导，法学提供材料；或者，法学提供养料，法哲学给以总结，一系列哲学史的理论争论浮现脑海。柏拉图说，桌子的理念先于桌子的实体，我们传统上称为唯心主义；黑格尔说，猫头鹰只有等到黄昏的时候才起飞，意思是说哲学的东西总是滞后于事物的发展；马克思认为资本主义的发生源于社会经济结构的变化；而韦伯说唯有新教伦理才可以发生资本主义精神。从思想史的角度说，先有哲学然后有法哲学的学者不在少数，黑格尔应该算是一个典型，法哲学是哲学的一个部门，是他明确的说法，于是法哲学只是他客观精神的一部分；而在现实主义法学和批判法学看来，法学根本就不能够成为一门科学，奥斯丁的分析法学和德国的概念法学只不过是法律的神话。有太多理论的争论，没有更多的一致意见。不过，从法律人的感觉和爱好上讲，我们宁愿相信法哲学应该源于法律的活动，而不是相反，法哲学应该是对法律活动的一种总结和提升，而不应该是哲学到法哲学的一种演绎。因为这个缘故，我们把对法律有过一定研究的哲学家、伦理学家、政治学家排除出纯粹法学家的阵营，除非他将其他科学包括哲学与法学放置于同一个平台上，对法学有了独到的具有震撼力的认识与表达，我们才称其为真正的法学家。这叫我们想起了康德的"法理学"和"权利的科学"的区分，前者指的是法律的知识，而后者指的是法律概念。在他看来，纯粹的权利科学高于法理学。⑨

分类只是意识对存在的一个再加工，逻辑的区分永远存在着漏洞。在哲学与法学这两极之间，处于中间状态的法学家大量存在，他们是不是法学家呢？贝卡利亚的《论犯罪与刑罚》里面渗透的法无明文不为罪，刑罚人道主义，限制和废除死刑，反对刑讯逼供等思想，奠定了他在现代刑法学上的地位。从思想史的角度看，伏尔泰将贝卡利亚视为自己的"兄弟"，达兰贝尔将这个册子纳入他们的百科全书⑩，都暗示着贝卡利亚与启蒙思想的一致性，意味着他与古典自然法学之间不可割舍的关系。而且，边沁在《论犯罪与刑罚》中发现了功利主义⑪，又将贝卡利亚与功利主义法学联系了起来。有了理性主义的指导思想，有了功利主义的影子，但是没有系统的阐明和论证，他与严格的纯粹的法学家还有一定的距离，他是一个刑法学家，而不是我们这里说的法学家。戴雪与英国宪法，这大概是任何一个宪法学家都不能够小视的。他的《英宪精义》有没有法学的思想？"巴力门主权"和"法律主治"，⑫是整个17到19世纪西方法学界的主旋律。他在英国宪法学史和法律历史上留下了不朽篇章，但是在法律思想史上却没有一席之地。

三

以比较法的观点来看，颇具特色的中华法系是世界重要法系之一，虽然它是一个正在消失的法律传统，只是一个历史上曾经有过辉煌的残片。中西法律传统的差异之大，叫我们常常无法下手进行比较。现代中国人也做过比较，孔子之于柏拉图，韩非之于马基雅维里，康梁严之于孟德斯鸠，孙中山之于卢梭，他们的理论在形式上有着惊人的相似之处，前两者有着超时空的联系，后两者还有理论上的渊源关系。外国人也研究中国法。按照孟德斯鸠的分析，中华帝国是一个专制的国家，偶然带有点君主制甚至共和制的特点。韦伯专门研究过儒教和道教，还将儒教与印度教、天主教和新教放在同一个层次上进行比较，他的结论是新教可以发展成资本主义，而儒教不能够发展成资本主义。⑬昂格尔也研究过中国法，只是他将西方国家法律发展视为法治社会的一个极端，将中国法视为法治社会的另外一个极端，他说，唯有西方社会才独特地成为一个法治的社会，而中国则不能够成为一个法治社会的典型。⑭

  中国有没有法学家？不能够说没有，先秦诸子百家都论及过法律，儒家对法律与道德的观点，道家对法律与自然的看法，法家对法律与政治的论述，其理论之系统、观点之鲜明、影响之巨大，不亚于西方19世纪自然法学、分析法学、历史法学的理论论战，也不亚于20世纪法律实证主义、道德法哲学、批判法学和经济分析法学之间的如火如荼的理论战场。封建正统法律思想之儒家的伦理法律思想不能够说不具有特色，不能够不说代表了中华法系本质的特征。曾经就有一个学生问我：如果你如此区分法学家和法哲学家、如此区分西方法学家模式和中国法学家模式，那么你如何解释法家之韩非子和儒家之荀子？的确如此，鲜明的法律观点，他们有；系统的法律理论，他们也有；与政治生活保持一定的距离，他们也做到了。人性论、法律起源论、法律性质描述、法律与道德和政治权术的关系，估计西方之柏拉图和亚里士多德也自愧不如，柏拉图之《法律篇》也只有法律制度的描述，而无法律理念之阐述，亚里士多德之《伦理学》，只把法律视为政治的一个副产品。如此欣赏西方法律制度与法律理论，而对中国固有的法律传统如此漠视，多少带有一点西方法律思想的中心论的味道。但是，我仍然要说，可惜的是中国的法律理论之法统断裂了，而柏拉图和亚里士多德的法律思维被西方后世的学者延续了。12—13世纪的教士们和法律家们用亚里士多德的哲学改造了西方的法律传统，西方法律思想传承了下来，法律学成为了科学，法律成为了职业，社会与国家发生了分离，法治与强权保持了距离。而这些，中国是没有的。先秦出了一个荀子和一个韩非子，以后也没有再出过。自从董仲舒之后，中国就没有了思想家，中国人的思想禁锢了，发展停滞了。直到清末，中国人不得已而讨论中西方法律的差异，不得已而考察西方法律和法学，出了个沈家本和伍廷芳，与其说他们是法学家还不如说是封建法律政客，如何设计新时期下中国的法律，他们有他们的贡献，而在法律思想方面，要么是几千年不变之儒家传统，要么是拾西方17、18世纪的牙慧。中国就没有法制的传统？肯定有；中国有没有法治的传统？肯定没有。如果中国历史上从来就没有严格意义上的法律职业和法治的实践，我们怎么能够说我们历史上存在着许多的法学家呢？如果说有的话，也只是在类比意义上存在着法学家。这里法制与法治的区别，正如同孟德斯鸠所言，君主国有君主国的法律，共和国有共和国的法律，共和国的法律保障了人民的自由和权利，而君主国的法律则是君主实行暴政的工具。⑮

也许我们可以这样看，早期人类社会的法律和法律思想是共同的，因为那个时候人类所面临的问题是相同的，人们的智力也是相似的，如是，虽然《论语》只有人生道理的浓缩，《道德经》有五千言，而柏拉图和亚里士多德各自的全集分别为十大卷，但是我们还是可以把孔子、老子与柏拉图、亚里士多德放在一个层面上考察，不同的是，在历史上的某个点上，东西方的思想发展出现了分岔，西方的理论在深化、分化和进化，而中国的思想在表面化、空洞化和虚伪化。这样，经过三千年的过程，西方有了法学，中国永远没有法学。其实，这个规律同样存在于法律制度的变迁之中，梅因的说法是耐人寻味的。古代社会法律的发展有着共同的模式，大体上经过从单个判决到习惯最后到法典的过程。在此之后，东西方法律的发展发生了分野，绝大多数的东方国家的法律发展停滞了，唯有少数进步的西方国家法制进一步向前发展，依次经过了拟制、衡平和立法。⑯在他眼中，罗马法和英国法是西方法律的典型，东方的法律所指他没有明确地说，他没有提到中国法，但我以为中国法应该是在此之列的。如果梅因所谓西方的"法典"以罗马《十二表法》为标志，那么中国之"法典"则以《法经》或者《秦律》为标志。一部中国法制史，从《秦律》到《大清现行刑律》却没有实质性的变化，我们的封建法统维系了，但是我们的法律进化终止了，我们的思想停滞了，我们没有成为一个法治的国家，也没有一个世界级的法学家。因此我们的路还很长，法学家肩上的担子还很重，我们追赶世界法学的工作还很辛苦。

如果中国将来不可避免地要与世界连接在一起，如果我们认定法治比专制更有效和更合理，我们就得正视我们法学研究的缺陷，我们也要正视没有中国法学家成为世界级法学家给我们带来的遗憾和痛苦。许多宗教教义都说，痛苦并不可怕，我们对待痛苦的积极的态度,首先是要承认它,然后深入地分析它并找出它积极的一面,然后开释痛苦。不同的宗教解脱的方式不同,有的将痛苦转化为心境、将痛苦化为子虚乌有,有的将痛苦作为新生的起点。如果我们采取第二种方法,那么也许50年后,中国的法学家可以与西方的法学家站在同一个法学舞台上,正像出生于巴西的昂格尔和出生于以色列的拉兹一样。

---

① 伯尔曼:《法律与革命》,贺卫方等译,中国大百科全书出版社1993年版,第144-145页。
② 查士丁尼:《法学总论——法学阶梯》,张企泰译,商务印书馆1989年版,第5页。
③ 边沁:《道德与立法原理》,李永久译,帕米尔书店印行1972年版,第289页。
④ 参见John Austin, *Lectures on Jurisprudence*, London: J. Murray, 1911.
⑤ 《马克思恩格斯选集》,第2卷,第539页。
⑥ 伯尔曼:《法律与革命》,第538-546页。
⑦ 高德利:《法国民法典的奥秘》,张晓军译,见梁慧星主编《民商法论丛》第5卷,法律出版社1999年版,第570-573页。
⑧ 周枏:《罗马法原论》,商务印书馆1994年版,第65页。
⑨ 康德:《法的形而上学原理——权利的科学》,沈叔平译,商务印书馆1991年版,第38页。
⑩ 黄风:《贝卡利亚传略》,见贝卡利亚:《论犯罪与刑罚》,黄风译,中国法制出版社2002年版,第138-142页。
⑪ 边沁:《政府片论》,沈叔平等译,商务印书馆1995年版,第38页。
⑫ 参见戴雪:《英宪精义》,雷宾南译,中国法制出版社2001年版。
⑬ 参看本书第三章,第六点。
⑭ 参见昂格尔:《现代社会中的法律》,吴玉章等译,译林出版社2001年版。
⑮ 孟德斯鸠:《论法的精神》(上),张雁深译,商务印书馆1961年版,第7-18页。
⑯ 梅因:《古代法》,沈景一译,商务印书馆1959年版,第2、13页。